제3판

여성 · 젠더 · 사회

한희선 · 김영주 · 이경하 · 임우연 · 태희원

KNOWLEDGE COMMUNITY 공동체

머리말

그동안 저자들은 대학에서 여성학 수업을 진행하면서 우리 사회의 여성 현실에 대하여 나름대로 느꼈던 점들을 학생들과 교감하고 공유하려고 노력해 왔다. 이 책은 그러한 저자들의 관심에서 시작되었으며, '과연 얼마나 교재를 통해 녹여낼 수 있을까'라는 고민을 하면서 함께 공동의 작업으로 논의하고 진행하였다.

이 책은 대학에서 여성학 교재로 사용하기 위하여 여성과 관련한 주요 주제들을 다양하게 다루고 있다. 실제 학생들이 쉽게 접근할 수 있도록 학생들의 입장에서 관심을 가질 만한 주제를 정하여 젠더 관점에서 다루도록 노력하였다.

책을 완성하는 과정에서 사회학·여성학·사회복지학 전공의 서로 다른 분야의 저자들이 각자 내용을 토론하고 조정하였다. 젠더 관점에서 일관성 있게 주제들을 다루고 관련된 참고자료나 사례 등을 다양하게 제시하는 작업은 쉽지 않았지만, 지속적인 논의와 성찰을 통하여 완성도를 높여갔다.

이 책은 총 12장으로 구성되었다. 여성만의 문제가 아닌 성평등의 관점에서 서로가 성장하고 소통할 수 있도록 다양한 입장에서의 논의를 제시하고 있다.

제1장 젠더의 이해(임우연)는 사회·문화적으로 형성되는 성으로서의 젠더 개념을 이해한다. 성별 이분법의 한계를 살펴보며 다양한 성 정체성에 대해 관심을 기울여 본다. 아울러 우리 사회에 만연해 있는 성별 통념과 고정관념 사례들에 주목한다. 이에 따르는 성역할의 문제점을 점검하고 다양한 성역할의 가능성을 통해 성평등 사회의 실현을 전망한다.

제2장 성의 이해(한희선)는 성의 개념인 섹스, 젠더, 섹슈얼리티에 대해 살펴보고, 성적 자기결정권 개념을 통해 혼전 성관계, 피임, 임신중지에 대해 살펴봄으로써 여성과 남성이 소통할 수 있는 건강하고 평등한 관계에 대해 점검해 본다.

제3장 연애 각본과 젠더 규범(태희원)은 현대사회에서 연애가 매혹의 대상이자 피로함의 원인이 되고 있는 상황을 낭만적 사랑의 성별 각본과 소비문화를 통해 분석한다. 나아가 두 사람이 상호 성장할 수 있는 '새로운' 연애 각본 쓰기를 제안한다.

제4장 결혼의 이해(한희선)는 우리 사회에서 결혼과 이혼이 선택이 된 상황에 대하여 다각적으로 살펴보고, 성 평등한 결혼을 위한 남녀의 새로운 관계 맺음에 대하여 짚어본다.

제5장 젠더와 가족(임우연)은 최근 우리 사회 가족의 변화를 구조적인 측면과 가치 및 의식 변화의 측면에서 살펴본다. 이와 함께 가족을 둘러싼 이론적 접근들을 정리하며 대안적 삶으로서의 미래가족을 전망한다.

제6장 여성과 인권 1(이경하)은 성폭력과 관계폭력을 중심으로 여성에 대한 폭력의 문제를 인권의 관점에서 재평가한다. 그리고 한국사회의 다양한 유형의 성폭력과 관계폭력의 의미 및 현실에 대하여 살펴봄으로써 여성폭력의 심각성과 안전한 사회 형성의 필요성에 대하여 제기해 본다.

제7장 여성과 인권 2(김영주)는 성매매의 문제를 여성에 대한 폭력이자 인권의 문제로 바라보고, 성매매가 만연해 있는 한국사회의 구조적 배경과 특성에 대하여 살펴보면서 성매매의 착취적이고 성 불평등한 현실에 대하여 짚어본다.

제8장 소비자본주의와 외모(태희원)는 미용・성형산업의 팽창과 미디어 담론을 통해 성별과 나이를 초월하여 외모관리를 강요하는 한국사회의 현실과 문제점을 살펴보고 외모에 대한 다른 상상과 실천을 시도하는 사례들을 소개한다.

제9장 여성과 일(이경하)은 여성의 다양한 일의 의미를 재평가하고, 노동시장에서 여성의 지위를 낮추는 구조적 원인 및 성별화된 여성노동의 특성을 살펴봄으로써 여성노동의 현실과 문제점을 짚어본다.

제10장 여성과 돌봄(한희선・임우연)은 돌봄에 대한 이해와 실태, 특성 등을 통하여 우리나라 돌봄노동의 현실을 알아본다. 돌봄의 제도화와 관련된 일・가정 양립, 돌봄제도의 사례를 통해 다양한 한국사회의 돌봄정책에 대하여 살펴본다.

제11장 이주여성과 젠더(김영주)는 한국사회에서 이주여성이 증가하게 된 사회적 배경과 의미를 정리하면서, '여성'과 '이주민'으로서 이중적인 차별의 대상이 되고 있는 이주여성의 현실과 문제점에 대하여 살펴본다.

제12장 여성과 젠더정책(김영주・이경하・태희원)은 성평등 정책 패러다임의 변화와 한국 성평등 정책의 전개과정을 이해하고, 최근 한국사회에서 추진되고 있는 성주류화 관련 제도들에 대하여 살펴본다.

2014년 교재 출판 이후 2018년 제2판 개정과 2026년 제3판 개정을 통하여 '성인지 관점'으로 변화된 용어와 성평등 정책으로 한 걸음 나아가기 위한 노력을 지속적으로 시도하였다. 이 교재가 대학에서 공부하는 학생들뿐만 아니라 여성과 남성 성평등, 성인지 관점에 대하여 관심을 가지고 있는 모든 사람들에게 좋은 자료가 되기를 희망한다. 무엇보다 교재를 집필하면서 끊임없이 서로 고민하고 격려했던 공동 저자들의 수고와 헌신에 감사의 마음을 전한다.

마지막으로, 늘 변함없이 여성학 교재로서 오랫동안 자리매김할 수 있도록 많은 관심과 지원을 보내주신 공동체 김동훈 대표님과 직원분들께 진심으로 감사를 드린다.

2026년 1월

대표 저자 한 희 선

제 1 장

젠더의 이해

제1장 젠더의 이해

1. 젠더 이해하기

최초의 질문 : '남자인가, 여자인가?'
우리가 세상과 만날 때, 발가락을 세는 일에 앞서 아니면 숨을 쉬도록 엉덩이를 때리는 일에 앞서 모든 사람이 마음에 품고 있는 최초의 질문은 이것이다. '남자인가, 여자인가?' 지금까지 보아온 세상의 온갖 변화에도 불구하고 한 사람의 성(性)은 여전히 그 사람이 누구인지를 보여주는 기본적인 모습이다. 그 밖에 어떤 질문이 그토록 강한 집착의 대상이 될 수 있단 말인가.

-매리언 살츠먼, 이라 마타시아, 앤 오라일리.
<남자의 미래> 중에서-

젠더(gender)는 여자, 남자라는 이분법적 생물학적 성차(sex)와 구별되는 개념으로 등장했다. 이 개념은 여자와 남자의 본질적인 차이가 두 성의 기질, 역할, 인성을 만든다는 생물학적 결정론을 반박한다. 생물학적 결정론은 결국 남성 지배적인 가치를 반영한 것으로 여성을 교육, 정치, 일자리 등 공적 영역에서 '배제'하는 결과를 초래한다는 것이다. 반면 젠더는 여성과 남성의 차이가 이분법적으로 상호배타적인 것이 아니라, 특정 사회가 그 '차이'를 어떻게 강화하거나 위계화하는지를 분석하여 여성과 남성 사이의 성별 평등과 차이에 대한 존중을 이끌어 내고자 하는 의도를 내포하는 개념이다(권수현 외, 2025 : 12-

15; 김현미, 2022).

생물학적 성(sex)은 남성이나 여성의 신체를 규명하는 해부학적 · 생리적 차이를 일컫는 단어로서 일반적으로 생물학적인 남녀를 구분하는 신체적이며 유전학적인 용어이다. 다시 말해 생물학적 성은 자연적, 생물학적인 성별 차이를 지칭한다. 그 예로 여성의 월경, 임신, 수유, 남성의 정자 생산 등이 있다.

이와는 달리 사회적 성(gender)은 남녀 사이의 심리적 · 사회적 · 문화적 차이를 말한다. 이는 사회 · 문화적인 환경과 훈련에 의해 남녀의 기질이 형성된다는 것을 강조한 용어이다. 사회적 성은 남성다움 또는 여성다움에 대하여 사회적으로 구축된 개념과 연계되어 있다(기든스, 2018).

생물학적 성과 사회적 성을 구분하는 것은 사회적 성 정체성이 생물학적 속성 이외에 사회적 속성에 의해서도 형성된다는 것을 강조하기 위해서이다. 젠더는 사회적으로 구조화된 남성 및 여성의 역할, 신념 체계 및 태도, 이미지, 가치, 기대 등을 의미한다.

젠더체계에 따르면, 오랜 기간 우리 사회는 '여성다움'을 의존적 · 주관적 · 수동적 · 비경쟁적이며, 모험심이 적고, 자신감이 낮고, 야망이 없으며, 섬세하며 온화하다 등으로, 반면 '남성다움'은 독립적 · 객관적 · 경쟁적 · 모험적이며, 자신감과 야망이 있으며, 거칠고, 타인의 감정에 둔하다는 특성을 갖는 것으로 규정해 왔다. 그러나 이와 같은 규격화된 '여성다움'과 '남성다움'은 각 개인의 다양한 특성을 간과하는 것으로서, 개별 주체의 다양성을 억압하는 측면이 있다. 나아가 여성에 대한 남성 지배를 정당화시킬 수 있다.

'젠더'와 '성'의 구별은 1980년대 초반 여성을 연구대상으로 삼은 학자들이 성적 차별화 구조가 남녀 모두에게 어떤 식으로 영향을 주었는지 논의하고 이를 묘사하기 위해 사용하면서 보편화되었다. 그 이후 1995년 북경에서 열린 제4차 여성대회 정부기구 회의에서 '성(性)'에 대한 영문표기를 '섹스'가 아닌 '젠더'로 쓰기로 합의한 이후 통용되기 시작했다. 이는 사회 · 문화적으로 형성된 성별의 차이와 이로 인해 야기되는 성 불평등과 차별을 타파해야 한다는 문제의식의 표현이기도 하다. 따라서 사회・문화적인 구성물로서의 '성별'에 따르는 고정관념 및 역할에 대한 변화와 도전은 가능하다.

우리가 경험하는 사회적 불평등은 다양한 차이부터 출발한다. 피부색, 성별, 출신 학교, 출신 국가, 거주지, 종교, 직업 등 여러 가지 차이와 다름을 토대로 서로를 구분하고 때로는 차별한다. 다양한 차이 중에서도 '성별'은 애초 생물학적 특성으로부터 구별되지만, 각기 다른 사회・문화적인 과정을 통해 차별적 구성물로 형성된다. 따라서 남녀는 각기 다른 역할로 사회화되며 이러한 과정에서 양성이 차지하는 각각의 지위, 권력, 위세 등에서 불평등이 나타날 수 있다.

젠더 개념의 사용은 우리가 흔히 알고 있는 '여성다움', '남성다움'에 사회・문화적 영향을 내포하고 있음은 물론이며 성차에서 비롯된 불평등하고 차별적인 우리 사회의 모습에 대한 비판적 분석을 내포한다. 나아가 평등한 남녀 관계의 실현을 지향한다.

젠더 퀴즈

다음의 글을 읽고, 섹스와 젠더를 구분해 보십시오. 섹스이면 S, 젠더이면 G로 표시하십시오.

1. 여성은 아이를 낳고, 남성은 아이를 낳지 않는다. ( )
2. 어린 소녀는 부드럽고 수줍어한다. 남자아이는 거칠고 모험을 좋아한다. ( )
3. 여성들의 수입은 남성들과 비교하면 약 70% 정도가 된다. ( )
4. 여성들은 모유수유를 할 수 있고, 남성들은 우유수유를 할 수 있다. ( )
5. 여성은 아이양육에 대한 책임이 있다. ( )
6. 남성이 결정권을 갖는다. ( )
7. 고대 이집트에서는 남성들이 집에 머물며 직조를 했다. 여성들은 가족사업을 담당했다. 여성들이 재산을 상속받았으며 남성들은 그렇지 못했다. ( )
8. 남성들의 목소리는 사춘기에 변성을 한다. 여성들은 그렇지 않다. ( )
9. 유엔의 통계에 따르면, 여성들은 세계 전체 노동의 67%를 담당하지만, 그들의 수입은 전체의 약 10%를 차지할 뿐이다. ( )

10. 여성들은 자녀들의 교육수준에 관심이 많다. (   )
11. 영국의 건설현장 노동자들은 거의 남성들이다. (   )

정답 : 1. S, 2. G, 3. G, 4. S, 5. G, 6. G, 7. G, 8. S, 9. G, 10. G, 11. G
출처 : 양성평등교육진흥원 홈페이지. https://www.kigepe.or.kr/user/cop/bbs/selectBoardList.do?bbsId=BBSMSTR_000000000050&menuNo=14100

2. 젠더 불평등

젠더 체계로부터 발생하는 사회적 불평등의 문제에 대해 다음 몇 가지 측면에서 주목해 볼 수 있다.

1) 성별 이분법과 다양한 성 정체성

다양하고 복잡한 사회 속에서 살아가는 우리들에게 남성 혹은 여성이라는 것은 결코 고정된 상태가 아니라 활발하게 재구성되고 있다. 젠더는 이처럼 사회적으로 구성된 성차 혹은 성적 특질을 의미한다. 나아가 사회적 · 문화적으로 작동하는 성별 체계를 젠더라고 이해할 수 있는데, 각 개인은 자신의 성별을 사회적으로 인지하며, 성별에 따라 배분된 성역할과 특성을 학습하고 수행한다. 여자아이는 여자답게 성장할 것을 요구받으며, 남자아이는 남자답게 행동하는 것을 배워야 한다(김엘리 외, 2016 : 60–78).

한편 젠더는 남성과 여성이라는 성별 이분법에 기반하고 있다. 이는 다양한 성별 정체성을 가진 성적 소수자에 대한 억압을 재생산할 수 있다는 차원에서 검토되어야 한다. 인간을 단 두 가지 성별로만 나누는 사회적 장치로 인해 젠더 불평등이 야기될 수 있다. 실제로 세계 도처의 여러 문화는 한 가지 성별로 구분되지 않는 사람들을 포용하고 있다(매리언 살츠먼 외, 2006 : 94).

인도의 히즈라(Hijra)는 아주 독특한 성 정체성을 가진다. '남자도 여자도 아닌' 모호한 정체성을 가진 사람들로서, 원래 성적인 문제를 가지고 태어난 남자들이 거세 등의 방법을 통해 남자의 성을 포기하고 여성의 삶을 살아가고 있다. 이들은 양성성을 띠고 있는 힌두신들의 인격을 가진 존재들로 믿어져 왔으며, 서구의 이분법적 젠더(gender) 개념에 포함되지 않는 또 다른 젠더로서 존재했다. 그 밖에도 북아메리카의 버다치(Berdache), 오만의 한에쓰(Xanith), 타히티의 마후(Mahu), 중앙 아시아의 바카(Baccha)와 같이 히즈라와 유사한 젠더 양식은 세계 곳곳에 존재한다. 이 다양한 젠더 양식들을 통해 남성, 여성으로 구분되는 이분법적인 젠더 체계가 보편적인 현상은 아니라는 점을 알 수 있다(이재경 외, 2007 : 52−56). 그러나 많은 사회에서는 다양한 성 정체성에 대해 편견을 가지며 차별을 가해왔다. 차별을 양산하는 성별 이분법을 극복하고 다양한 성 정체성을 가진 이들을 바라보는 관점에 대한 지평을 확대하고 사회적 포용성을 높이는 실질적인 변화를 이끌어 낼 필요가 있다.

2) 성별 특성에 대한 통념 : 여성답다 vs 남성답다

사회는 그 구성원들에 대해 여성과 남성이라는 신체적 구분에 상응하는 사고, 정서, 행동들을 보이기를 기대하고, 이에 따라 여성 또는 남성으로 적절히 행동할 것을 요구한다. 이러한 요구와 기대를 성역할(gender−roles)이라 하는데, 성역할이란 생물학적인 성을 토대로 사회・문화적으로 바람직하다고 기대되는 역할을 지칭하며, 남녀가 맡은 각기 다른 고유의 사회적인 기능을 의미한다. 사회가 요구하고 기대하는 이러한 역할을 동일시하는 정도에 따라 개인은 자신의 성역할 정체감(gender−role identity)을 형성하게 된다.

우리 사회는 남성적 또는 여성적 특징을 규범화하고 그에 맞는 역할을 수행하는 것을 '당위'로 규정한다. 성역할은 개인의 능력보다 성에 따라 그 역할을 정해놓고 한정함으로써 결과적으로 한 개인의 능력을 반쪽으로 제한하고, 이로 인해 차별과 불평등이 야기된다. 윌리엄스와 베스트(Williams & Best, 1982)의 성별에 따른 외모, 태도, 기질 등 관련 특성에 관한 연구 결과를 살펴보면, 우리 사회가 특히 여성들을 불완전한 존재로, 그렇기 때문에 의존적일 수밖에 없는 존재로 치부하는 통념들을 쉽게 발견할 수 있다.

많은 국가에서 남성과 여성의 성 고정관념이 존재한다. 남성은 주로 이성적, 객관적, 독립적, 목표 지향적인 특징을 지니는 반면, 여성은 남성과 달리 감성적, 주관적, 의존적이며 수동적이라고 여겨진다. 이러한 남성성과 여성성에 대한 성 고정관념에 따라 남성은 경쟁과 활동성이 필요한 사회적 역할에 적합한 반면 여성은 타인을 배려하고 돌보는 역할에 적합하다고 강조되어 왔다.

성역할에 있어 많은 문화권에서 여성은 자녀양육이나 가사노동에 일차적인 책임을 지는 한편, 남성은 전통적으로 생계를 꾸리는 책임을 가진다. 이에 따라 남성의 역할은 일반적으로 여성의 역할보다 더 가치 있는 것으로 평가를 받으면서 사회적으로 더 많은 보상을 받고 있다(기든스, 2018).

3) 성별 고정관념

우리 사회는 성별 고정관념(gender-stereotype)을 통하여 남성과 여성을 이분화하며 각각의 역할을 정형화하여 개별 주체의 삶을 억압하는 측면이 있다. 남성은 남성적 특성을 가지며 여성은 여성적 특성을 가질 것이라는 기대와, 남성은 남자다워야 하고 여성은 여자다워야 한다는 규범으로서 이는 여성과 남성이 대조되는 속성을 가진다는 전제에 기초한다.

성별 고정관념과 이를 개인이 내면화한 성역할 정체감은 어떤 과정을 거쳐 형성되는 것일까? 많은 부분 사회가 개인을 교육하고 그에 부응하는 역할을 기대하는 사회화(socialization)의 과정을 통해 형성된다. 성역할 사회화는 한 개인의 일생을 통해 이루어지며 개인이 접하는 가족, 학교, 대중매체를 비롯해 거의 모든 사회적 기관을 통해 이루어진다.

한국여성민우회의 분석에 따르면 상당수 광고 속 남성과 여성의 모습이 여전히 편견을 바탕으로 그려지며 성별 고정관념을 재생산하고 있다. 남성과 여성의 모습은 확연한 차이를 보였다. 남성은 주로 적극적·능동적이거나 무언가를 설명하는 사람이었고, 노동을 하거나 누군가에게 에너지를 주는 존재로 묘사되었다. 그러나 젊고 아름다운 여성이 등장해서, '예쁘고 깨끗한 상태를 유지하는 것이 여성의 역할'이라고 주장하는 광고와 더불어 광고에서 선호되는 여성의 캐릭터는 역시 '엄마'였다. 건강식품과 세제, 제약광고 등에서 돋보였던 '엄마'로서의 여성은, 광고 속에서도 아이 및 주변 환경을 돌보고 정상적인 상태로 유지하는 데에 힘써야 하는 인물로 사용된다. 무언가를 주도하는 위치에 있다 하더라도 그 '무언가'가 '아이의 교육 및 영양 챙기기'이거나 가사노동이 전부인 것이다. 그 가사노동조차도 여성 자신을 위한 것이 아닌, 가족들을 위한 행동이다. 엄마의 정체성을 가진 인물이 다른 욕망을 추구하거나, 그것을 긍정적으로 묘사하는 광고는 극히 드물었다(한국여성민우회, 2017).

이런 고정관념은 사회화 과정에서 남녀가 다른 능력과 특성을 키우도록 한다. 남성은 무엇보다도 능력이 있어야 하고 강해야 한다는 것은 우리 모두를 부담스럽게 하는 요인이 된다. 이로 인해 남성은 성공에 대한 확신과 자신에 대한 높은 자부심이 있어야 하고, 명철하고 이성적인 판단을 할 수 있어야 하며, 모든 일을 잘 해내야 한다고 여겨진다. 반면 우리 사회는 여전히 여성에게 다소곳해야 하며, 타인을 잘 배려하고 부드러워야 한다는 등의 여성성을 기대한다.

남성 중심 영화들이 얼마나 많은지를 계량화한 '벡델 테스트(Bechdel Test)' 분석을 통해 흥미로운 점을 발견할 수 있다. 벡델 테스트는 미국의 유명 만화작가 앨리슨 벡델이 남성 중심 영화들이 얼마나 많은지를 계량화할 목적으로 개발되었다. 테스트 방법은 ① 영화에서 이름을 가진 여성 캐릭터가 두 명 이상인가? ② 이 여성들끼리 한 번이라도 대화를 하는가? ③ 그 대화 속에 남자 주인공에 관한 것이 아닌 다른 주제의 내용이 있는가? 이 세 가지 조건을 통과하는지 분석한다. 벡델 테스트는 남녀노소가 즐기는 '대중문화의 꽃' 영화가 '젠더' 개념을 얼마나 반영하고 있는지 드러내는 척도이다. 영화가 관객들의 의식 또는 무의식에 어떻게 '남성중심주의'를 주입하고, 이를 다시 흥행코드로 삼는지를 설명해 주는 실험이다. 한편 대중문화를 소비하고 적극적으로 수용하는 과정에서 영화 속 현실들이 남녀의 성역할에 대한 고정관념이나 남성 중심적 사고를 더 고착화하고 있다는 점에 주목하게 한다.

▌지난해 한국영화 '성평등 테스트' 통과율 역대 최고… 성비 불균형은 여전

"여성 캐릭터 숫자 늘어, '벡델 테스트' 통과작 절반 이상
내용 보니 '보여주기식' 등장 다수"
"창작인력 여성 참여율 늘고 있지만, '남성 감독 · 주연' 영화 81.3% 압도적"

지난해 개봉해 흥행 순위 30위 안에 포함된 한국영화 가운데 양적 성평등 측정 도구인 '벡델 테스트'를 통과한 영화는 59.3%인 것으로 나타났다. 이는 테스트 결과를 정기적으로 발표하기 시작한 2017년 이래 가장 높은 수치다. 하지만 성역할 고정관념을 강화하는 여성 캐릭터가 등장하는 영화도 44.4%에 달해, 성평등의 질적 향상을 위한 노력이 더 필요하다는 지적이 나온다.

백델 테스트를 통과한 영화 '파묘'(왼쪽)와 '시민덕희' 포스터.

출처 : 한겨레신문(2025. 3. 15). 기사에서 발췌.

3. 성역할의 이해

1) 성역할 콤플렉스

정형화된 성역할로 인해 여성과 남성 모두가 직면하고 있는 갈등과 여러 가지 문제들을 다음의 '일곱 가지 콤플렉스'를 통해 쉽게 이해할 수 있다. 여성은 착하고 순종적이며 자신의 욕구를 함부로 드러내지 말아야 하는 반면, 맏딸과 슈퍼우먼 역할을 위해 다양한 일을 소화하는 바쁜 생활을 감수하면서도 항상 젊고 아름다운 외모를 잃지 말아야 하는 억압을 경험할 수 있다.

남성은 그 누구보다 우월한 사내대장부로서 어느 누구의 도움도 필요 없는, 만일 단 한 번이라도 타인의 도움을 받는다면 슈퍼 만능인이 한순간 무능한 인간으로 전락할 수 있다는 불안감이 따를 수 있다. 자기 분야의 업무를 성공적으로 수행하는 장남으로서의 투박하고 듬직한 모습도 필요하지만, 수려한 외모와 섹시한 몸을 만드는 노력도 게을리할 수 없다.

이처럼 성별 고정관념이 여성들에게만 불리한 결과를 가져오는 것은 아니다. 여성과 마찬가지로 남성들도 정형화된 성역할 속에서 많은 어려움을 겪는다. 남성들에게 여전히 성공, 지적 능력, 독립심 등과 같은 전통적인 남성적 특성이 요구되긴 하지만, 현대사회에 들어서면서 우리 사회가 남성에게 기대하는 역할과 특성은 혼란스러울 정도로 변하고 있다. 물론 여성에게 기대되는 성역할에도 과거와 비교하면 큰 변화가 있지만, 이러한 변화는 남성에게 더 크게 느껴질 것이다. 신체적인 힘이나 공격성 혹은 낮은 정서감 등으로 대표되던 전통적인 남성의 역할은 더 이상 힘이 소용되지 않는 경제적 성취, 정서적 민감성 등의 현대적 역할 속에서 그 힘을 잃고 있기 때문이다(Pleck, 1981). 이런 상황 속에서 남성들은 아동기와 청년기를 통해 습득했던 전통적 성역할과 성인기의 자신의 현실적 역할 사이에서 괴리를 발견하고, 이로 인해 성역할의 긴장(gender-role strain)을 경험하고 있다.

2) 다양한 성역할의 이해

문화 인류학자인 미드(Mead)는 1931년부터 1933년까지 뉴기니의 세 부족을 대상으로 각 부족의 성과 기질을 연구했다. 연구에 따르면, 일반적인 사회에서와 달리 아라페쉬 부족은 남녀의 역할이 분리되어 있기보다는 모든 역할을 공유한다. 남녀 모두 여성적이라고 일컬어지는 특성(협동심, 비공격성, 타인의 요구에 대한 민감성 등)을 지니고 있었다. 남녀 모두가 비슷한 인성을 가졌다고 믿고 있었는데, 그들의 관계는 협조적이며 남녀의 성차가 거의 발견되지 않았다. 이와 달리 먼더거머 부족은 성별에 상관없이 모두 무자비하고 공격성과 난폭함 등의 특성을 지니고 있었다. 먼더거머 부족은 아버지의 재산권은 딸에게 상속되며 어머니의 상속원은 아들에게 상속된다. 이로 인해 부부는 서로 자신의 상속원을 확보하기 위해 경쟁하며 이에 따라 남녀가 공격적이며 난폭하고 경쟁적이다. 챔불리 부족은 여성은 책임성이 강한 반면 남성은 의존적인 특성을 가졌다. 여성이 모든 일을 주도하고 경영했으며, 남성은 책임감이 약하고 여성에게 의존하여 보다 소극적이고 온화한 기질을 지니고 있었다.

각 부족에서 구성원들은 성별에 상관없이 그 사회에서 요구하고 양육하는 대로 특성을 지니게 된 것이다. 이와 같은 세 가지의 부족 사회의 특성을 통해 수동성, 민감함, 아기를 귀여워하는 마음 등을 여성적인 기질로만 단정할 수 없으며, 공격적이고 추진력이 강한 것을 남성적이라고 단정하기 어렵다는 것을 알 수 있다. 이처럼 성역할은 시대 · 사회 · 문화에 따라 다를 수 있다(미드, 1988).

오랜 기간 남성성과 여성성에 대한 고정관념에 따라 남성은 경쟁과 활동성이 필요한 사회적 역할에 적합한 반면, 여성은 타인을 배려하고 돌보는 가정적 역할에 적합하다고 인식하는 불평등이 존재했다. 그러나 미드의 연구는 우리들이 지금까지 가지고 있던 전통적인 고정관념인 성별 역할 분리에 대해 다시 생각하는 기회를 제공한다. 여성과 남성의 심리적 특성과 역할은 하나의 사회적 구성물로서 자연적이지도, 필연적이지도 않음을 알 수 있다. 따라서 인종, 종교, 사회적 지위에 따라 성역할은 다양할 수 있다.

한편 심리학자 벰(Bem)은 남성성과 여성성을 서로 상반되거나 모순되는 것으로 보는 관점에 대해 문제의식을 가졌다. 이 두 가지 특성이 한 사람 안에 공존할 수 있으며, 이 둘 사이의 균형의 정도는 각 개인의 고유한 성격이 다양한 것과 마찬가지로 다양한 형태로 이루어질 수 있다고 보았다.

양성성(androgyny)은 그리스어로 '남성'을 뜻하는 'andro'와 '여성'을 뜻하는 'gyne'에서 파생했다. 이는 보다 통합적이고 융통성 있는 성역할을 표현하는 용어이다. 따라서 양성적(androgynous)인 사람은 이분법적인 성역할의 제약으로부터 보다 자유로울 수 있다. 전형적인 남성적 특성을 강하게 지닌 남성과 전형적인 여성적 특성을 지닌 여성보다는 두 가지 특성이 융합적으로 내재되어 있는 사람이 자신감이 높고 과업성취 능력도 높으며, 동시에 부드럽고 따뜻하여 사회적으로 적응능력이 높을 가능성이 있다.

3) 젠더의 올바른 이해

우리 사회가 성별 고정관념을 통해 여성에게 강조하는 것은 자신의 욕구를 포기하거나 혹은 양보하고 남편, 부모, 자녀 등 타인을 위해 사는 것이다. 이로 인해 자신들의 감정을 솔직히 표현하는 기회를 갖지 못하게 된다. 여성들에게 주어진 이러한 역할들은 여성들에게 좌절감, 모호함, 자기 비하, 고립감 등의 부정적 감정을 경험하도록 이끈다. 자칫 독립적이고 주체적인 존재로서의 자아 정체감을 확립하지 못하고 의존적 존재로 살아가기 쉽다.

이는 성을 이유로 사람을 차별하는 의식·행동과 제도 등 자칫 성차별(sexism)의 근거로 악용될 수 있다. 백인 우월주의 같은 인종차별과 마찬가지로, 특정 성의 생물학적 특징을 본질적으로 우위에 있는 것으로 간주할 수 있다. 예를 들면, 남성은 여성보다 태생적으로 우월하기 때문에 여성에 대한 차별은 정당하고 남성에 의한 지배는 당연하다고 여긴다.

따라서 젠더에 대한 올바른 이해는 여성이 남성과는 다르고, 때로는 남성과는 상반되는 이해와 요구를 가지고 있다고 보는 것이다. 따라서 여성과 남성의 시각을 비교하고, 여성 특유의 경험을 반영하며, 특정 개념이 특정 성에게 유리하거나 불리하지 않은지, 성역할에 대한 고정관념이 개입되어 있지는 않은지를 검토하는 관점이 필요하다(이재경 외, 2007 : 328).

각각의 성별 입장과 경험을 동등하게 고려함으로써 성차별적인 영향을 배제할 수 있도록 하는 데 필요한 통찰력을 얻을 수 있다. 여성과 남성의 차이가 사회 · 문화적으로 구성됨을 인식하는 것으로부터 출발해 모든 구성원이 고정된 성역할이나 성별 고정관념에 구속되지 않고 자유롭게 자신의 능력을 개발하고 선택할 수 있는 권리를 가질 수 있는 성 평등(gender equality)한 사회를 실현해야 할 것이다.

4. 인공지능(AI : Artificial Antelligence)과 젠더

1) 인공지능(Artificial Intelligence)의 젠더 편향성(Gender Bias)

인공지능(AI)은 인간의 지능으로 할 수 있는 문장이해, 영상인식, 음성인식, 학습 등을 컴퓨터가 실행하도록 하는 방법을 연구하는 컴퓨터 공학 및 정보기술의 한 분야로서, 컴퓨터가 인간의 지능적인 행동을 모방할 수 있도록 하는 것을 말한다. 인공지능을 통해 컴퓨터는 방대한 양의 데이터를 활용하고 학습된 지능을 사용하여 인간에 의해 소요되는 시간보다 훨씬 짧은 시간 안에 원하는 결과물을 만들어 낼 수 있다. 최근 우리 사회는 인공지능이 인간보다 객관적, 합리적 시각에서 다양한 문제를 해결할 것이라는 큰 기대감을 갖게 되었다.

인공지능의 개발부터 활용의 전 과정에는 인간의 사회적 · 문화적 시각이 반영될 수밖에 없다. 그러다 보니 인공지능의 개발 과정에서 성별 고정관념의 강화 및 재생산 등 젠더 편향적 사례들이 종종 발견되고 있다(강정한 외, 2025). 인공지능의 '젠더에 대한 사회적 고정관념이나 성차별적 구조 학습 경향', 즉 '젠더 편향성' 문제의 심각성에 주목할 필요가 있다. 인공지능의 젠더 편향성은 인공지능 기술 구축의 초기 단계인 인공지능 시스템의 기획 및 설계, 데이터 처리(수집·가공·관리 등), 알고리즘 생성 및 학습 등의 모델링 각 기술 단계에서 발생하거나 활용 단계 전반에서 나타나고 있다.

인공지능을 기획하고 설계하는 단계부터 젠더 편향성이 작동될 수 있다. 대표적인 사례로 서비스 영역 대부분의 인공지능 아바타는 여성의 얼굴을 하고 여성의 목소리로 안내 업무를 하고 있다. 이는 서비스 직종의 젠더 고정관념을 고착화하는 문제를 낳는다. 그리고 인공지능 알고리즘 과학에 기존의 젠더 고정관념이 반영되면서 과학기술 분야 광고 및 고임금 일자리 광고가 남성들에게 더 많이 노출되는 경향이 있다.

한편 데이터 처리단계에서 젠더 편향적 데이터를 학습한 인공지능은 젠더 편향적 번역 서비스를 제공한다. 동일한 단어임에도 불구하고 여성의 경우에는 부정적이고 차별적인 표현으로 바뀌는 사례가 종종 발견된다. 'ambitious'라는 단어의 경우 성별에 따라 다른 의미를 생산하고 있다. 남성의 경우 '야망 있는 소년(ambitious boy)'으로, 여성은 '야심적인 소녀(ambitious girl)'로 번역되고 있으며, 'naught'는 남성의 경우 '장난꾸러기(naught boy)'로, 한편 여성은 '못된 소녀(naught girl)'로 표현되고 있다.

인공지능이 젠더에 대한 사회적 고정관념이나 성차별적 구조를 학습하는 것을 방지하고 완화할 수 있는 사회환경 조성과 법 제도 개선 노력이 요구된다. 최근 유네스코(AI 윤리 권고안), OECD(AI 위원회 권고안) 등 국제기구에서는 인공지능 기술 개발 활용 과정에서의 젠더 편향성 여부를 공개하고 평가하도록 하는 법제화 노력이 추진되고 있다.

현재 한국에서 「인공지능 연구개발 및 산업 진흥, 윤리적 책임 등에 관한 법률」(약칭 AI 기본법/ AI 발전 기본법) 제정 논의가 활발한 가운데, 젠더 편향성 이슈가 인식되고 있고 개선 의지에 대하여 주목하고 있다. 법안이나 제도적 장치에 젠더 편향에 대한 명확하고 구속력 있는 조항이 충분히 구현되기 위해서는 앞으로 많은 사회적 관심과 고민이 요구된다.

2) 생성형 인공지능(Generative AI)의 성별에 대한 편견

생성형 인공지능(Generative AI)은 텍스트, 이미지, 음악, 비디오 등과 같은 새로운 콘텐츠를 생성할 수 있는 인공지능의 한 유형이다. 생성형 AI는 단순한 정보 검색이나 분류를 넘어, 창의적인 콘텐츠 제작까지 가능하게 하는 혁신적인 기술이다. 기존 데이터를 기반으로 학습하여 기존 데이터와 유사하거나 완전히 새로운 콘텐츠를 만들어 낼 수 있다. 마치 사람이 창작 활동을 하듯이, 생성형 AI는 프롬프트(명령어)를 입력받아 텍스트, 이미지, 코드를 생성하거나, 기존 데이터를 분석하여 새로운 데이터를 만들어 낸다. 예를 들어, 사용자가 입력한 내용에 맞춰 소설을 쓰거나, 이미지를 생성하거나, 음악을 작곡할 수도 있다. 생성형 AI는 '딥 러닝'이라는 기술을 기반으로 한다. 딥 러닝은 복잡한 데이터 패턴을 학습하여 새로운 콘텐츠를 생성하는 데 효과적인 인공지능 기술이다.

생성형 인공지능의 성별에 대한 편견 사례로 대표적인 것은 전자상거래 기업 <아마존의 AI 인력채용 시스템 개발>이 있다. 해당 프로그램의 알고리즘은 이력서에 '여학교', '여성 체스동아리'처럼 '여성'이라는 단어가 포함된 문구가 있으면 부정적으로 평가하고 감점하였다. 한편 오픈AI의 텍스트 기반 이미지 생성모델인 달리(DALL-E)도 'CEO'라는 단어를 만나면 정장 차림의 백인 남성 이미지만 생성하고, '간호사' 또는 '개인비서'라는 단어에는 여성 이미지로 반응하였다. 그 밖에도 스테이블AI에서 오픈소스 라이선스로 배포한 이미지 생성형 인공지능 스테이블 디퓨전(Stable Diffusion)이 내놓은 결과물들도 CEO를 백인 남성으로 표현한 반면 여성을 의사, 변호사, 판사로 묘사하는 일은 거의 없었다. 범죄자는 흑인 남성으로, 햄버거 가게 주방에서 일하는 직원은 흑인 여성으로 그려내는 경향도 발견되었다.

생성형 AI의 이러한 선입견과 편견은 사용된 데이터의 편향성에서 기인할 수 있다. 특정 인종, 성별, 연령대의 데이터가 과다 또는 과소 대표되면 모델은 이런 그룹을 불균형하게 예측할 수 있다. 생성형 AI를 학습시키는 데 사용하는 데이터는 주로 사람이 만들어 낸다. 현재 활용할 수 있는 수많은 데이터가 서구 문화권 백인 남성에 치우친 탓에, 그들의 의견을 반영한 결과가 이런 데이터의 편향으로 나타날 수 있다. 최근 국제사회에서는 AI 기술을 개발하는 과정에서 참고할 가이드라인들이 제시되고 있다. IEEE(전기전자공학자협회)의 「AI 개발의 윤리적 설계 지침」(2024)이 대표적 사례이다. 한국사회에서는 국가 차원의 '인공지능위원회'의 설립이 추진되었다. 교육자, 법률가, AI 기술 및 서비스 개발자, 서비스 사용자, 정부 등 다양한 부문의 대표자들이 고르게 참여하여 편향과 선입견의 문제에 대한 해결에 나설 것으로 기대된다.

▮ AI가 보는 CEO는 '백인 남성', 사회복지사는 '여성'… "젠더편향 심각" 여성정책연구원, 인공지능과 젠더 혁신 포럼 개최, "우리 사회 인식 반영… 차별금지 원칙 법제화해야"

생성형 인공지능(AI) 기술이 우리 사회 각 분야에서 활발히 이용되고 있는 가운데, 성별편향이 심각해 이를 조정할 수 있는 방안 마련이 시급하다는 연구결과가 나왔다. 한국여성정책연구원은 29일 오후 한국과학기술젠더혁신센터・한국양성평등교육진흥원과 함께 '성 격차 해소를 위한 인공지능과 젠더 혁신'을 주제로 제137차 양성평등정책포럼을 개최했다. 이날 발제를 맡은 김애라 여성정책연구원 부연구위원은 '인공지능 젠더 편향 완화를 위한 국내 법제화 대응 방안'을 발표했다. 해당 연구에 따르면, 텍스트 입력 시 이미지를 생성해주는 AI모델인 '스테이블 디퓨전(Stable Diffusion)'에 특정 단어를 입력하면 성별 편향이 강하게 나타났다. 예를 들어 '엔지니어'를 검색하면 안전모를 쓴 남성이, '사회복지사'와 '가사도우미'를 검색하면 비백인 여성이, 'CEO'를 검색하면 백인 남성의 이미지가 생성됐다.

지난 1988년부터 2021년까지 133개 AI시스템 편향성을 추적한 연구에 따르면 44%가 성별 편향성을 보였고, 1/4 이상이 성별과 인종 편향성이 모두 나타나는 것으로 나타났다. 국내에서도 널리 사용되고 있는 챗GPT에서도 의사는 남성, 간호사는 여성과 같은 방식으로 특정 직업에 성별을 할당하는 것으로 나타났고 여성은 요리와 청소 등 성역할과 연결되기도 했다.

출처 : 뉴시스(2024. 8. 29) 기사에서 발췌.

생각해 보기

- 나는 어떤 '남자다움' 또는 '여자다움'을 강요받고 있는가? 구체적인 사례를 통하여 생각해 보자. 성별 고정관념이 남녀 개인에게 어떤 부정적인 결과를 가져오는지 자신의 삶과 연관시켜 생각해 보자.
- 가족, 학교, 대중매체 등에서 성별 고정관념을 어떻게 조장하는지 토론해 보자.

함께 보기

딸에 대하여(2023). 이미랑 감독. 한국.

윤희에게(2019). 임대형 감독. 한국.

82년생 김지영(2019). 김도영 감독. 한국.

빌리 엘리엇(Billy Elliot, 2000). 스티븐 달드리(Stephen Daldry) 감독. 영국.

참고문헌

강정한 외(2025). AI, 편견을 넘다 : 다양성을 품은 인공지능의 미래. 한국과학기술젠더혁신센터 기획. 롤러코스터.

권수현 외(2025). 내 삶을 바꾸는 젠더정책. 공동체.

김엘리 외(2016). 성・사랑・사회. 한국방송통신대학교출판문화원.

김현미(2022). 한국의 젠더 논쟁 : 어떻게 보아야 할 것인가?. 동아시아재단 정책 논쟁, 제174호.

뉴시스(2024. 8. 29). "AI가 보는 CEO는 '백인남성', 사회복지사는 '여성'…'젠더편향 심각'". https://www.newsis.com/view/NISX20240829_0002868430

로빈 라일(Robin Lyall) 외(2020). 젠더란 무엇인가. 조애리 외 공역. 한울아카데미.

마가렛 미드(1988). 세 부족사회에서의 성과 기질. 조혜정 역. 이화여자대학교출판부.

매리언 살츠먼・이라 마타시아・앤 오라일리(2006). 남자의 미래. 이현주 역. 김영사.

문미경(2022). 인공지능 딥러닝 활용의 젠더 편향성 실태와 개선방안. 한국여성정책연구원.

앤서니 기든스(2018). 현대 사회학(제8판). 김미숙 외 공역. 을유문화사.

양성평등교육진흥원. https://www.kigepe.or.kr/user/cop/bbs/selectBoardList.do?bbsId=BBSMSTR_000000000050&menuNo=14100

윤가현(2006). 성 문화와 심리. 학지사.

이재경 외(2007). 여성학. 미래 M&B.

한겨레신문(2025. 3. 15). "지난해 한국영화 '성평등 테스트' 통과율 역대 최고… 성비 불균형은 여전". https://www.hani.co.kr/arti/society/women/1187108.html

한국여성민우회 미디어운동본부(2017). 광고 속 성차별, 이대로 괜찮은가?. 발표회 자료집.

European Institute for Gender Equality(2016). Gender Equality Training.

________________________________(2017). Gender Impact Assessment : Gender Main streaming Toolkit.

John E. Williams, & Deborah L. Best(1982). *Measuring Sex Stereotypes : A Thirty-nation Study*. SAGE Publications.

Joseph H. Pleck(1981). *The Myth of Masculinity*. Cambridge : MIT Press.

Sandra Bem(1974). The measurement of psychological androgyny. *Journal of Consulting and Clinical Psychology, 42*.

제 2 장

성의 이해

제2장 성의 이해

남성도 여성도 아닌 '제3의 성(性)'을 가진 '히즈라(Hijra)', 성적인 문제를 가지고 태어난 남자들이 거세 등의 방법을 통해 남자의 성을 포기하고 여성의 삶을 살아가고 있는 이들……

-위키백과 내용 중에서-

1. 성의 개념

한자의 性(성)은 마음(心)과 몸(生)이 결합된 것을 의미하는데, 이것은 정신과 육체를 총칭하는 이른바 전인적 인간(全人的 人間)을 말하는 것이다. 요컨대 어원으로 볼 때 성이란 전인적 인간을 총칭하는 것이며 단순한 성행동이나 육체적인 성의 결합만을 의미하는 것은 아니다(김상원, 2008).

성은 다양한 의미를 포함하고 있는데 구체적으로 살펴보면, 선천적으로 결정된 남성·여성이라는 생물학적 성(sex)과 사회·문화적으로 남성다움과 여성다움의 특성과 역할을 상징하는 사회문화적 성(gender) 및 이러한 두 개념을 포괄하면서 전인적이고 전인격적인 개념으로서의 성(sexuality)으로 구분할 수 있다(이성희·한희선, 2009).

1) 생물학적 성(Sex)

생물학적인 성은 유전적이고 선천적인 성을 의미하며, 남성과 여성의 성기를 비롯하여 성관계와 생식에 관한 모든 것을 포괄하는 개념이다. 그러나 이러한 개념을 간과하는 일부 사람들은 성(sex)을 주로 성기적이고 성기결합적인 것으로만 생각하기 때문에 성을 쑥스럽고 어색한 것으로 간주하는 잘못된 생각을 하기도 한다. 섹스 차원의 성차는 완전히 이분법적으로 나누기 어렵다. 간성(間性, intersex)으로 태어나는 사람들이 있다는 사실은 널리 알려져 있다(배은경, 2011).

▌ 간성(intersex)

이들은 양성의 생식기를 모두 가지고 태어나거나, 생식기의 외견은 완전히 남성 혹은 여성으로 보이지만, 수태 능력이나 외모, 신체적 능력 등에서 성적 특징이 복합적으로 나타나거나 반대 성의 특징을 보이기도 한다.

또한 성인 남녀의 신체는 생식적 특성 면에서 대조적이지만, 이런 차이가 생애주기에 따라 변한다는 점도 중요하다. 삶의 초기 단계에서 남녀의 몸은 잘 구별되지 않는다. 두 살 정도의 여아와 남아의 몸에는 오직 작은 차이만 존재한다. 절대적으로 다른 외부생식기, 즉 클리토리스와 음경 같은 기관들도 태아시기에는 같은 초기 발생 과정을 거친다. 남녀의 신체와 그 생리적 특성들은, 특히 생식 기능이 끝난 노년기에 이르면 더욱 비슷해진다.

▌ 타고난 성에 관계없이 남녀 선택 등록

아르헨티나 상원이 성인이면 누구나 자신이 원하는 성으로 주민등록을 바꿀 수 있는 '성 정체성 법(Gender Identity law)'을 채택했다고 보도했다.
성 정체성 법은 18세가 된 성인이 주민등록을 할 때 태어날 때의 성, 성전환수술, 법원의 승인에 상관없이 자신의 성별을 선택할 수 있는 것이다. 이미 주민등록을 한 성인들도 출생증명서, 주민증 등 공적 기록의 성별을 원하는 대로 변경할 수 있다.

출처 : 세계파이낸스(2012. 5. 11) 기사에서 발췌.

▍남녀 이분법 벗어난 성별 표기는 '뉴노멀'

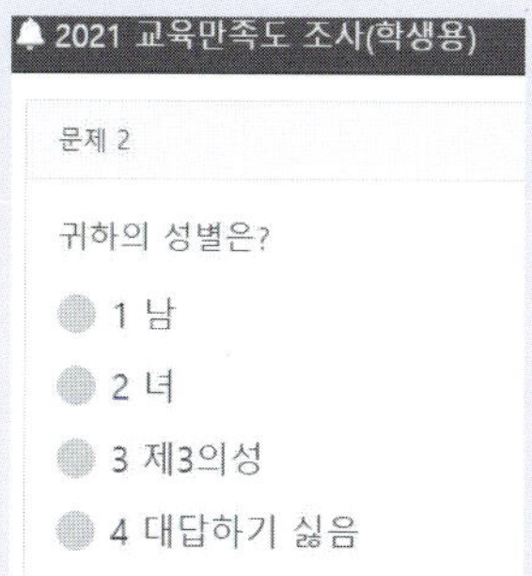
2021 교육만족도 조사(학생용)
문제 2
귀하의 성별은?
1 남
2 녀
3 제3의성
4 대답하기 싫음

한국외국어대학교 성평등센터 성희롱 등 폭력예방교육 만족도 조사 화면

한국외국어대학교 성평등센터는 2020년부터 성희롱 등 폭력예방교육 만족도 조사에서 학생의 성별을 묻는 항목에 남성과 여성에 이어 '제3의 성'과 '대답하기 싫음'이라는 선택지를 추가했다. 학생들이 다양한 성별 정체성을 선택할 수 있도록 한 것이다. 이처럼 남녀 이분법을 벗어난 성별 표기가 국내외에서 확산하고 있다. 센터가 선택지로 둔 '제3의 성'은 남녀로 포괄할 수 없는 다양한 성별 정체성을 뜻한다. 간성・트랜스젠더・젠더퀴어 등 출생 당시 성별과 자신이 생각하는 성별이 다르다고 느끼는 이들을 모두 포함하는 개념이다.

출처 : 한겨레(2021. 10. 28) 기사에서 발췌.

2) 사회적 성(Gender)

생물학적으로 남성과 여성으로 태어났으나 인간은 성장과정에서 자신이 태어난 사회적・문화적・심리적 환경에 따라 다양한 성역할을 학습한다. 이처럼 사회・문화적으로 또는 환경에 의해 후천적으로 학습되고 인지되는 성을 사회적 성, 혹은 후천적 성이라고 한다. 전형적으로 볼 때, 흔히 '남성답다(maleness/ masculinity)'고 하면 적극적이고 강하고 크고 용감하고 이성적(理性的)인 것을 생각하고 '여성답다(femaleness/ feminity)'라고 하면 소극적이고 연약하고 아담하고 아름답고 의존적이고 감성적인 것을 생각하는 경향이 있다. 이와 같이 인간은 자신이 속한 사회에서 자신의 성에 적절하다고 규정되는 성적 특성, 태도와 행동양식을 습득함으로써 남성적 또는 여성적 특성을 내면화하게 된다.

그런데 실상 섹스와 젠더를 구분하는 것은 어렵다. 섹스와 젠더의 개념을 재해석한 이론적 논의에서 가장 영향력 있는 연구는 버틀러(Butler)의 『젠더 트러블(Gender Trouble)』이다. 버틀러는 섹스를 생물학적으로 불변한다고 해석하는 것 자체가 문화적 해석이며, 젠더를 이분법적으로 사유하고 젠더와 섹스를 필연적 관계로 해석하는 것은 젠더 본질주의라고 지적했다. 버틀러에 따르면 젠더는 '불안정한(trouble)' 범주이다. 젠더는 행위의 양식화된 반복을 통해 서서히 구성된다. 이때 젠더 수행은 처벌적이고 규제적인 사회적 의례 아래서 이루어진다. 관계가 정해주는 범위 내에서 젠더 수행을 제대로 해내지 못했을 경우 직 · 간접적으로 처벌을 받거나 주변화된다(이정주, 2013).

즉, 버틀러는 사람을 양성(兩性)으로 나누고 양성의 자연적 차이를 극단화하는 섹스는 강제적 이성애의 필수 요소이며, 젠더는 강제적 이성애의 문화적 각본에 따라 수행되는 가장무도회(masquerade)일 뿐이라고 하였다(배은경, 2011).

실제 김엘리(2020)의 '20~30대 남성들의 하이브리드 남성성' 연구에 의하면, 신자유주의 시대의 소비사회와 정보사회에서 성장기를 보낸 20대~30대 남성들은 전통적인 젠더질서에서 성역할을 수행하던 시대와는 '좀 다른' 남성성들을 수행한다. 즉, 이들은 강하면서도 부드럽고, 화장 등 외모 가꾸기에 관심을 두면서도 공격적인 스포츠 게임을 즐기며, 세련된 남성미를 연출하면서도 요리와 돌봄에 관심을 둔다. 이처럼 강한 남성성에서 부드러운 남성성으로 변화하는 단선적인 면모가 아니라 이질성이 혼재하고 유동하면서 사회적 관계에 따라 유연한 수행을 하는 다른 특성인 것이다. 이른바 하이브리드(hybrid) 남성성이다. 말하자면 강한 남성성과 거리를 두고, 성별분업이 고정되지 않은 생계부양의 (가족)경제를 지향하거나 경영하며, 상호협력의 관계 맺기와 가사노동의 참여를 통해 '좀 다른' 남성성을 행하려 한다.

최근에는 이러한 성역할 고정관념에서 벗어나고자 하는 정부의 다양한 시도들이 나타나고 있다. 예를 들면, 서울시 성평등 언어사전에서 제시한 유모차→유아차, 수유실→아기 쉼터 등이다(중앙일보, 2020. 9. 1).

3) 섹슈얼리티(Sexuality)

섹스가 신체의 성별을 뜻하고 오로지 생식과 연관된 개념이라면, 섹슈얼리티는 그렇게 남녀로 나누어진 몸을 입은 사람들이 성적 행동들을 하고 성적인 관계를 맺어 나가는 것을 통해 자신의 욕구, 욕망, 정체성, 친밀성 등을 구성해 나가는 과정을 가리키는 개념이다. 다르게 말하면, 생물학적 성(sex)과 후천적인 성(gender)을 포괄하는 개념으로서 인간의 태도, 가치관, 감성, 문화, 성 형태 등을 포함하는 전성적(全性的)이고 전인적(全人的)인 인격적(人格的) 성을 말한다.

이는 성성, 성욕, 성애 등으로 표현되며, 인간의 구체적인 성행위뿐만 아니라 개인이 가지고 있는 성에 대한 관념, 가치관, 태도, 행동, 감정, 기호 및 선호도 등을 포함하는 포괄적인 의미이다.

그러나 한국사회에서 결혼하지 않은 여성의 섹슈얼리티는 강력한 순결 이데올로기로 인해 여전히 자유롭지 못한 실정이다. 예를 들면, 한국사회에서 성적으로 능동적이고 활동적인 남성들은 남성다움을 표출하는 것으로 여겨지는 반면, 여성들의 경우 성적 경험이나 성 관련 정보를 표출하면 사회적 낙인을 받는다.

2. 성적 자기결정권

> 여러분은 자신의 권리를 어느 정도 인식하고 있나요?
> 언제, 어디서, 누가 나의 몸을 만질 것인가, 언제, 어디서, 누구와 성적인 행위를 할 것인가를 결정할 권리는 나에게 있습니다. 이것이 '성적 자기결정권'입니다.
> 상대방에 대한 미안함이나 배려보다는, '나의 느낌'을 기준으로 결정해야 합니다.
>
> -한국여성민우회-

1) 성적 자기결정권의 이해

성적 자기결정권은 성행위 여부와 상대방, 시간과 장소 등의 모든 사항에 관해 개인의 선택과 결정을 보장받을 권리를 말한다. 이 권리는 대한민국헌법 제10조에서 제시한 "모든 국민은 인간으로서의 존엄과 가치를 가지며, 행복을 추구할 권리를 가진다"는 조항에서 도출된다(다음백과).

보다 구체적으로 '성적 자기결정권'이란 개인의 인격권, 행복추구권과 연관된 권리이다. 성과 관련된 모든 선택에 있어 스스로 결정할 권리를 말한다. 넓은 의미에서의 성적 자기결정권은 성적 행동뿐 아니라 성 정체성, 성 건강, 재생산과 관련된 결정까지 포괄한다. 예를 들어, 자신의 성 정체성과 성적 지향을 고민하고 결정할 권리, 피임 · 임신 · 출생 여부를 선택할 권리, 성매개 질환 예방과 치료에 대해 정보를 얻고 의료 서비스를 선택할 권리도 포함한다. 좁은 의미에서는 성적 행동에 대해 동의하거나 거부할 권리를 말한다. 또한 원하지 않는 성적 행동에 침해되지 않을 권리, 원하지 않는 성적 행동으로부터 안전할 권리를 말한다(한국성폭력상담소, 2025).

그렇다면 성적 자기결정권 침해를 해결하기 위해서는 성적 자율성에 관한 권리를 가져야 할 것이다(박종선, 2011). 성적 자율성은 개인이 성적 활동을 포함한 성적 결정을 스스로 내릴 수 있는 권리와 자유를 강조하는 개념이며, 이것은 계획되지 않은 임신과 성매개 감염을 예방하는 방법인 피임과 일맥상통한다. 즉, 성적 자율성이란 개인이 원하는 방식으로 원하는 사람과 자유롭게 성관계를 하는 것을 기본으로 임신과 출산도 선택할 수 있는 자유를 뜻한다. 이처럼 성관계 및 성적 활동에 대한 개인의 자유와 권리를 나타내는 성적 자율성은 성적인 행동과 의사결정에 대한 개인의 자유를 보호하고 존중함을 강조하는 원칙이며(Kim, 2023), 특히 여성의 성적 자율성은 여성이 자신의 성적 활동에 관한 결정을 스스로 내릴 권리가 있으며, 타인의 간섭 없이 자신의 성적 행동을 선택할 수 있어야 함을 의미한다. 또한 성과 관련된 건강 및 안전을 보호하기 위한 것으로 이는 성병 예방, 안전한 성관계 등이 해당한다(Willie, et al., 2023).

성적 자율성을 행사하기 위하여 성적 의사소통은 중요한 요소이다. 성적 의사소통(sexual communication)은 부부나 연인과 같은 친밀한 사이에서 건강하고 안전한 성관계에 이르도록 도와주는 표현의 과정이다(Jeon, 2017). 성 행동에 대한 동의, 피임 사용과 관련한 협상, 성적 경계 설정 등의 요소를 포함하며, 이를 통해 성적 파트너와의 상호 소통으로 성 건강을 증진하고 성적 위험을 예방할 수 있는 중요 요소이다(설은미 외, 2025).

따라서 '성적 의사소통 능력'이란 다른 사람과의 성적인 관계 속에서 서로가 일방적으로 지배하거나 지배당하지 않고 평등하고 주체적으로 관계를 만들어 갈 수 있는 능력을 의미한다(중앙대학교 인권센터, 2025).

성적 의사소통 능력 테스트

성적 의사소통 능력 테스트는 나의 성적 의사소통 능력을 점검하고 내가 어떤 사람인지, 상대와 어떻게 소통할 것인지 도움을 주는 과정입니다. 다음 문장을 읽고 자신의 생각을 점검해 봅시다.

1. 나는 기쁨, 슬픔, 분노, 불안 등 내가 느끼는 감정을 알 수 있다.
2. 나는 언제나 나의 감정과 느낌을 말로 표현할 수 있다.
3. 좋아하는 사람이 생겼을 때 (거절을 당할까 봐 두려워도) 좋아한다고 표현할 수 있다.
4. 나는 나의 성적인 욕구에 대해 잘 알고 있다.
5. 나는 성에 관한 정보(임신, 피임, 낙태 등)를 잘 알고 있다.
6. 나의 성적인 욕구나 지식에 대해 상대에게 이야기할 수 있다.
7. 내 감정과 느낌이 소중한 만큼 상대의 감정과 느낌을 존중한다.
8. 내가 원하지 않는 신체적 접촉에 대해 (상대방이 실망을 할지라도) 싫다고 말할 수 있다.
9. 성관계 전에 피임에 대해 이야기할 수 있다.
10. 상대가 무엇을 원하는지 알기 위해 구체적으로 묻고 듣는다.
11. 좋아하다가 싫어지는 감정이 생길 수 있음을 인정하고 받아들인다.
12. 상대방의 일방적인 요구에 부당함을 이야기할 수 있다.

출처 : 중앙대학교 인권센터. https://humanrights.cau.ac.kr/sub02/sub02_4.php

최근 성적 자기결정권과 관련하여 파트너와의 안전한 성적 행위를 위하여 당사자 간의 상호 '동의'는 필수적 요소가 되었다. '동의'에 대한 표현이 없을 경우에는 행위의 당사자 간의 의견이 합치된 것으로 보지 않는다. 따라서 동의를 하지 않았거나, 확인하지 않았거나 이를 간과할 경우에는 동의하지 않은 행위로 보는 것이 적절하다(김아름솔, 2020 재구성).

한국성폭력상담소(2023)는 성적 동의와 관련하여 지속적으로 '적극적 합의'라는 개념을 논의해 왔다. 적극적 합의는 타인과 성적 행위를 할 때 누구와, 언제, 어디서, 무엇을, 어떤 조건과 한계로, 어떻게, 왜 하는지 또는 하지 않을지를 논의하고 결정하는 것이다. '적극적 합의(Affirmative Consent)'는 단지 표면상으로 행위 직전에 네(Yes)/ 아니요(No)라는 응답을 받는 것만으로는 충분하지 않고, 명시적이고 상호적이고 과정적인 동의가 필요하다는 개념이다(한국성폭력상담소, 2023).

‘적극적 합의’를 위한 다섯 가지 원칙을 보면 다음과 같다(한국성폭력상담소, 2022. 4. 1).

첫째, ‘명시적으로’ 이루어져야 한다. 서로 합의하는 내용이 무엇인지 말 또는 행동으로 분명하게 드러나야 한다는 뜻이다. 내 느낌과 생각만으로 상대의 의사를 섣불리 추측해서는 안 된다. 예를 들어, 상대가 나를 집에 초대하는 것은 나와 섹스하고 싶다는 유혹인가? 앞서 나가지 말자. 상대는 말 그대로 나를 집에 초대했을 뿐이다. 만약 상대가 나에게 “섹스하고 싶어”라고 말한다면 그때는 섹스할지 말지 서로 합의할 수 있을 것이다.

둘째, ‘의식이 있을 때’ 이루어져야 한다. 누군가가 잠들었거나 술이나 약물에 취해있다면 성적 동의를 할 수 없는 상태로 보아야 한다. 자신의 몸에 무슨 일이 벌어지는지 모를 만큼 정신을 잃은 상태뿐 아니라, 부르면 대답은 하는데 주변 상황을 제대로 인지하지 못하는 상태, 말은 곧잘 하지만 제 뜻대로 몸을 가누지 못하는 상태도 마찬가지다. 의식이 없는 사람에게는 굳이 성적 동의를 받으려고 물어보지도 말아야 하며, 그냥 성적 행위 자체를 하지 말아야 한다.

셋째, ‘충분한 정보와 이해를 바탕으로’ 이루어져야 한다. 모든 당사자는 자신이 동의한 성적 행위가 어떤 성격인지, 사회적으로 어떻게 인식되는지, 자신 또는 상대에게 어떤 영향을 미칠 수 있는지, 서로 지켜야 할 권리와 의무는 무엇인지, 다른 선택도 가능한지 등을 충분히 알고 이해하고 있어야 한다.

넷째, ‘평등하게’ 이루어져야 한다. 모든 당사자는 서로 동등한 관계여야 하며, 성적 행위와 관련된 대화를 대등하게 할 수 있어야 한다. 만약 한쪽이 콘돔을 사용해달라고 요구했는데 다른 쪽이 못 들은 척하면서 콘돔을 사용하지 않는다면 이들의 관계는 평등하지 않을 것이다. 이유가 무엇이든 발언권과 결정권에 차이가 나타났기 때문이다. 평등하지 않은 관계라면 애초부터 성적 동의를 구하지 않는 것이야말로 상대의 의사를 존중하는 것이다.

다섯째, ‘모든 과정에서, 항상’ 이루어져야 한다. 평소 성적 행위를 함께하는 연인 또는 부부 관계라는 이유로 섣불리 합의 과정을 건너뛰어서는 안 된다.

상대가 어제는 성적 행위를 하고 싶었지만 오늘은 하고 싶지 않을 수 있기 때문이다. 또한 상대가 키스에 동의했다는 이유로 당연히 섹스도 동의할 것이라고 넘겨짚어서도 안 된다. 상대는 키스는 좋은데 섹스는 싫을 수 있다. 마찬가지로 상대가 "섹스하자"라는 말에 동의하는 것은 섹스할 때 상대가 원하지 않는 체위를 하거나, 청결하지 않은 손으로 성기를 만지거나, 피임을 하지 않는 것까지 동의한다는 뜻이 아니다.

무엇보다 모든 당사자는 언제든지 성적 동의를 취소, 철회, 번복할 수 있어야 한다. 비록 서로 합의하고 성적 행위를 시작했다 하더라도 누군가 도중에 그만하기를 원하면 즉시 중단해야 한다. 처음에 동의했다고 해서 무조건 상대의 욕구를 채워줘야 하는 것은 아니다. 아무도 "아까 합의했잖아"라고 억지로 성적 행위를 이어갈 권리는 없다.

따라서 적극적 합의는 단순히 한쪽이 의사를 묻고, 한쪽이 대답하는 것이 아니다. 양쪽이 충분히 자신의 의견을 내고 소통할 수 있는 평등한 관계가 기반이 되어야 하고, 개개인이 자신의 욕망을 이해하고 구체적으로 요구 또는 거절하는 환경을 갖추어야 한다.

2) 다양한 성적 자기결정

(1) 혼전 성관계

성행위에 대한 기준과 가치는 각 사회, 문화 그리고 시대에 따라 다르지만, 오늘날 혼전 성행위는 비교적 자유롭고 개방적이다. 특히 대학생 시기는 교제가 본격적으로 활발해지는 시기로, 자신의 성적 욕구를 인식하고 성행동으로 실현하게 되며 그동안 내면화된 성 인식, 성 가치 및 성 태도를 확인하고 조정하는 과정을 거친다(김영희 외, 2013).

한국보건의료연구원(2023)의 조사에 의하면, 한국에서 첫 성 경험 시기는 남성과 여성 모두 '20~24세'가 각각 65.9%, 57.4%로 가장 많았다. 그다음으로

'25~29세'(남성 19.8%, 여성 26.4%), '30~34세'(남성 4.1%, 여성 7.5%) 등의 순이었다. 이를 통해 20대 초반 시기에 해당되는 대학생들이 첫 성관계를 경험하고 적극적으로 성행위를 시작하게 됨을 알 수 있다.

이규은(2022)의 연구에서 대학생의 성관계에 대한 내용을 조사한 결과, 응답자의 66.0%가 '사랑한다면 결혼 전에도 성관계가 가능하다'라고 인식하는 것으로 나타났다. 이처럼 대학생 시기는 신체적인 성장과 성숙을 통해 자연스럽게 연애를 통해 성 행동이 허용되는 시기이다. 그러나 성 행동을 경험할지라도 안전한 성 지식에 대한 정보가 뒤따르지 않는다면 다양한 성 문제가 나타날 수 있다. 또한 성 파트너의 압력, 성적 관계에서의 협상 능력 부족은 안전하지 않은 성 행동의 위험을 증가시킬 수 있다(설은미 외, 2025).

무엇보다 혼전 성관계는 파트너와의 친밀한 상호작용을 통해 이루어지는 만큼 성적 결정권이 낮은 상태에서의 성관계는 여러 가지 문제를 초래할 수 있기에 자신의 성적 결정권을 행사할 수 있는지는 매우 중요하다.

(2) 피임

성적 자율성에는 여성이 피임에 관한 결정을 내릴 수 있는 권리도 포함된다. 피임은 당장 임신을 계획하고 있지 않은 여성이라면 연인 관계에서 일상적으로 실천해야 하는 행위이며, 성관계로부터 자신의 신체를 보호할 수 있는 성적 자율성 실현의 기본 조건이라 할 수 있다(김민재, 2025).

▮ 세계 피임의 날

'세계 피임의 날'은 9월 26일로 원치 않는 임신을 예방하자는 취지로 2007년에 제정되었다. 성에 대한 올바른 인식을 제고하고, 피임을 통해 '원하지 않는 임신'을 줄이며, 이로 인한 임신중지(낙태)를 예방하여 여성의 건강과 안전을 도모하려는 목적으로 제정되었다.

출처 : 다음백과.

국립보건연구원(2023)이 발표한 '2023 한국여성건강통계 5차 결과'에 따르면, 성생활을 하는 만 15~49세 여성의 피임 실천율은 2021년 81.5%였다. '항상 피임을 실천한다'고 답한 여성은 53.4%였다. 반면 '현대적 피임 실천율'은 47.3%에 불과했다. 전 세계적으로 '현대적 피임' 실천율은 77%로 나타나 우리나라보다 높다. 현대적 피임에는 콘돔을 포함해 경구피임약, 사후피임약, 임플라논(피하이식제), 자궁 내 장치, 난관수술, 정관수술 등이 해당된다. 비교적 성공확률이 높은 과학적 방법들이라 할 수 있다. 반면에 비현대적 피임법은 질외사정과 월경주기법 등이다.

우리나라 여성이 가장 선호하는 피임법은 콘돔(54%)이 가장 높았고, 월경주기법(32.7%), 질외사정(29.4%)이 그 뒤를 이었다. 콘돔을 제외하면 두 가지(62.1%)가 모두 비현대적 피임법으로, 피임 실패 확률이 높다. 특히 남성이 사용하는 질외사정은 효과적이지 않은 대표적인 피임법으로 꼽힌다. 따라서 안전하고 효과적인 피임방법을 포함한 포괄적 성교육이 필요하다.

무엇보다 피임 실천은 여성의 경우 임신이나 출산의 주체가 되기 때문에 임신을 예방한다는 측면에서는 긍정적인 효과를 보이지만 피임이 실패하면 임신 가능성이 있기에 여성에게 더 큰 의미가 있다.

이은주(2017)의 연구에 의하면 미혼 여성들이 어떤 피임방법을 사용할 것인지 고민할 때, 당시 만나는 남성과 성관계에 관한 이야기를 서로 존중하며 나눌 수 있는 관계인지 고려하는 것으로 나타났다. 즉, 여성들은 상대 남성들과 함께 성에 관한 의견을 서로 자유롭게 이야기하고 피임과 관련된 여성 자신의 의견을 개진할 수 있으며 이를 존중받을 수 있는 관계인지를 파악한다. 그리고 만약 이와 같은 의사소통이 잘 이루어지지 않는 관계이면, 여성이 피임을 부담하는 방식으로 경구피임약 복용을 선택하는 것으로 나타났다. 이처럼 미혼 여성들은 피임에 비협조적인 상대 남성 때문에 어쩔 수 없이 경구피임약을 복용하는데, 상대 남성들이 아예 피임을 하지 않는 것은 아니지만 미혼 여성과 상대 남성, 각각 자신이 원하거나 만족하는 피임의 수준과 방법이 다를 뿐이다.

예를 들어, 남성들은 전통적인 피임법인 질외사정법이나 자연주기법으로 피임하는 것에 만족하는 데 비해, 여성들은 인위적인 기구나 약 등을 이용한 피임법을 원하는 것으로 나타났다.

현재 의료계는 여성을 원치 않는 임신으로부터 '보호'하기 위해서 성공률이 높은 현대적인 피임법을 권장하고, 그렇지 않은 피임의 위험성을 강조하면서 대안적인 피임법의 활용을 차단한다. 현대적인 피임기술의 대부분은 남성이 아닌 여성의 신체에 작용하면서 여성이 복용하거나, 여성의 피부에 붙이거나, 몸 안에 삽입하는 방식으로 여성의 가임 상태를 관리 대상으로 삼는다. 이에 따라 청년 여성들은 페미니즘에 직접적인 영향을 받거나 혹은 여러 피임법들과의 비교를 통해 콘돔 사용에 대한 강한 의지, 즉 "노콘노섹(콘돔이 없으면 섹스를 하지 않는다)"의 의지를 가지게 되었다(김민재, 2025). 이는 성관계의 위험관리를 위한 합리적 선택이라는 의미를 넘어 성적 주체성의 상징으로서의 의미가 있다.

'노콘노섹' 하고 있나요?

노콘노섹은 성관계에 있어 가장 확실하고 간편한 피임법인 콘돔조차 사용하지 않는 무책임한 남성들에 대해 '콘돔을 사용하지 않으면 섹스를 하지 않겠다'고 선언하는 여성 운동의 한 흐름이었다.

원치 않는 임신 그리고 '성병'이라 부르는 성매개 감염은 여성의 생명을 위협할 수 있고, 여성의 성적 자기결정권을 침해하는 중대한 '생존'과 '자유'의 문제다. 핵심은 콘돔을 사용하냐 마느냐 하는 피임 방법론에 있는 것이 아니다. 콘돔의 부재로 얻을 남성의 알량한 쾌감이나 느낌 또는 판타지를 위해, 여성이 느낄 임신과 성병(성매개 감염)에 대한 걱정과 불안을 고려하지 않거나 평가절하하는 그 태도에 문제가 있다.

콘돔 구매에 성공해도, 문제는 남아있다. 바로 '스텔싱(stealthing)'이 있다. 스텔싱은 성관계 도중에 '상대방의 동의 없이' 콘돔을 제거하거나 일부러 훼손시키는 행위를 말한다. 스텔싱은 원치 않는 임신이나 성매개 감염 피해까지 이어질 수 있는데, 미국이나 캐나다 등에서는 성범죄로 규정해 처벌하고 있다. 우리나라에서도 형법상 강간의 구성요건을 폭행・협박 등에서 동의 여부로 강화하는 개정안이 발의된 적 있으나 유감스럽게도 대한민국은 아직 스텔싱을 성범죄로 명확히 규정하지 않고 있다.

결국 중요한 것은 콘돔이 아니다. 콘돔을 손에 쥔 사람의 생각과 태도다. 피임에 있어 여성이 느낄 불안을 이해한다면, 위협을 직시한다면, 콘돔은 그저 안전하고 즐거운 섹스의 든든한 조력자로 당신 곁에 늘 함께할 것이다.

출처 : 여성신문(2024. 11. 21) 기사에서 발췌.

현재 우리나라의 응급피임약은 흔히 '사후피임약'으로 불리는 약품으로, 성관계 후에도 복용하면 피임 효과를 볼 수 있다. 다만, 성관계 뒤 72시간(3일) 이내에 복용해야 효과가 있으며, 국내에서 응급피임약은 '전문의약품'으로 지정돼 있어 반드시 의료인으로부터 처방받아야 복용할 수 있다. 외국의 경우 미국・독일・프랑스 등에서는 대부분의 응급피임약이 일반약으로 분류되어 있다(중앙일보, 2016. 5. 23). 일본 역시 2026년 봄부터 사후피임약을 의사의 처방전 없이도 약국과 드럭스토어에서 구입할 수 있게 된다(오마이뉴스, 2025. 9. 24).

2025년 말부터 영국 전역의 여성들은 지역 약국에서 응급피임약(emergency contraception)을 무상으로 받는다(한국여성정책연구원, 2025). 응급피임약 무상 제공 확대는 단순한 의료 정책을 넘어, 여성의 생식 자율권과 건강권을 보장하는 구조적 변화로 해석할 수 있다.

앞으로 우리나라도 응급피임약을 일반의약품처럼 자유롭게 구매할 수 있는 환경이 조성된다면, 여성들은 보다 주체적으로 자신의 몸과 건강에 대한 안전한 결정을 내릴 수 있을 것이다.

어떤 피임법을 사용하느냐는 안전한 성관계를 위한 중요한 선택의 문제로서 다음과 같은 사항들을 고려할 필요가 있다(인구보건복지협회).

첫째, 서로 의사소통이 충분히 되고 있는가?

둘째, 나에게 맞는 피임법은 무엇인가?

셋째, 피임은 누구의 책임인가?

넷째, 건강하고 안전한 성을 위하여 필요한 것은 무엇인가?

다음에서는 다양한 피임법에 대해 살펴보기로 한다.

① 월경주기법

일반적으로 배란은 다음 생리일 시작일로부터 14일 전에 이루어진다. 즉, 여성의 생리주기를 이용하여 임신이 가능한 시기인 배란기에 성관계를 피함으로써 피임을 하는 방법이다. 이 주기법은 생리주기가 정확한 여성에게만 가능하다. 만약 여성의 배란기가 불확실한 경우에 사용하면 실패 확률이 높은 편이다.

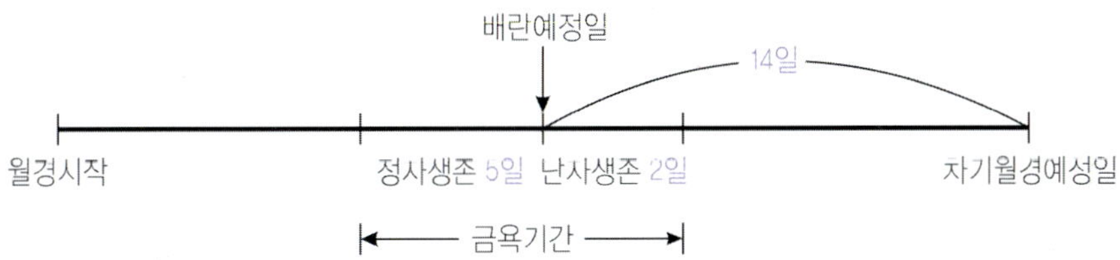

| 그림 2-1 | 월경주기법

② 경구피임법

경구피임약은 여성호르몬을 주 원료로 만든 것으로 월경시작일부터 매일 1정씩 21일간 복용하고 7일간 휴약하는 복용법으로, 불임시술을 제외한 피임법 중 실패율이 가장 낮은 방법이다.

③ 콘돔

우리나라에서 많이 사용되고 있는 피임방법으로, 특히 연령이 낮은 층에서 선호하며, 정확하게 사용한다면 간편하고 효율적인 방법이지만 피임 실패율이 15% 정도나 된다는 점에서 주의를 요하는 방법이다. 남성의 성기가 발기된 후 삽입하기 전부터 착용해야 하고, 정액주머니를 손가락으로 눌러서 밀착시켜 공기를 빼고 공기가 들어가지 않은 상태에서 착용해야 하는 등 사용법에 특히 유의해야 피임 효과를 높일 수 있다.

④ 페미돔

여성용 콘돔으로 여성의 질 내부를 감싸줌으로써 정자를 차단하여 임신 및 성병으로부터 보호하는 방법이다.

⑤ 사후피임약(응급피임약)

사후피임은 피임을 하지 않고 성관계를 한 경우나 피임에 실패했을 경우 원치 않는 임신을 예방하기 위해 응급으로 사용하는 피임법이다. 반드시 72시간 이내에 복용해야 하며 성교 후 24시간 이내에 복용해야 가장 좋은 효과를 볼 수 있으므로 성관계 후 최대한 빨리 복용하는 것이 좋다.

⑥ 임플라논

임플라논은 가장 최근에 도입된 피임법으로 작은 성냥개비 모양의 임플란트로서 상박부 안쪽, 피부 바로 밑에 이식하는 이식형 피임제이다. 이식 후 3년 동안 피임효과가 있으며, 제거 시에는 바로 가임능력이 회복된다. 직장을 위해 첫 임신을 미루거나, 터울 조절을 하는 경우, 더 이상 출산계획이 없는 경우에 사용하는 피임법이다.

이상과 같이 여러 가지 피임법이 있지만 아직 100% 피임을 보장하는 방법은 없다. 따라서 자신에게 안전한 피임방법의 선택을 위하여 균형 있는 피임정보의 제공과 피임실천에 대한 관계적 책임의 강조와 피임실패에 대한 위험의 감소가 '함께' 이루어질 수 있도록 '성적 주체성'을 가져야 할 것이다.

(3) 임신중지

임신은 어떤 사람들에게는 축복이지만, 준비되지 않았거나 원치 않은 임신의 경우는 커다란 상처와 고통이 되기도 하며, 경우에 따라서는 임신중지를 선택하기도 한다.

현재 정부가 임신중지 관련 법 · 제도 개선과 임신중지 약물 도입을 국정과제로 확정한 가운데, 한국모자보건학회(2024)가 '인공임신중절에 관한 인식'에 대해 설문조사를 실시한 결과, 형법의 '낙태'와 모자보건법의 '인공임신중절'의 대체 용어로 남녀 전체에서 인공임신중절(22.9%), 임신중지(14.9%), 임신중단(13.2%), 인공임신중단(11.7%), 인공임신중지(11.2%) 순으로 선호하는 것으로 나타났다. 반면 낙태는 8.5%에 그쳤다(연합뉴스, 2025. 10. 19). 이를 통해 기존 낙태에 대한 용어도 변경할 필요가 있음을 알 수 있다.

낙태와 임신중지(임신중단)

낙태는 자연 분만 시기 이전에 태아를 모체에서 분리하는 일.
임신중단은 여성이 임신 과정에서 주체적으로 선택한다는 의미.

출처 : 서울시성평등생활사전.

모자보건법 제14조(인공임신중절수술의 허용 한계)에 규정된 '인공임신중절수술' 허용 사유로 첫째, 본인 또는 배우자가 우생학적(優生學的) 또는 유전학적 정신장애나 신체질환이 있는 경우, 둘째, 본인이나 배우자가 전염성 질환이 있는 경우, 셋째, 강간 또는 준강간에 의해 임신된 경우, 넷째, 법률상 혼인할 수 없는 혈족 또는 인척 간에 임신된 경우, 다섯째, 임신의 지속이 보건의학적 이유로 모체의 건강을 심히 해치고 있거나 해칠 우려가 있는 경우가 있다.

우생학적 적응, 윤리적 적응, 의학적 적응을 인정하고 있으며 그 밖의 합법적 임신중지수술의 요건으로 의사에 의한 시술, 본인과 배우자(사실상의 혼인관계에 있는 사람 포함)의 동의를 요구하고 있다. 그리고 모자보건법 시행령 제15조에서는 인공임신중절수술을 임신 24주까지 할 수 있도록 되어 있다.

임신중지와 관련하여 2019년 4월 헌법재판소는 '여성의 신체 자기결정권'을 존중해야 한다며 형법상 낙태죄를 폐지하면서 현재는 낙태죄에 대한 처벌 규정이 없는 상태이다. 헌법재판소는 2020년 12월 31일까지 관련 법 제정을 권고했지만 대체입법이 이루어지지 않아 2021년 1월 1일부터 효력을 잃은 뒤 지금까지 임신중단은 불법도 합법도 아닌 입법 공백 상태이다.

한국보건사회연구원(2021)의 '2021 인공임신중절 실태조사' 결과를 살펴보면, 연간 임신중지 건수는 약 3만 2,000건에 이른다. 여성들이 임신중지를 선택한 주된 이유는 사회 · 경제적 이유였다. '학업과 직장 등 사회생활에 지장이 있을 것 같아서'(41.9%), '경제 상태상 양육이 힘들어서'(39.7%), '파트너와의 관계가 불안정해서'(24.1%) 등이다. 또한 임신중지를 경험한 여성들에게 피임 여부를 물은 결과 '어떠한 피임도 하지 않았다'(48.2%), '질외사정이나 월경주기법'(36.4%), '콘돔이나 자궁 내 장치'(13.2%), '응급피임약 복용'(2.2%) 순으로 조사됐다. 피임을 하지 않은 이유는 '임신이 쉽게 될 것 같지 않아서'(49.5%), '파트너가 피임을 원하지 않아서'(20.6%), '피임 도구를 준비하지 못해서'(15.1%) 등의 순이었다. 특히 주목할 부분은 수술을 통한 임신중지 비율이 높았지만, 현재까지 불법인 약물 사용 임신중지를 선택하는 여성들도 있었다. 임신중지 경험자 중 수술만 받은 경우는 92.2%였고, 약물을 사용한 경우는 7.7%였다. 이들이 약물을 선택한 이유는 '수술보다 안전할 것 같아서 혹은 부작용이 덜할 것 같아서'(36.2%), '비용부담이 적어서'(31.9%) 등의 순으로 나타났다.

조사에 따르면 임신중지 관련 정보의 습득 경로는 매우 비공식적이고 불투명한 방식으로 '인터넷 게시물 또는 온라인(인터넷)을 통한 불특정 대상'이 46.9%로 가장 많았다. 그 외, '의료인'은 40.3%, '친구 및 지인' 34.0% 순으로 나타났다. 임신중단을 희망하는 여성들은 '임신중지에 드는 비용 정보'를 가장 많이 원했고, 그 외 '임신중지가 가능한 의료기관'이나 '임신중지 방법, 부작용 및 후유증'에 대한 정보도 높게 나타났다.

임신중지 이후 사후관리도 미흡한 것으로 나타났는데, 여성들은 임신중지 이후 정신적 증상을 경험했는데도 이를 치료하지 않은 것으로 파악되었다. 임신중지 이후 55.8%가 불안감, 죄책감 등 정신적 증상을 경험했으나 이 중 치료를 받은 여성은 16.9%에 불과했다. 자궁천공, 습관성 유산 등 신체적 증상을 경험한 이들은 7.1%였고, 이 중 48.8%만 치료를 받았다. 한편 임신중지와 관련해 여성들이 생각하는 필요한 정책으로 '원하지 않는 임신을 예방하기 위한 성교육 및 피임교육'(24.2%), '피임 · 임신 · 출산에 대한 남녀 공동책임 의식 강화'(21.5%) 등을 꼽았다. 특히 임신중지 전후 의료적 상담이 필요하다는 답변이 97.8%에 달했다. 또한 의료상담 이외에 심리 · 정서적 상담(97.5%), 임신 · 출산 · 양육 지원 정책에 대한 정보(97.0%)가 필요하다고 응답했다.

임신중지 권리 미보장으로 인한 여성인권 침해 : 국가인권위원회 진정

- 국가인권위원회는 보건복지부장관에게는 2024년 9월 25일 여성의 임신중지 권리를 보장하기 위해 '낙태', '중절' 등이 부정적인 용어임을 감안해 '임신중지' 혹은 '임신중단'으로 정책용어 정비할 것
- 「모자보건법」 제14조 '인공임신중절수술의 허용한계'를 삭제하는 방향으로 법률개정을 추진하고 같은 법 시행령 제15조 '인공임신중절수술의 허용한계'를 삭제하여 포괄적 성 · 재생산 건강과 권리를 보장할 것
- 임신중지 관련 의료서비스를 공공보건의료 전달체계 내에서 보편적으로 제공하고 건강보험을 적용할 것
- 식품의약품안전처장에게는 임신중지의약품을 도입해 필수의약품으로 지정할 것(국가인권위원회 2024. 9. 25. 23진정0752100결정)

이러한 상황은 국가가 국민의 기본권 보장 의무를 다하지 않은 부작위로 인해 최고 수준의 건강에 대한 권리를 포함한 자기결정권의 향유를 저해하는 결과를 가져온 것이며, 남성과 비교할 때 여성에게만 필요한 의료 개입을 거부하거나 방치하는 것이므로 성별을 이유로 평등권을 침해한 것으로 판단하였다.

출처 : 국가인권위원회. 보도자료(2024. 9. 26) 기사에서 발췌.

한국여성정책연구원(2025)의 '입법 공백 시기 여성의 임신중단 인식과 경험 연구'를 보면 2019년부터 2024년까지 수술적 방법으로 임신중단을 한 490명이 느낀 비용 부담은 시간이 갈수록 늘어난 것으로 조사되었다. '부담이 되었다'는 응답률은 2019년 75.4%, 2021년 83.3%, 2024년 84.7%까지 매년 증가세를 보였다. 임신중단을 고려했지만 최종적으로 하지 않았다는 119명 중 17.6%는 비용 부담 때문이라고 했다. 이를 통해 법적 · 제도적 지원이 부재한 입법공백

시기에 의료기관들은 임신중단 서비스를 제공하는 데 부담이 커졌을 가능성이 있다.

따라서 현재 안전한 임신중지를 보장하지 못하는 제도적 공백이 이어지고 있는 상태에서 무엇보다 여성들의 안전한 임신중지가 가능하도록 "여성의 건강권과 성적 자기결정권 보장"을 위한 조치가 신속히 이루어져야 할 것이다.

▌'여성의 몸'은 누구의 것인가

한국 국가인구정책 변천사

1953	임신중지를 전면 금지하는 '낙태죄'를 포함한 형법 제정
1964	대한가족계획협회, '가족계획 이동시술반' 시범사업 실시
1973	인공임신중절 '허용 사유'를 규정한 모자보건법 제정
2005	대통령 직속 저출산고령사회위원회 설치
2009	미래기획위원회, '한국인 늘리기' 정책과제로 '생명 존중(낙태 방지) 분위기 조성' 제시
2010	프로라이프의사회, 임신중지 시술 의사들을 낙태죄로 고발 보건복지가족부, '불법 인공임신중절 예방 종합계획' 발표
2012	헌법재판소, 낙태죄 합헌 결정
2019	헌재, 낙태죄 헌법불합치 결정
2020	낙태죄 후속입법 실패
2022	유산유도제(미프진) 도입 무산

자료 : 인구정책50년사 편찬위원회 <한국 인구정책 50년 출산억제에서 출산장려로>, 성과재생산포럼(현 성적권리와 재생산정의를 위한 센터 셰어) <배틀그라운드>

임신중지에 대한 국가의 입장은 필요에 따라 계속 변했다. 1990년대 들어 인구가 급격히 줄기 시작하자 2005년 '저출산고령사회위원회'가 만들어졌다. 2010년엔 낙태죄로 고발되는 의사들이 줄을 이었다. 필요에 따라 임신과 출산을 이용해 온 국가 아래 임신중지는 공적 의료서비스로 자리 잡을 기회를 얻지 못했다. 국가는 출산 억제 시기에는 낙태죄를 '관대하게' 다뤘고, 출산 장려 시기에는 임신중지의 불법성을 강조했다. 낙태죄가 헌법불합치 판결을 받고, 관련 후속입법이 이뤄지지 않은 '무법' 상태인 지금은 어떨까. 국가는 입법 공백을 핑계로 해야 할 일도 하지 않는 방식으로 건강권에 개입하고 있다.

출처 : 경향신문(2023. 3. 17) 기사에서 발췌.

프랑스는 세계 최초로 헌법에 임신중지 자유를 명시했다. 이에 따라 프랑스 헌법 제34조에는 법으로 여성이 임신중지의 자유를 행사하는 조건을 결정하고 이를 보장한다는 조항이 추가됐다. 임신중지 자유를 담은 헌법은 여성들의 신체 자기 결정권과 아이를 낳을지 여부를 결정하는 '재생산권'을 보장한다는 점에서 의의가 있다. 프랑스에서는 1975년부터 임신중지가 합법화되었지만 헌법상 임신중지할 자유를 명문화한 것은 전 세계에서 처음이다(뉴시스, 2024. 3. 5).

뉴질랜드 임신중지 정보 사이트 '디사이드(Decide)'

뉴질랜드 정부가 운영하는 임신중지 정보 사이트인 '디사이드(Decide)'에 접속했다. 첫 화면에 '임신중지를 고려 중이라면 디사이드에 당신이 필요한 임신중지 서비스와 돌봄, 그리고 가까운 곳의 서비스 제공사(병원) 정보를 얻을 수 있나'는 문구가 나왔다. '병원 찾기'를 누르자 '사는 곳'과 임신 몇 주차인지를 확인하기 위한 '마지막 생리 시작일' 정보를 입력하라는 화면이 떴다. '북/서 오클랜드', 생리 시작일은 '모름'이라고 한 뒤 엔터를 쳤다. 입력창 아래 '당신이 입력하는 정보는 프라이버시가 보장되고, 익명 처리된다'는 세심한 공지가 보였다.
몇 초 만에 네 개의 병원 위치와 간략한 안내가 떴다. 그중 한 곳을 클릭하자 병원 운영 시간과 함께 해당 병원은 '약물적 임신중지는 9주까지, 수술적 임신중지는 14주까지' 제공한다는 정보가 나왔다. 병원을 방문하지 않고도 자가의뢰(self-refer)를 할 수 있다는 안내, 뉴질랜드 시민일 경우 기본적인 비용은 무료지만, 처방비나 초음파 비용은 발생할 수도 있다는 안내, 뉴질랜드 시민이 아닐 경우 1400달러에서 시작하나, 더 자세한 안내는 병원에 연락해 봐야 한다는 안내도 있다.
접속한 지 채 5분도 안 되는 시간에 필수적인 정보를 모두 얻을 수 있었다. 여기저기 알아봐도 필요한 정보를 얻을 방법이 없는 국내 상황과 비교된다.

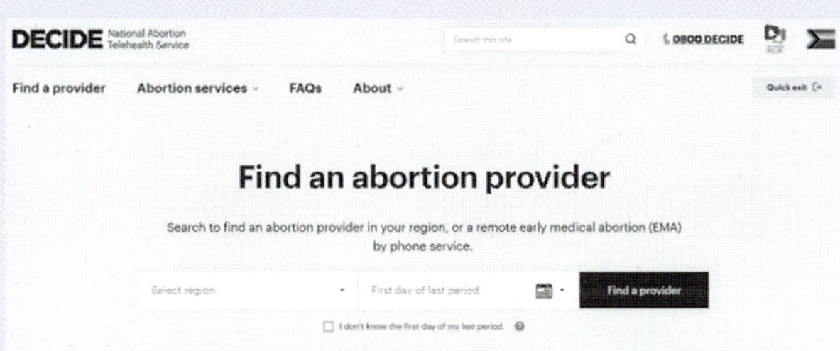

뉴질랜드 정부가 운영하는 '디사이드' 홈페이지 갈무리

우리나라에도 ‘러브 플랜’이라는 사이트가 있지만 정보가 빈약하다. 임신 시 주의 사항 등 출산을 염두에 둔 정보가 ‘임산부 약물 복용’ 아래 6개 코너에 걸쳐 상세히 소개돼 있기는 하다. 반면 임신중지 관련 정보는 ‘성 건강 정보’의 ‘위기 임신’ 한 코너에서만 다루어 정보의 한계가 뚜렷하다.

출처 : 경향신문(2023. 3. 17) 기사에서 발췌.

생각해 보기

- 나의 섹슈얼리티에 대하여 다양한 관점에서 생각해 보자.
- 성적 자기결정권을 행사하기 위하여 파트너와 성적 의사소통에서 다루어야 할 것이 무엇인지 생각해 보자.
- 여성의 건강권을 위한 안전한 임신중지를 위하여 정부가 시도할 수 있는 정책은 무엇인지 생각해 보자.

함께 보기

4개월 3주 그리고 2일(4Months 3Weeks & 2Days, 2007). 크리스티안 문쥬 감독. 루마니아.

두 개이지 않은 성(Intersexion, 2013). 그랜트 라후드 감독. 제7회 여성인권영화제.

한국성폭력상담소(2023). 동의를 질문하며, 위험 너머 나아가기 : 친밀한 관계에서의 여성들의 성적 경험을 중심으로.

참고문헌

경향신문(2023. 3. 17).

국가인권위원회(2024. 9. 26). 보도자료.

국립보건연구원(2023). 2023년 한국여성건강통계 5차 결과.

김동식・정연주・고현승(2025). 입법공백 시기 여성의 임신중단 인식과 경험연구. 한국여성정책연구원, 연구보고서(수시과제)－7.

김민재(2025). 여성의 성적 주체성과 이성애 섹슈얼리티의 위험관리 : 청년 여성의 피임실천에 대한 연구. 서울대학교 대학원 석사학위논문.

김상원(2008). **성교육・성상담의 이론과 실제.** 교육출판사.

김아름솔(2020). 성폭력 범죄에서 비동의의 개념적 고찰. **법학논총, 44**(4).

김엘리(2020). 20~30대 남성들의 하이브리드 남성성. **한국여성학, 36**(1), 139－173.

김영희・문승태・강희순(2013). 대학생의 성적 자기주장에 영향을 미치는 요인. **여성건강간호학회지, 19**(3), 166－175.

다음백과. https//100.daum.net/encyclopedia/view/47XXXXXd1121

________. https//100.daum.net/encyclopedia/view/47XXXXXXb697

박종선(2011). 여성의 성적 자기결정권에 대한 형법적 담론 : 피해자의 승낙을 중심으로. **경희대학교 인류사회재건연구원**, 26(2), 67－94.

배은경(2011). **성 · 사랑 · 사회를 이해하는 데 필요한 개념들**. 한국방송통신대학교 출판부.

서울시성평등생활사전. https//100.daum.net/encyclopedia/view/211XX82800026

설은미 · 이정민 · 남수현(2025). 여대생의 성적 의사소통 자기효능감, 성적 자기주장성 및 안전한 성 행동 간의 관계. **한국학교보건학회**, 38(1), 52－61.

세계파이낸스(2012. 5. 11).

여성신문(2024. 11. 21).

연합뉴스(2025. 10. 19).

오마이뉴스(2025. 9. 24).

이규은(2022). 대학생의 성지식과 성의식 및 성교육 요구에 대한 연구. **학습자중심교과교육연구**, 22(6), 179－199.

이성희 · 한희선(2009). **여성과 가족**. 파란마음.

이은주(2017). 미혼여성의 경구피임약 복용 경험. 서울대학교 대학원 박사학위논문.

인구보건복지협회. https://www.ppfk.or.kr

중앙대학교 인권센터. https://humanrights.cau.ac.kr

한겨레(2021. 10. 28).

한국보건사회연구원(2021). 2021년 인공임신중절 실태사.

한국보건의료연구원(2023). HPV 백신의 국가예방접종 확대를 위한 비용－효과분석.

한국성폭력상담소(2022. 4. 1). 적극적 합의를 시작할 때. 한국성폭력상담소 성문화운동팀.

______________(2023). 동의를 질문하며, 위험 넘어 나아가기. 한국성폭력상담소 성문화운동팀.

______________(2025). 강간죄 개정을 위한 동의 안내서. '강간죄' 개정을 위한 연대회의.

한국여성정책연구원(2025. 4. 30). 영국, 응급피임약 무상제공 : 여성의 생식 자율성 보장을 위한 진전.

Jeon, J. H.(2017). The Relationship between Non－sexual Communication and Sexual Satisfaction of Married Women : Moderated Mediating Effect of Sexual Communication through Sexual Attitudes. (Master's dissertation) Chonnam University. Gwangju.

Kim, Y. E.(2023). The Relationships among Sexual autonomy, Sexual knowledge, and Reproductive health promotion behavior of North Korean women defectors. (Master's dissertation) Ewha Womans University. Seoul.

Willie, T. C., Callands, T., Alexander, K. A., & Kershaw, T.(2023). Measuring women's sexual autonomy : Development and preliminary validation of the women's sexual autonomy scale. *Women's Health, 19.*

제 3 장

연애 각본과 젠더 규범

1. 연애의 의미 변화
2. 연애 각본과 젠더 규범
3. 새로운 연애 각본 쓰기

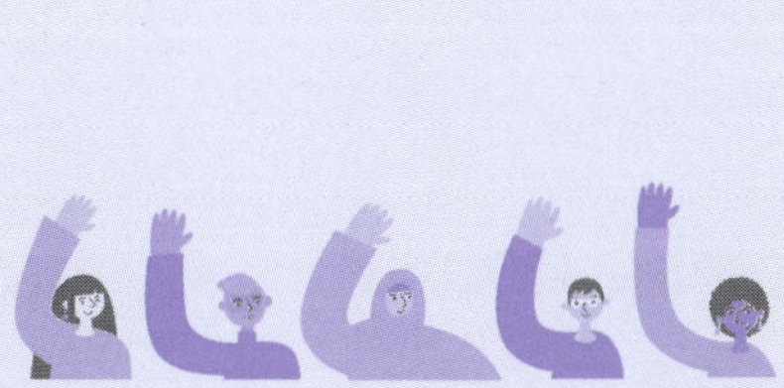

제3장 연애 각본과 젠더 규범

우리는 현실을 견디는 치료제로서 사랑의 환상을 갈망하지만 그것은 자아를 구원해 주지 못한다. 자아의 고립을 위무하는 것으로 등장하는 사랑의 이미지는 때때로 현실의 우리를 더욱 고통스럽게 한다. 일상을 위무하는 아름다운 연애소설의 반대편에 서서 사랑의 명언들을 재해석할 필요가 있다.

-백지연. <낭만적 사랑은 어떻게 부정되는가> 중에서-

1. 연애의 의미 변화

연애의 매혹은 무엇일까? 연애는 어떤 사람이 자신만을 감정적으로 배려하고 사랑하고 있다는 느낌을 전제하는 낭만적 사랑을 핵심으로 한다. 가족이나 친구는 친밀한 관계라고 해도 상대에게 독점적으로 감정적인 의존이나 헌신을 기대하지는 않는다. 이에 비해 상호 독점적이고 배타적인 관계를 의미하는 연애는 가족과 친구 관계와 비교해 볼 때 지극히 비합리적인 관계처럼 보이지만 연인인 두 사람에게는 가장 합리적인 관계로 이해된다.

서로에게 유일한 존재가 되는 '배타적인 관계'라는 낭만적 사랑은 오늘날 연애를 자기 과시의 수단으로 만들기도 하고 동시에 연애에서 피로감을 느끼게도 만드는 핵심요인이 된다. 이러한 양상과 경험은 성별 구조와 신자유주의적 시장 논리의 영향을 받으며, 여성과 남성에게 각각 다르게 드러난다. 연애 각본과 젠더 규범을 이해하기 위해서는 연애가 단순히 개인적 감정 문제가 아니라 사회적 조건과 구조가 성별화된 방식으로 사랑과 관계를 형성하는 과정임을 분석해야 한다.

1) 연애의 스펙화 : '자기과시'로서의 연애 vs '피곤한' 연애

한국사회에서 연애의 의미와 방식은 변화하고 있다. 오늘날 젊은 세대에게 연애는 두 사람 간의 사랑이면서 동시에 자기 자신의 이야기를 다시 쓰는 경험이기도 하다. 주말의 도심 데이트, 감각적 인증샷, SNS에 공유되는 선물과 기념일의 흔적들은 단순한 기록을 넘어 '연애 중인 나'를 증명하는 장치로 기능한다. 사랑의 감정뿐 아니라 '연애하는 나'라는 정체성이 사회적으로 인정받는 장면이 되는 것이다.

이러한 현상은 연애 경험이 일종의 '스펙'처럼 인식되는 경향과도 맞닿아 있다(박소정, 2017). 외모관리, 말하기 능력, 센스, 경제력, 감수성 등은 갖추어야 할 항목처럼 여겨지고, '좋은 연애 경험'은 곧 '괜찮은 나'를 보여주는 지표가 된다. 연인은 태어나면서 자연스럽게 주어지는 가족이나 누구나 한두 명씩 있는 친구와는 다르다. 연애는 자신의 매력으로 성취한 결과물로 자신의 여성다움/ 남성다움을 입증할 수 있는 것이기에 연애 경험은 자신이 얼마나 매력적인 사람인가를 입증하는 바로미터가 된다.

그러나 연애가 자기 과시와 자기 증명의 장으로 작동할수록, 청년들에게 연애는 피곤하고 유지비가 큰 과업이 된다. 오늘날 연애는 더 이상 우연에 맡겨지는 사건이 아니라, 끊임없이 세심한 선택과 노력이 요구되는 과정으로 여겨진다. 외모를 가꾸고, 상대의 감정을 섬세하게 살피고, 경제적 능력을 갖추며, 감정 표현과 대화 기술을 발전시키는 등 연애의 요소들은 점점 다양해지고 복잡해진다. 매 순간 자신이 '좋은 연애 상대'임을 증명해야 한다는 압박이 뒤따르며, 이벤트 준비, 유머, 선물, 데이트 코스 기획 등 관계 유지 자체가 하나의 수행이자 과제가 된다.

이러한 감정적·물질적 부담은 'N포 세대'라 불리는 청년들의 현실과도 맞닿는다. 이들은 학업, 취업 준비, 불안정한 일자리, 주거 문제 등 생존과 미래 경쟁에 대부분의 에너지를 쏟는다. 연애는 시간과 비용이 드는 활동이며, 때로는 전통적인 젠더 규범까지 수행해야 한다. 따라서 일부 청년들은 "여유가 있을 때만 잠깐 소개팅"을 하거나, "관계를 깊게 만들기 전에 멈추는" 방식을 선택하기도 한다(김효진, 2011). 전화를 하고, 데이트를 설계하며, 상대에게 맞추는 모든 과정은 감정 소모와 비용 부담으로 이어진다.

결국 오늘날 청년들의 연애는 '연애를 하고 싶은 마음'과 '연애를 감당하기 어려운 현실' 사이의 긴장 속에서 이루어진다. 연애는 여전히 설렘과 친밀함의 공간이지만, 동시에 성취, 경쟁, 자기 증명, 감정 수행의 영역과 겹치며 피로감을 동반한다. 청년들은 사회적으로 요구되는 '좋은 연애'를 실현할 여건이 부족한 현실 속에서 연애를 욕망하면서도 망설이고, 사랑을 꿈꾸면서도 그 부담을 감당할 수 있을지 고민하는 딜레마와 마주한다.

2) 낭만적 사랑, 남녀의 '다른' 연애 판타지

연애를 열망하고 혹은 피곤해하는 모순적인 상황에는 낭만적 사랑(romantic love)이라는 신화가 있다. 낭만적 사랑은 근대 이후 등장한 개념이다. 근대 이전에는 국가나 가문, 친족 간 거래로서의 결혼 개념이 지배적이었기 때문이다. 근대 이후 개인의 정체성이 강조되면서 사람들은 마음에 드는 상대와 연애할 수 있는 자유를 열망하기 시작했다.

사회적으로 볼 때, 낭만적 사랑은 남녀간의 사랑과 결혼, 단란한 가정을 만들어 사회를 안정적으로 유지하는 데 큰 역할을 했다. 하지만 이 과정에서 여성의 수동적인 역할과 희생을 당연한 것으로 만드는 이데올로기로도 작용했다(기든스, 1996). 이 신화의 핵심은 사랑의 성공이 '두 사람의 결혼'이라는 공식을 만들어 냈다는 점이다. 사랑은 곧 결혼으로 가는 필수 '과정'이 되었고, 로맨틱한 결혼과 행복한 가정(sweet home)을 이상화했다.

낭만적 사랑 신화는 여성과 남성에게 다른 역할을 강요하고, 연애 관계에 힘의 불균형(권력의 비대칭성)을 내재하게 하는 본질적 문제를 안고 있다. 남성은 사랑의 주체로 행위하며 구애를 주도하고, 경제적 능력, 주도성, 보호자 역할, 재치, 자상함 등 '선택받을 조건'을 갖추고 사랑을 증명해야 한다고 기대된다. 이 역할은 남성에게 경제적 압박이 되며, 사랑을 소유하고 통제하는 권력으로 해석할 위험성이 있다. 반면에 여성은 남성의 구애를 수락하거나 거부하는 수동적인 역할을 하게 되며, '선택받는 존재'가 되기 위해 매력을 유지해야 한다. 또한 정서적 돌봄을 제공하고 관계 안정을 유지할 것을 기대받는다. 이 감정노동은 사랑의 증거로 포장되어 당연시된다. 이는 여성의 감정이나 외모가 남성의 욕망을 충족시키기 위한 대상으로 대상화될 위험이 있다.

하지만 현대사회에서 사랑과 결혼, 성과 가족 형성의 고리는 많이 느슨해졌다. 사람들은 이제 '단지 사랑한다는 이유만으로' 결혼을 꼭 해야 하는 것은 아니라고 생각한다. 그럼에도 불구하고 현대사회에 남아있는 이 낭만적 사랑 신화는 남녀에게 서로 다른 연애 판타지를 가지게 만든다. 이처럼 성별에 따른 환상의 차이는 서로 사랑하기를 열망하면서도 그 사랑을 유지하기 어렵거나, 심지어 사랑을 시작하는 것 자체를 주저하게 만드는 원인이 된다. 낭만적 사랑의 '달콤함'을 현실적으로 다시 해석하고, 이 신화가 만든 젠더 규범을 벗어던지지 않으면, 두 사람의 사랑은 위기에 빠지게 된다.

▮ 사랑의 여성화 : 사랑에 대한 여성화된 정의

사랑은 남녀가 함께 하는 일이었지만, 특히 여성들의 경험으로 부각되었다. 남성은 이성적이고 합리적인 사고를 하는 사람이고 여성은 양육하고 타자를 돌보고 감정의 동반자가 된다는 근대의 성별 이분법에 기반하여 '사랑에 대한 여성화된 정의'가 구성되었기 때문이다. 심리학자를 비롯하여 사랑에 관한 조언가들은 이 정의를 그대로 들여와서 여성을

'사랑의 전문가'로 정형화한다. 이들은 남성들에게 여성은 사랑한다는 확신이 필요하니 하루에 한 번씩은 사랑한다는 말을 해주거나 기념일에는 꽃이나 카드로 사랑을 '표현'하라고 권유한다. 여성은 사랑에 갈등이 생긴다 하더라도 이를 봉합하고 관계를 유지하고자 하는 열망을 갖게 되고 이때부터 사랑을 관리할 책임은 상당 부분 여성에게 주어진다. '사랑의 여성화'는 로맨스는 여왕 분위기로 시작하고 남성은 하인 같은 분위기로 시작하지만 일단 감정이 들어가면 이 관계가 역전되기 시작하는 이유를 설명해 준다.

그러나 사랑에 있어 이러한 성역할 규정은 상대에게 소외당하고 이해받고 있지 못한다는 느낌을 갖게 한다. 사랑의 여성화는 침묵의 남성화와 짝을 이룬다. 여성들이 감정에 대해 말하라고 장려되는 만큼 일반적으로 남성은 감정을 통제하거나 감정에 대해 침묵할 것이 기대된다. 많은 남자들이 침묵에 대한 세상의 요구와 말하기에 대한 여자들의 요구라는 모순에 빠져 있다. 대개는 세상이 이기고 그 까닭에 표현하지 않는 남성 때문에 전전긍긍하는 여성들이, 이런 여성들을 이해할 수 없는 남성들이 생겨나는 것이다.

출처 : 타브리스(Tavris, 2010). 여성과 남성이 다르지도 똑같지도 않은 이유. 또하나의문화.

2. 연애 각본과 젠더 규범

1) 프로젝트로서의 연애와 연애 지침서

과거 사랑이 결혼의 전 단계로 의미될 때 여성들은 연애 과정에서 사랑을 조절함으로써 결혼에 적합한 상대하고만 사랑을 하고 결혼 후에는 부부간의 사랑을 유지하기 위해 노력했다(박혜경, 1993). 그러나 연애와 결혼이 분리되면서 연애 자체가 중요한 경험의 장이 되고 연애를 위해 전략을 짜고 기획하는 경향이 강화되고 있다. 이제 연애는 하나의 사건이 아니라 '준비-선택-관리-유지'라는 단계를 거치는 프로젝트처럼 인식된다.

이러한 흐름을 타고 연애 지침서, 유튜브 연애 상담 채널, '썸 타는 기술' 같은 콘텐츠가 인기를 끌고 있다. 사람들이 이런 지침서를 보면서 자신의 말과 태도, 감정 반응까지 고치려고 하는 것은 연애가 계획과 기술로 해결할 수 있는 문제로 여겨지고 있음을 보여준다(김현경, 2003 : 3). 이 현상은 연애에도 신자유주의 시장 논리가 스며들었음을 말해준다(김은아, 2012). 연애 상품, 소개팅 앱, 각종 콘텐츠가 쏟아져 나오면서 연애는 거대한 '소비의 장'이 되었다. 그 결과 '연애 시장'이라는 말이 생겼고, 외모, 직업, 성격 같은 비물질적인 요소들마저도 경쟁해야 하는 자본으로 변화했다. 사랑은 더 이상 순수한 감정 교류가 아니라 자기계발과 스펙 경쟁의 연장선에 놓인 셈이다.

현대사회에서 연애 고민은 종종 다른 사람의 연애 스토리, 연애 전문가, 혹은 컨설턴트의 조언을 통해 해결하려는 경향이 강하다. 지침서를 읽으며 '내 상황과 비슷한 사례'를 찾고 행동 방식을 바꾸려고 노력한다. 하지만 이러한 기술과 전략은 연애 관계에 대한 깊은 성찰을 방해할 수 있으며, 특히 연애 과정에서 오래된 성역할을 강화할 수 있다.

사회학자 에바 일루즈는 이 현상을 '현대의 사랑이 심리학 · 치유 문화와 결합한 결과'라고 분석한다. 과거에는 사랑의 아픔을 '깊은 감정의 증거'로 봤다면, 지금은 사랑에 실패하면 '내가 부족해서 생긴 문제'로 쉽게 받아들인다. 특히 여성들은 '스스로 독립적인 사람이 되고 싶은 마음'과 '상대에게 인정받고 싶은 마음' 사이에서 갈등하게 되는데, 치유 문화와 심리 상담은 이 긴장을 '여성 개인의 내면적 결함'의 문제로 돌린다. '사랑의 실패=나의 실패'라고 느끼게 만드는 과정에서 여성은 연애에서 생기는 갈등을 혼자 해결하고 책임져야 할 일로 떠안게 된다. 연애 지침서나 심리 상담 조언이 감정 관리와 관계 유지의 부담을 여성에게 더 크게 지우는 것이다. 일루즈의 분석대로 '관계의 문제'를 '여성 개인의 결함'으로 바꿔버리는 이런 구조는 사랑의 고통을 줄이기는커녕 오히려 개인의 자존감을 더 쉽게 무너뜨릴 수 있다.

연애 지침서들이 제공하는 관계의 규칙, 기술들은 연애 갈등과 위기를 모면하고 봉합하는 식으로 장애물 넘기를 가능하게 할 트릭은 될 수 있지만 그것이 연애를 관계의 지속이라고 할 만한 장기적인 프로젝트로 이어지게 하기는 어렵다.

무엇보다도 대다수 연애 컨설턴트들은 지금 현재 여성과 남성이 왜 다른 연애 판타지를 가지고 있는지 그 역사적·사회적 맥락을 질문하는 데에는 소홀하다. 이들은 여성들에게 남자친구의 감정을 돌보되 자신의 일도 열심히 하는 모습을 남자친구에게 보여줄 필요가 있다는 모순되는 주문을 던진다. 연애에 몰입하되 몰입하지 말라는 상충된 주문은 두 사람의 경험인 사랑을 여성이 관리하고 유지해야 할 일이라는 기존의 성역할을 강화한다.

2) 연애와 젠더 규범

사랑이라고 부르는 감정은 단순히 개인의 느낌을 넘어, 사회가 정해놓은 남성성과 여성성을 따르게 만드는 장치이기도 하다. 이 현상을 가장 잘 설명하는 개념이 바로 '성 각본(sexual script)'이다. 성 각본이란, 연애와 데이트, 구애, 결혼에 이르기까지 남성과 여성에게 사회적으로 부여된 역할이 마치 연극 대본처럼 각본화되어 있다는 뜻이다. 사회는 개인들이 그 각본을 따르기를 기대한다. 가부장제 문화 속 여성은 구애를 기다리고, 남성의 주도에 수락하거나 거부하는 수동적인 존재로 위치 지워지고, 남성은 구애를 시작하고 관계를 주도하는 적극적인 존재로 구성된다. 이러한 각본은 오랜 관습과 문화적 기대로 만들어진 규칙이다. 물론 개인들은 이 각본을 무조건 따르기만 하는 건 아니다. 때로는 저항하고, 협상하며, 다르게 행동하기도 한다. 그래서 성 각본은 바꿀 수 없는 운명이 아니라 사회적 합의와 변화의 장이기도 하다.

▌성 각본(sexual script)

우리 사회가 가부장적 사회이기 때문에 여성은 구애를 기다리고 남성의 성적 접근을 기다리는 등 수동적인 배역을 맡는다. 이러한 각본은 데이트, 구애, 결혼 등의 장면에 모두 존재한다.

성 각본에는 행동과 지위를 관장하는 규칙, 기대, 재가가 있으며 사회 집단에 의해 인정된다. 사회에는 각본에 따를 것이라는 기대가 있고 우리는 그것을 따르기 위해 노력한다.

> 여성은 각본을 수동적으로 따르기만 하는 게 아니라 여러 각본들 속에서 협상하기도 하고 저항하기도 한다.
>
> 출처 : 이재경 외(2007). 여성학. 미래인.

문제는 이 성 각본이 어릴 적 동화, 청소년기의 로맨스 문화, 성인기의 드라마와 영화로 정교하게 재생산된다는 점이다. 신데렐라, 백설공주, 캔디형 서사에서 반복되는 '구원 서사'는 사랑의 완성을 남성의 보호와 여성의 의존으로 연결해 왔고, 현대 로맨스 드라마에서도 이 공식은 변형된 형태로 계속되고 있다. 여주인공이 능력 있는 커리어 우먼으로 나와도, 결국 결말의 행복과 안정은 '남성 주인공의 헌신, 경제력, 보호본능'을 통해 보장되는 방식으로 끝나는 경우가 많다(정지은, 2014). 즉, 겉모습은 바뀌었을지 몰라도 연애의 감정적 권력 구조는 여전히 성별에 따른 위계에 기대고 있다는 것이다.

로맨스 드라마가 여성의 판타지를 다룬다면, 요즘 유행하는 이성애 커플 만들기 예능 프로그램은 연애의 성 각본을 가장 전형적으로 보여주는 문화 텍스트이다. 출연자의 모든 행동과 선택은 오직 남녀의 짝짓기에 맞춰져 있고, 이들이 원하는 이상적인 배우자의 조건이 아주 선명하게 드러난다(홍지아, 2012). 시청자들이 이들 프로그램에 공감하는 이유는, 출연자들의 짝짓기 시도와 노력이 사실은 오랫동안 사회 문화적으로 학습해 온 행동 양식의 결과물이기 때문이다. 연애를 어떻게 해야 하는지, 어떤 배우자를 기대하는지에 대한 사회적 코드를 학습한 결과이다. 특히 다른 상황 변수가 통제되고 짝짓기에만 집중된 시간과 공간은 이른바 전형적인 연애의 성 각본이 선명하게 드러나는 무대이자 장치가 된다.

최근 연애 리얼리티 프로그램에서는 여성들의 스펙과 경제력이 높아졌음에도 불구하고, 실제 커플 관계에서는 남성이 우위에 서는 전통적인 젠더 위계가 반복되는 모습이 자주 보인다(임유진, 2023). 예를 들어, '훈계하는 남성과 수용하는 여성', '자기연민 남성과 해명하는 여성', '남성 의존적 이성애' 같은 모습들은 여성이 사회적으로 성공해도 사적인 연인 관계에서는 권력을 얻지 못함을 보여준다.

사회학자 에바 일루즈는 이러한 구조를 감정적 자본과 젠더 권력의 교차 지점에서 설명한다. 사랑과 감정은 개인적인 경험처럼 보이지만, 실제로는 사회적 권력 구조 속에서 성별에 따라 재생산되며, 연애 관계에서 감정적 노동(돌봄) 역할이 여성에게 불평등하게 배분될 수 있음을 지적한다(에바 일루즈, 2013).

연애 각본이 의미하는 것은 사랑이라는 감정 표현이 개인의 마음대로 하는 행위 같지만, 사실은 그 사회의 관습과 성별화된 사회화의 영향을 받는 구조화된 행위라는 점이다. 이 각본은 연애의 현실 그 자체를 보여주기보다, '이상적인' 여성성과 남성성에 대한 사회의 지배적인 이해가 스며 있는 '연애의 이상형'을 표현하고 있다. 연인들은 이 각본을 참고하고 평가하지만, 동시에 이에 저항하고 협상하면서 변화를 만들어 가고 있다.

▮ 연애 리얼리티 프로그램 〈환승연애2〉를 통해 본 젠더 위계 구조

최근 연애 리얼리티 콘텐츠인 〈환승연애2〉는 표면적으로는 "연애의 평등성"이 강조되는 듯 보이지만, 실제 드라마와 예능의 내적 서사는 여전히 남성 우월적 젠더 위계를 반복 재현하고 있음을 구체적으로 보여준다. 연구는 특히 세 가지 장면적 패턴에 주목한다.

첫째, '훈계하는 남성과 수용하는 여성' 서사이다. 일부 남성 출연자는 연애 과정에서 상대 여성에게 잘못을 지적하고 태도를 교정하려는 훈계와 가스라이팅적 언어를 구사한다. 반면 여성은 이를 내면화하고 스스로를 반성하거나 죄책감을 표출하는 모습으로 편집된다. 이러한 구도는 "관계를 조율하는 권력은 남성에게 있고, 여성은 관계의 문제를 '감정 조절과 반성'을 통해 해결해야 한다"는 오래된 위계를 반복한다.
둘째, '자기연민 남성과 해명하는 여성' 패턴이다. 일부 남성은 자신의 감정적 상처를 부각하며 피해-서사를 차지하고, 여성은 그의 감정을 달래거나 지속적으로 해명해야 하는 위치에 놓인다. 남성의 "사기연민 서사"는 시청자의 동정과 패널의 지지를 얻으며 정당화되는 반면, 여성의 감정은 사소화되거나 설명해야 하는 대상으로 제시된다. 그 결과, 여성은 관계의 감정 노동을 떠맡고, 연애의 책임을 스스로 감당하는 서사 속에 고립된다.

셋째, '남성 의존적 이성애'의 재현이다. 많은 장면에서 여성은 슬픔 · 불안 · 고민을 드러내는 존재로 그려지고, 남성은 이를 구원하고 돌보는 보호자로 표상된다. 남성의 재킷, 담요, 휴지와 같은 사물들은 돌봄을 상징하는 장치로 반복적으로 등장하며, "약한 여성을 지키는 남성"이라는 정서적 장면을 미화한다. 패널은 이러한 장면을 응원하며 감정적 동일화를 유도하고, 제작진은 음악 · 연출 · 편집을 통해 남성의 능동성과 여성의 의존성을 강화한다.

이처럼 외형적으로는 여성의 직업, 능력, 경제력이 과거보다 강조되고 신자유주의적 스펙을 갖춘 여성상이 등장함에도, 실제 연애 관계에서의 권력은 여전히 남성에게 귀속된다. 임유진(2023)은 이를 두고 다음과 같이 지적한다. "여성의 사회적 지위 상승이 곧 사적 관계에서의 권력 상승을 의미하지 않는다." 즉, 연애의 각본은 여전히 경제적 능력을 남성성의 핵심 기준으로 삼고, 연애의 성공 여부 역시 남성의 보호 능력과 경제력을 중심으로 판단되는 전통적 젠더 질서를 재생산한다. 결과적으로 연애 리얼리티는 현대의 콘텐츠 형식을 취하고 있음에도, '보호하는 남성-수용하는 여성'이라는 낭만화된 젠더 위계를 더욱 선명하게 드러내는 문화 장치로 기능한다.

출처 : 임유진(2023). 연애 리얼리티 프로그램 속 신자유주의 연애관 및 젠더 위계 구조 : <환승연애2>를 중심으로. 서강대학교 대학원 석사학위논문.

3. 새로운 연애 각본 쓰기

1) 낭만적 사랑에서 친밀한 사랑으로

현대사회의 연애는 감정과 경제, 사회적 자본이 얽힌 문화적 · 경제적 담론 속에서 조직된 심리적 경험이다(에바 일루즈, 2013). 연애는 개인적 선택이자 감정적 경험처럼 보이지만, 사실은 사회적 규범과 자본주의적 조건 속에서 구성된다. 연애하는 이들은 '자유로운 사랑'을 한다고 생각하지만, 실제로는 외모, 재산, 사회적 위치 등 신자유주의적 가치와 소비 문화의 압력 아래 연애 경험을 형성한다.

우리 사회에 페미니즘 논의가 활발해지면서 전통적인 성 각본과 연애 각본은 점차 해체되고 있다. 그러나 낭만적 사랑 신화에 기반한 연애 담론은 여전히 젠더 위계적 구조 안에서 움직이는 한계를 보인다. 낭만적 사랑 서사가 연애의 스펙화와 결합하면서, 연애는 사랑 자체보다는 상대를 '선택하고 증명하는 과정'이 주된 과제로 부각되고, 연인들은 서로에게 부담을 가중시키며 자신의 에너지를 소진하기 쉽다.

따라서 전형적인 성 각본과 연애 상품의 스펙터클에서 벗어나 서로의 자아를 성찰하고 성장시키는 연애 각본을 구상할 필요가 있다. 스턴버그(Sternberg)의 '사랑의 삼각형' 모델은, 연애 관계의 지속을 위해서는 열정뿐 아니라 친밀감과 헌신이 결합되어야 함을 보여준다. 즉, 연애를 단순한 낭만적 즐거움이 아니라, 서로의 자아와 잠재력을 인정하고 성장시키는 관계로 재정의하는 것이 핵심이다.

연애를 친밀한 사랑으로 전환한다는 것은 단순히 감정을 공유하는 것을 넘어, 서로의 삶과 욕구, 개인적 공간을 존중하고 관계 속에서 균형을 모색하는 것을 의미한다. 이는 낭만적 사랑의 '달콤함'과 '극적 사건'에 몰입하기보다, 연애를 두 사람의 지속적 학습과 성장의 장으로 바라보는 시도를 포함한다.

스턴버그(Sternberg)의 사랑의 삼각형

스턴버그는 사랑의 세 가지 주요한 요소를 가지고 가설적인 삼각형을 제시하였다. 사랑의 세 가지 요소란 친밀감, 열정, 그리고 결정(헌신)이다. 친밀감은 상대를 향한 감정의 따뜻함을, 열정은 그 뜨거움을 대표하는 반면, 결정(헌신)은 의무와 의식과 관련되는 좀 더 냉철한 감정을 의미한다. 스턴버그는 이 사랑의 3요소가 시간이 경과함에 따라 각기 다르게 발달한다고 주장한다. 열정은 관계 초기 절정을 이루다가 감소하는 반면, 친밀감과 헌신은 서로 다른 속도로 발전하지만 시간의 경과와 함께 점차 증가한다.

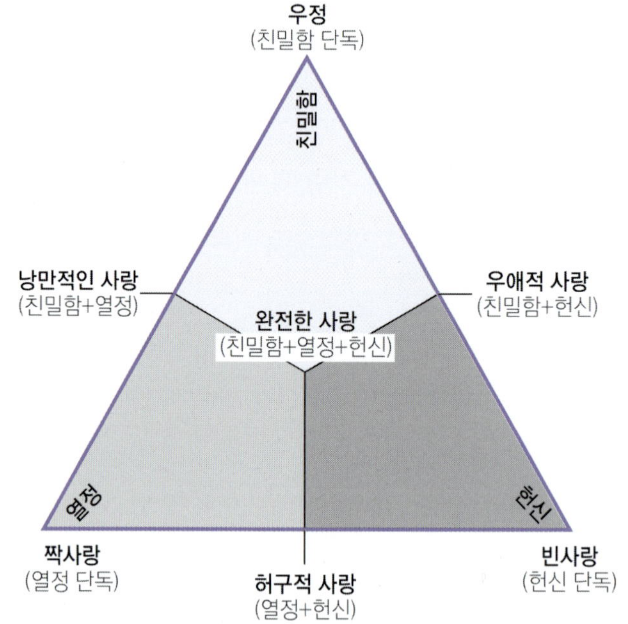

| 그림 3-1 | 스턴버그의 사랑의 삼각형

초기 열정적인 관계에서는 상대방을 이상화시켜, 서로를 제대로 알지 못하는 상태에서 상대방을 과장하기 쉽다. 그러나 시간이 지나면서 현실을 바라보게 되며, 보다 편안하고 안정적이며 신뢰감을 형성하면서, 건강하고 만족스러운 관계를 발전시키게 된다. 스턴버그의 연구에서 책임감은 시간에 따라 증가하는 것, 친밀감은 상승속도는 줄어들지만 지속 가능한 것으로 확인된 속성이다. 오랫동안 사랑을, 가정을 가꾸고 유지하기 위한 열쇠가 이 친밀감과 책임감에 있다고 볼 수 있는 것이다.

출처 : 크룩스(Crooks, 2010). 성 과학의 이해. 라이프사이언스.

2) 새로운 연애 각본

연애에서 갈등이 없다는 것은 환상이다. 상대를 독점하거나 상대의 자율성을 인정하지 않는 연애는 상대에게 개인적 공간과 성장의 시간을 허용하지 않기 때문에, 장기적인 관계 유지에 어려움을 초래한다. 낭만적 사랑의 전형적 각본은 남성의 적극성과 여성의 돌봄·감정 조율 같은 전통적 성역할 수행을 자동적으로 요구하며, 이로 인해 연애의 의미와 가능성은 제한된다.

따라서 친밀한 사랑으로 나아가기 위해서는, 서로의 자아를 인정하고 변화와 성장의 잠재력을 격려하는 관계가 필요하다(김현미, 2013). 연애 관계 속에서 전형적인 성역할을 끊임없이 협상하고, 서로가 서로의 감정과 경험을 주체적으로 구성하도록 지원하는 것이 중요하다.

결국 새로운 연애 각본은 단순히 '낭만적 달콤함'을 모방하는 것이 아니라, 친밀감, 신뢰, 헌신, 상호 성장을 중심으로 연애를 재정의하고, 전형적 성역할을 협상하며, 사회적 규범에 의문을 제기하는 실천적 작업이다. 이는 두 사람의 연애 스토리를 스스로 써 내려가는 과정이자, 기존의 신자유주의적·전통적 연애 구조를 재구성하는 시도이기도 하다.

▌사랑에 대한 비합리적인 신념

1. 사랑은 뜨겁고 열정적이어야 한다. 낭만적 사랑은 다른 종류의 사랑보다 우월하다. 강렬한 낭만적 사랑을 경험하지 못한다면 나의 삶은 무의미해질 것이다.
2. 내가 열정적으로 사랑할 수 있는 사람은 오직 한 사람뿐이다. 진정한 사랑은 평생에 한 번밖에 할 수 없다.
3. 강렬한 낭만적 사랑은 영원히 지속될 것이다. 낭만적 사랑은 행복한 결혼을 보장한다. 결혼을 하면 낭만적 사랑은 더욱 강렬해질 것이다.
4. 누군가가 나를 사랑한다면, 내가 사랑받고 있다고 항상 느낄 수 있어야 한다. 내가 항상 사랑받고 있다고 느낄 수 없는 사랑은 사랑이 아니다.

5. 사랑하는 사람을 잃는다면, 다시는 사랑에 빠질 수 없을 것이다. 사랑에 실패하면, 나는 극심한 고통을 겪을 것이고 오랜 기간 동안 이런 고통으로부터 헤어나지 못할 것이다.
6. 낭만적 사랑을 느끼지 않고 결혼하거나 성행위를 하는 것은 옳지 않다. 낭만적 사랑과 성행위는 항상 함께 따라다니는 것이다

출처 : 지용근 외(2004). 인간관계론. 박영사.

생각해 보기

- 연애하면서 자신이 여성스러워졌거나 남성스러워진 경험에 대해서 이야기해 보자.
- 연애 중 서로의 자율성과 성장 가능성을 존중하는 경험이 있었는지 이야기해 보자.

함께 보기

윤이희나(2010). 아슬아슬한 연애인문학. 한겨레에듀.

환승연애(2021~2025). 이진주 감독. 한국.

참고문헌

김은아(2012). 신자유주의 시대 고학력 20대 여성의 '연애 스펙' 관리와 주체성변화에 관한 연구. 이화여자대학교 대학원 석사학위논문.

김현경(2003). 프로젝트로서의 '연애'와 여성주체성에 관한 연구 : 여자대학생의 경험을 중심으로. 이화여자대학교 대학원 석사학위논문.

김현미(2013). 일상의 성과 사랑. 일상의 여성학. 박영사.

김효진(2011). 신자유주의적 상황 아래 대학생의 연애와 생애기획 : 저소득층 '명문대생' 사례를 중심으로. 연세대학교 문화학협동과정 석사학위논문.

로버트 크룩스(2010). 성 과학의 이해. 김은수・공일근・김동학 공역. 라이프사이언스.

박소정(2017). 연애 정경–우리 연애 이래도 괜찮을까?. 스리체어스.

박혜경(1993). 여성의 경험을 통해 본 사랑과 결혼의 관계. 이화여자대학교 대학원 석사학위논문.

백지연(2004). 낭만적 사랑은 어떻게 부정되는가 : 이만교와 정이현. 창작과 비평, 32(2), 131–143. 연세대학교 한국기독교문화연구소.

앤서니 기든스(1996). 현대사회의 성, 사랑, 에로티시즘 : 친밀성의 구조변동. 황정미・배은경 공역. 새물결.

에바 일루즈(2013). 사랑은 왜 아픈가–사랑의 사회학. 돌베게.

이재경・조영미・민가영・박홍주・(이박)혜경・이은아(2007). 여성학. 미래인.

임유진(2023). 연애 리얼리티 프로그램 속 신자유주의 연애관 및 젠더 위계 구조 : <환승연애 2>를 중심으로. 서강대학교 대학원 석사학위논문.

정지은(2014). TV드라마의 젠더 관계 재현 방식 : 연상녀 · 연하남 커플에 대한 재현을 중심으로. 미디어, 젠더&문화, 29(4), 85–125.

지용근 외(2004). 인간관계론. 박영사.

캐롤 타브리스(2010). 여성과 남성이 다르지도 똑같지도 않은 이유. 또하나의문화.

홍지아(2009). 리얼리티 프로그램의 서사전략과 낭만적 사랑의 담론 : <우리 결혼했어요>를 중심으로. 한국방송학보, 23(2), 567–608.

제 4 장

결혼의 이해

제4장 결혼의 이해

우연히 참석한 결혼식을 지켜보며 루시와 존은 조건만 보면 반대해야 할 결혼에 관해 이야기한다. 결혼과 출산, 육아와 가정이 서로에게 가져다줄 긍정적인 변화와 현실적인 어려움에 대해서 가감 없이 털어놓는다. 이 대화 끝에 루시는 모든 조건이 완벽한 해리 대신 존에게 마음의 문을 연다.

루시는 "나를 가치 있는 사람이라고 느끼게 하는" 존을 선택한다.
사랑과 결혼은 사람 간의 일이지, 잘 들어맞는 조건만으로 이뤄지는 게 아니니까.

-영화(머티리얼리스트)를 통한 결혼에 대한 질문. 오마이뉴스(2025. 8. 22)에서 재구성-

1. 결혼의 의미와 결혼에 대한 환상

1) 결혼의 의미

여성가족부가 발표한 '2025 통계로 보는 남녀의 삶'에 따르면, 초혼 건수는 약 18만 건으로, 2010년 대비 29.8% 감소하며 크게 줄었다. 이는 한국사회에서 결혼은 더 이상 성인이 된 남녀가 거쳐야 할 통과의례가 아닌 선택사항으로 고려되고 있음을 보여준다. 다시 말해 결혼을 필수나 의무가 아닌 개인이 선택하는 일종의 삶의 양식으로 여기는 의식과 태도로 빠르게 변화하고 있는 추세이다(홍성희, 2020).

한국여성정책연구원이 발간한 '2024년 여성가족패널조사'에 따르면 2022년 성인 여성 9,055명을 대상으로 진행된 9차 조사에서 52.9%가 '누구나 결혼은 반드시 해야 한다'는 질문에 '그렇지 않다(별로 그렇지 않다 · 전혀 그렇지 않다)'고 답했다. 또한 '결혼보다는 나 자신의 성취가 더 중요하다'에 동의한 비율이 54.3%로, 6년 전(44.5%)보다 9.8%p 증가한 것으로 나타났다.

이처럼 오늘날 미혼 남녀는 더 이상 결혼을 인생의 절대적인 사안으로 여기지 않고 자신의 삶 속에서 선택할 수 있는 일회성 사건으로 생각하는 경향을 보인다(고재원, 2011; 원영희, 2006). 또한 버나드(Benard)는 결혼에는 여성의 결혼(her marriage)과 남성의 결혼(his marriage)이라는 두 가지 서로 다른 결혼이 있으며, 남성들이 여성들보다 결혼으로부터 더 많은 이득을 얻는다고 제시하였다(김영화 외, 2013 : 232 재인용). 이는 결혼에 대해 남녀가 서로 다르게 기대하고 결혼의 실제가 남녀간에 다르기 때문이다.

통계청의 '2024년 사회조사'에서 결혼에 대한 견해를 보면, 결혼을 해야 한다고 생각하는 비중은 52.5%로 2년 전보다 2.5%p 증가하였다. 그러나 이에 대한 남녀 차이가 나타났는데, 남성이 여성보다 결혼해야 한다고 생각하는 비중이 11.5% 더 높게 나타났고, 특히 미혼 남녀의 경우 견해 차이가 15.6%p로 더 크게 나타났다.

인구보건복지협회가 발표한 '제2차 국민인구행태조사(2024)' 결과를 보면, 미혼 남성의 41.5%, 미혼 여성의 55.4%가 결혼 의향이 없거나 아직 결정하지 못했다고 답했다. 결혼 의향이 없거나 망설이는 이유를 구체적으로 보면 남녀간 관점의 차이가 나타난다. 남성은 '결혼생활 비용 부담'(25.4%), '독신생활이 좋음'(19.3%), '결혼보다는 일 우선'(12.9%), '기대에 맞는 상대 없음'(12.1%), '소득 부족'(10.4%) 등을 꼽았다. 여성은 '기대에 맞는 상대 없음'(19.5%), '독신생활이 좋음'(17.0%), '결혼보다 일 우선'(15.5%), '가부장적 가족 문화・관계가 싫음'(12.3%), '결혼생활 비용 부담'(11.6%) 등의 이유를 들었다. 이를 통해 남성은 결혼 비용 부담과 소득 부족, 여성은 가부장적 가족 문화나 경력 저해 우려를 이유로 결혼을 기피하는 현상이 나타남을 알 수 있다.

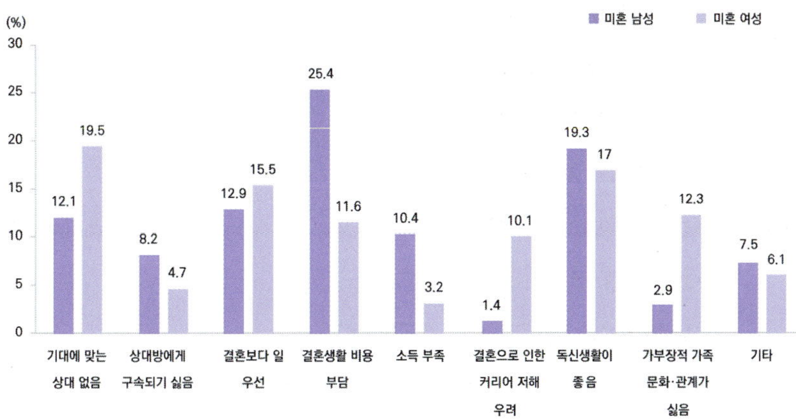

| 그림 4-1 | 결혼 의향이 없거나 결혼을 망설이는 이유 성별 차이

출처 : 인구보건복지협회(2024). 제2차 국민인구행태조사.

그렇다면 과연 미래사회에서도 지금과 같은 결혼제도가 그대로 유지될 것인가에 대한 관심은 지속적으로 논의될 것이다. 전 세계의 미래학자들은 결혼이 가까운 미래에 사라질 제도라고 보고 있다. 프랑스의 대표적 경제학자 자크 아탈리는 2005년 「포린 폴리시(Foreign Policy)」 기고에서 "2030년이면 결혼제도가 사라지고 90%가 동거로 바뀔 것"이라고 주장한 바 있다. 미국의 유명 인류학자 헬렌 피셔도 "과거 1만 년 동안보다 최근 100년간 결혼 관습이 더 변화한 사실을 볼 때 앞으로의 변화는 더욱 극적일 것"이라고 전망하였다(시사저널, 2016. 10. 21).

▌다양한 결혼 관계

첫 번째 관계는 폴리아모리(Polyamory) 커플. 두 사람 이상을 동시에 사랑하는, 다자간의 사랑을 뜻하는 말. '많은'이라는 뜻의 그리스어 '폴리(poly)'와 '사랑'이라는 뜻의 라틴어 '아모르(amor)'의 변형태인 '아모리(amory)'의 합성어다. 2006년 처음으로 옥스퍼드 영어 사전에 추가됐다. 폴리아모리를 지향하는 사람들은 전통적인 혼인 관계에 집착하지 않고, 한 사람에 얽매이지 않는 연애 생활을 추구한다. 일부일처제가 본성에 맞지 않는 결혼 제도라 생각해 이를 비판하고, 타인에게 피해를 주지 않는 한 여러 파트너와 다양한 관계를 통해 삶이 더욱 풍요로워질 수 있다고 믿는다.

두 번째 관계는 코-패어런팅(Co-Parenting · 공동 육아 부모) 커플. 연인은 아니지만 함께 아이를 낳고 키우는 새로운 형태의 가족이다. 이들은 성관계를 하지 않고 아이만 공동으로 키운다. 코-패어런팅을 원하는 사람들이 모이는 인터넷 공간에서 파트너를 찾고 체외수정으로 출산했다. 상담을 함께 받고 상대가 말한 것이 진실인지 시간을 두고 검증을 하기도 한다. 상대가 좋은 부모가 될 소질을 지녔다고 판단되면 함께 가정을 꾸리고 아이를 낳아 공동으로 육아한다.

세 번째 관계는 LAT(Living Apart Together) 커플. 사랑하지만 같이 살지 않고 따로 사는 부부로 살고 있다. 이들 부부는 주중에 떨어져 있고 주말에 함께 지낸다.

출처 : 오마이뉴스(2017. 11 .27) 기사에서 발췌.

이들의 선택과 삶이 먼 나라 이야기 같아도 한국사회에도 시사하는 바가 크다. 실제 한국 사회에서도 '공동육아'를 다룬 드라마(에스콰이어 : 변호사를 꿈꾸는 변호사들, 2025. 9. 12회)가 등장했다. 드라마 에스콰이어(12회)에서 변호사들은 공동육아를 조건으로 법적인 결혼이란 틀에서 결혼 생활을 하다가 이혼을 요구받은 의뢰인의 소송을 맡았다. 부부 두 사람 다 이혼 가정에서 자랐기에 사랑 없이 공동육아를 하며 사생활 터치 없는 결혼 생활을 하기로 계약했지만 남편이 사랑을 느낀다며 이혼을 요구했고 아내는 남편의 요구가 계약 위반으로 이혼하고 싶지 않다고 밝혔다.

인류가 다양한 모습으로 변화, 발전해 온 것만큼 다양한 결혼의 방식과 모습이 있을 수 있다. 우리 사회도 결혼의 의미와 그 다양한 형태에 대해 좀 더 유연한 태도를 가질 필요가 있다.

2) 결혼에 대한 환상

결혼이 연애와 다르다는 것은 알고 있지만 연애에서 나타나는 '낭만적인 사랑'으로 인하여 결혼에 대한 실체를 인식하기는 쉽지 않다. 다음에서는 결혼생활에서 나타나는 환상에 대하여 다루어 보고자 한다(Knox & Schacht, 1999, 이기숙 외, 2010 : 48－50 재인용, 재구성).

(1) 우리의 결혼은 다를 것이다

결혼 전에 느끼는 '그런 일은 우리에게 일어나지 않을 거야'라는 생각은 연애의 현혹적인 특성을 반영한다. 사람들은 자신의 결혼은 다를 것이라고 막연히 생각하면서도 자신의 결혼을 다른 사람의 결혼과 다르게 만들기 위한 노력을 기울이지는 않는다.

(2) 우리의 갈등은 심각하지 않다

많은 부부들은 그들이 문제가 있다는 것을 인식하지만 자신들의 문제는 하찮은 것이며 단지 결혼생활의 일부분이라고 생각한다. 그러나 해결되지 않은 작은 갈등들이 실제로는 결혼생활을 위협한다.

(3) 배우자는 내가 원하는 모든 욕구를 충족시켜 줄 것이다

사람들은 타인으로부터의 지원에 대한 욕구를 가지고 있다. 이러한 욕구는 함께 영화를 보러 가거나, 함께 이야기를 하거나, 상대에 대한 사랑을 육체적으로 표현하는 것 등 다양하다. 또한 자신들이 가진 지적・육체적 그리고 정서적인 욕구를 배우자가 모두 충족시켜 줄 것이라는 믿음을 가지고 있지만 그와 같은 기대는 매우 비현실적이다. 왜냐하면 욕구란 매우 다양하고 끝이 없으며 어떤 욕구는 자신도 확실하게 무엇이 결핍된 것인지, 어떻게 충족시킬 수 있는지 모를 수도 있기 때문이다. 따라서 자신의 채워지지 않는 결핍의 원인이 무엇인지 스스로 탐색하는 것이 필요하다(신희천 외 공역, 2009).

(4) 사랑이 깊을수록 갈등은 적을 것이다

부부들은 때때로 그들이 서로를 사랑하면 할수록 갈등이 적을 것이라고 생각한다. 실제로 스프레처와 펨리(Sprecher & Femlee, 1993)는 깊은 수준의 사랑이 시간이 지남에 따라 갈등을 증가시킨다는 것을 발견하였다. 즉, 열정적으로 사랑하더라도 지금까지 경험하지 못한 결혼생활의 어려움은 당연하며, 부부가 함께 건강하고 친밀한 관계를 만들기 위한 노력을 해야 할 것이다.

이와 같은 결혼에 대해 가지고 있는 여러 환상들을 현실적으로 조정한다면 보다 건강하고 평등한 관계가 될 것이다.

2. 결혼관의 변화

결혼관은 결혼 및 배우자 선택에 대해 개인이 지향하는 규범 및 가치관을 의미한다(강은숙, 1981). 결혼 가치관은 개인적인 신념이나 가치에 의해서뿐만 아니라 우리 사회에 다양하게 편재되어 있는 다양한 가치규범에 의해 영향을 받는다(김승권, 2003). 즉, 사회가 변화함에 따라 결혼에 대한 인식도 바뀌면서 결혼관에 다양한 변화가 나타나고 있다.

부모 세대가 결혼과 동시에 자녀출산을 통해 가족을 구성한 것과 달리 현재 젊은 세대는 결혼에 대해 선택 혹은 의사결정의 문제로 인식하고 있으며, 기존의 제도나 규범을 벗어나 결혼의 여부나 시기를 결정하는 데 있어서도 개인적인 상황을 고려한 선택적 행위로 인식하고 있다. 최근 우리 사회에서 심화되고 있는 세대 갈등과 젠더 갈등, 계층 불평등 등 사회적 갈등은 청년들에게 큰 위기감으로 인식되고 있다. 청년들이 인식하고 있는 성별 간 혐오와 차별, 계층 이동, 기회 상실감 등은 미래사회에 대한 신뢰와 안전에 대한 기대감에 부정적 영향을 주면서 기존과는 다른 삶의 방식을 선택하게 하는 것이다. 즉, 사회적 차원의 인식이 청년들의 결혼기피나 결혼지연 현상의 주요 요인으로 작용할 수 있을 것이다(장온정, 2024). 이처럼 현대사회에서 결혼은 가치관의 급속한 변화를 거치며 개인의 행복추구와 자아실현에 대한 관심으로 인해 필수적 규범이 아닌 개인의 선택이 되었다.

1) 결혼의 의미 변화

결혼에 대한 인식은 여러 시대를 거치면서 변화하였고 결혼을 하는 것이 당연한 발달과업이었던 과거와 달리 현대사회에서는 기술한 것처럼 결혼을 선택으로 인식하는 경향이 높다. 구체적으로 여성가족부(2021)의 '가족 다양성 국민 인식조사 결과'를 살펴보면, '혼인·혈연관계가 아니더라도 함께 살고 생계를 공유하면 가족'이라는 응답이 68.5%로 '법적인 혼인이나 혈연으로 연결돼야 가족'이라는 응답(64.6%)보다 더 높았다. 이는 시대 변화에 따라 결혼, 가족의 의미가 변화하고 있음을 알 수 있다.

박민자(2003)는 결혼의 의미가 시대적으로 어떻게 변화하였는가를 분석하고 이를 세 가지로 요약하였는데, 첫째, 결혼의 당위성에 대한 압박이 점차 감소하면서 개인들이 이러한 상황을 빠르게 수용하고 있다. 둘째, 개인의 욕구나 필요에 의해 결혼이 철저히 계산되어 선택되고 있다. 셋째, 애정은 결혼의 전제조건이고 이를 통해 자신의 행복과 삶의 질에 대한 관심이 높아지고 있다는 것이다. 따라서 여성이 남성들과 동등하게 자신의 일을 추구하고 경제적 능력을 가진다면 굳이 결혼규범에 얽매이지 않을 뿐 아니라 결혼이라는 제도 자체에 절대적인 의미를 부여하지 않을 것으로 보인다.

앤드루 해커 박사(뉴욕대학교 정치사회학과 교수)는 책 『어울리지 않는 짝 : 남녀 간의 격차(Mismatch : The Growing Gulf between Women and Men)』에서 "여성들이 점점 자립적이 되고, 남성에 대해 비판적인 자세를 갖게 됨에 따라 그들은 데이트 상대자나 배우자가 되기에는 자격 미달인 남성들이 많음을 느낀다"(新 여성시대. 김형경. 동아일보, 2013. 12. 27. 재인용)고 하였다.

2) 결혼연령과 결혼형태의 다양화

최근 들어 초혼 연령이 높아지면서 초혼 연령의 결합형태가 남녀 동갑이거나 여성이 연상인 경우가 점차 증가하는 추세를 보이고 있다.

통계청(2024)의 '2024년 혼인 · 이혼 통계'에 따르면 초혼 부부 중 여성이 연상인 커플은 3만 5,600건으로 전년보다 22.7% 증가했다. 이는 초혼 부부 5쌍 중 1쌍(19.9%)을 차지한다. 여성이 1~2세 많은 경우가 연상연하 부부 중 67.4%(2만 4,000건), 여성이 3~5세 더 많은 사례는 25.5%(9,100건)였으며, 여성이 10세 이상 연상인 경우도 0.1%(400건)로 나타났다. 이처럼 여성연상 · 남성연하 커플이 꾸준히 증가하는 이유는 전통적인 성역할의 변화와 여성의 사회적 지위가 향상되면서 경제력을 가진 여성들이 증가하는 등 남녀 평등의식이 자리를 잡으면서 사회적 편견이 줄어든 부분과도 밀접한 관련이 있다고 볼 수 있다.

또한 결혼 형태의 다양화 현상은 더욱 뚜렷해지고 있다. 2024년 전체 혼인 중 외국인과의 혼인이 차지하는 비중은 9.3%(2만 800건)로, 1995년(3.4%) 대비 약 3배 가까이 증가한 것으로 나타났다. 외국인 여성과의 혼인 건수는 1만 6,000건으로 전년 대비 6.2% 증가했고, 외국 남성과의 혼인(5,000건)도 전년 대비 2.6% 많아졌다. 외국인 아내의 국적은 베트남(32.1%)이 가장 많았고, 중국(16.7%)과 태국(13.7%) 등이 뒤를 이었다. 한국 여성과 혼인한 외국인 남성의 국적은 미국(28.8%)이 가장 많았다.

외국인과의 혼인은 1990년대 중반만 해도 전체 혼인의 3%대에 머물렀으나, 최근 30년간 꾸준히 증가해 이제 10%에 육박하는 수준으로 확대되었다. 이러한 국제결혼의 증가로 인해 다문화 가정이 증가하고 있는데, 여성가족부가 발표한 '2024년 전국 다문화 가족 실태조사'에 따르면 전국 다문화 가족은 1만 6,014가구로 전년(1만 2,044가구)보다 32.9% 늘었다.

3) 결혼지연으로 비혼 증가

연령 규범은 결혼적령기 규범이라고 표현할 수도 있는데, 이는 적정한 나이가 되면 자연스럽게 결혼을 해야 한다는 결혼시기에 관한 규범이다(은기수, 1995). 그러나 2010년 이후 결혼 규범(결혼을 반드시 해야 한다)은 크게 약화되었고, 이에 더하여 개인의 결혼 의향도 분화되었다. 결혼 의향이 없거나 불확실한 경우가 전체의 절반 수준을 차지하고, 여성은 남성보다 결혼 의향이 더 낮게 나타났다(최선영, 2021).

이러한 결혼 기피 현상은 초혼 연령 상승으로 나타났는데, 통계청(2024)의 '2024 혼인·이혼 통계'에 따르면, 평균 초혼 연령은 남성 33.9세, 여성 31.6세로 나타났다. 남성의 연령별 혼인 건수는 30대 초반이 8만 7천 건(39.1%)으로 가장 많았고, 이어 30대 후반(4만 3천 건, 19.4%), 20대 후반(4만 건, 17.9%) 순이었다. 여성도 30대 초반이 8만 4천 건(37.9%)으로 가장 많았으며, 다음으로 20대 후반(6만 4천 건, 28.9%)과 30대 후반(2만 9천 건, 13.2%)이 뒤를 이었다.

통계청(2024)이 발표한 '한국의 사회동향'에 따르면 2000년 이후 결혼 경험이 없는 20대~40대 미혼자 비율은 20년간 지속적으로 높아졌다. 2020년 40대 인구 가운데 미혼자 비율이 남성은 23.6%, 여성은 11.9%로 나타나, 20년 전 미혼자 비율과 비교하여 6.7배, 5.7배 늘었다. 또한 30대 미혼자 비율은 남성 50.5%, 여성 32.8%로, 20년 전에 비해 각각 2.7배, 4.7배 늘었다. 이처럼 미혼자 비율 증가는 혼인 연령이 점차 늦어지면서 결혼 지연뿐 아니라, 결혼에 대한 부정적 인식에 영향을 미친 것으로 볼 수 있다. 특히 미혼자 성비를 보면 여성보다 남성이 높게 나타나고 있어 결혼성비의 불균형을 초래하고 있다.

이와 같이 미혼이 증가하는 이유는 결혼연령의 상승 외에도 경제적 불황, 결혼은 선택이라는 사회적 분위기와 미래에 대한 불확신 등의 이유로 설명될 수 있다. 따라서 앞으로 미래사회는 개인의 삶과 경력을 중시하는 경향이 강해지면서 '비혼'은 하나의 삶의 방식으로 자리 잡을 것이다.

▌ 웨딩드레스 입고 나를 위한 '비혼식'

결혼을 선택하지 않는 한국 여성들이 늘어나는 현상에 대해 외신도 주목하고 있다. 홍콩 사우스차이나모닝포스트(SCMP)는 경제적 부담과 가부장제의 억압에서 벗어나 개인의 행복을 중시하는 가치관이 확산되면서 일부 여성들은 웨딩드레스를 입고 결혼 상대가 아닌 자신과 반려동물을 위한 '비혼식'을 연다고 전했다.

SCMP에 따르면 강 모(30) 씨는 최근 서울의 한 사진 스튜디오에서 웨딩드레스를 입고 기념사진을 촬영했다. 결혼을 앞둔 예비 신부처럼 보이지만, 그의 옆에는 신랑이 아닌 반려견이 자리하고 있었다. 강 씨는 "나는 누구의 아내도, 누구의 엄마도 아닌 스스로를 위해 행복할 것"이라고 말했다.

비혼을 선택한 여성들은 단순히 경제적 이유뿐 아니라 가부장적 결혼제도에 대한 반감도 크다. 직장인 정 모(32) 씨는 2023년 자신만의 비혼식을 열었다. 그는 웨딩드레스 대신 회색 정장을 입고 단발머리를 한 채 하객 40명 앞에서 선언했다. "나는 평생 나 자신을 사랑할 것을 맹세합니다." 결혼식의 축하 분위기를 원했지만, 결혼 자체는 하고 싶지 않았다는 게 그의 설명이다.

정 씨는 한국 사회의 가족 중심 문화가 여성들에게 육아와 가사 노동을 강요하는 현실을 지적했다. "결혼한 친구들이 커리어를 포기하는 걸 보면서 결혼이 불평등한 제도라는 걸 깨달았다"며 "결혼은 원하지 않는 옵션이 너무 많은 패키지 여행과 같다"고 말했다.

일부 기업들은 결혼한 직원들에게만 지급하던 축의금 대신 '비혼 수당'을 신설하는 방식으로 형평성을 맞추고 있다. 하지만 여전히 결혼을 하지 않은 여성들은 사회적 압박과 시선을 감내해야 하는 현실이라고 SCMP는 지적했다.

출처 : 세계일보(2025. 3. 22) 기사에서 발췌.

4) 결혼 각본의 다양화

결혼을 하지 않더라도 이미 다양한 대안적인 삶들이 나타나고 있다. 여성가족부(2023)의 '2023년 가족실태조사' 결과에 따르면, '결혼과 출산은 필수'라는 전통적인 가족 가치관이 빠르게 변화하고 있는 것으로 나타났다. '결혼하지 않고 독신으로 사는 것'에 대해 2020년 34.0%가 동의한 반면, 2023년에는 47.4%가 동의한다고 응답했다.

통계청의 '2024년 사회조사' 결과에서는 '남녀가 결혼을 하지 않더라도 함께 살 수 있다'고 생각하는 사람은 2024년 67.4%로 2년 전보다 2.2%p 증가하였으며, 2012년(45.9%) 이후 계속 증가하고 있는 것으로 나타났다. 또한 '결혼하지 않고도 자녀를 가질 수 있다'고 생각하는 비중도 2024년 37.2%로 2년 전보다 2.5%p 증가했으며, 2012년(22.4%) 이후 계속 증가하고 있다(통계청, 2024). 즉, 법적 혼인관계가 아니더라도 친밀한 관계를 형성하면 가족이 될 수 있다고 생각하는 사람들이 많아진 것이다.

이러한 동거의 확산은 두 파트너가 전통적인 성역할에 기반한 관계에서 평등한 권력과 더욱 평등한 위치에 기반한 관계로 전환하는 '파트너십 전환(partnership transition)'이라는 세계적인 사회 변화의 주요 지표로 여겨진다(Prinz, 1995).

특히 청년들의 결혼의식은 동거와 비혼출산 등 새로운 가족 유형에 대해 유연하게 변하고 있다. 통계청(2023)의 '사회조사로 살펴본 청년의 의식변화'에 따르면 결혼을 하지 않고서도 자녀를 가질 수 있다고 생각하는 청년들의 비중은 39.6%에 달해 10년 전보다 9.8%p 높아졌다. 결혼을 하지 않더라도 동거가 가능하다는 청년의 비중도 80.9%에 달해 10년 전(61.8%)보다 크게 늘어나 비혼 상태의 동거, 가족 구성에 대한 인식이 변화하고 있음을 보여준다.

이처럼 비혼 동거에 대한 사회적인 관심을 반영하여, 2023년에는 혼인이나 혈연관계가 아닌 사람들로 구성된 다양한 형태의 생활공동체를 사회 구성의 법적 단위로 인정하자는 법안인 '생활동반자관계에 관한 법률안'이 발의되기도 하였다. 즉, 성별에 상관없이 선택 가능한 (가칭) 생활동반자법의 제정은 동성커플의 사회적 보호를 떠나 이성 커플에게도 혼인 외의 다양한 선택지를 제공한다는 측면에서 제도적 필요성은 충분하다(박복순 외, 2019).

따라서 앞으로 우리 사회는 결혼과 가족에 대한 다양성 및 자율성을 수용하고, 이를 반영한 생활동반자 제도 도입이 시급하다고 볼 수 있다.

▌외롭지 않을 권리 : 혼자도 결혼도 아닌 생활동반자

생활동반자법은 여러 권리를 부여하기 때문에 결혼에 준하게 동거 의무가 있어야 한다고 생각한다. 멀리 떨어져 살면서 휴대전화로만 연락하는 사이를 부양 관계로 보기는 어려울 것이다. 밥을 같이 먹지 않는 관계, 상징적으로만 이뤄지는 관계까지 가족으로 봐야 할까. 물론 가족이란 감정적인 영역이어서 심리적인 위로도 돌봄으로 볼 수 있다.

다만, 법적으로 인정함으로써 사회적 재정과 자원을 배분할 때는 가족을 어디까지로 볼 것인지를 어느 지점에서 선을 그어야 한다. 현재의 선은 너무 협소해 실제 다양한 관계로 맺어진 가족생활을 전혀 반영하지 못해 문제다. 생활동반자법만으로 사람 사이의 친밀성에 선을 그어 모든 관계를 다 만족시킬 수는 없다. 점차 이러한 간극을 좁혀가기 위한 논쟁이 필요하다.

출처 : 경향신문(2023. 4. 16) 기사에서 발췌.

3. 결혼의 해소 : 이혼

1) 이혼의 의미와 사회적 통념

(1) 이혼의 의미

기든스에 의하면 '우리 사회는 별거하고 이혼하는 사회'(Giddens, 1992, 김순남, 2010 : 156 재인용)라고 할 만큼 이혼이 증가하고 있다. 이혼은 법률상으로 유효하게 성립된 혼인을 결혼 당사자들이 모두 생존한 동안에 그 결합관계를 협의 또는 재판상 절차를 거쳐서 소멸시키는 것을 말한다.

부부와 자녀로 구성된 '핵가족'이 정상가족으로 간주되면서, 우리 사회는 여전히 이혼으로 인한 가정을 '결손가정'으로 보고 있다. 간혹 미디어를 통해서도 청소년 문제나 각종 범죄와 관련된 사건들이 발생하면 '결손가정'으로 묘사하면서 마치 이혼가정으로 인해 사회문제가 증가하는 것으로 몰아가고 있다. 또한 이혼은 여성들이 결혼생활을 참지 못하거나, 자신의 개인적 삶을 위해 결혼생활을 해체하는 것으로 인식되고 있다. 그러나 실제 결혼생활에서 여성들에게 요구되는 다양한 역할들로 인해 많은 여성들이 이혼을 신청할 수밖에 없는 상황이다.

통계청의 '2024년 사회조사'에 따르면, '이유가 있으면' 또는 '경우에 따라' 이혼할 수 있다는 응답은 전체 남녀의 68.7%로 2008년(39%)의 1.8배로 나타났다. 특히 기혼자의 경우 이 비율은 2008년 33.4%에서 2024년 64.5%로 급증했다. 그동안 한국사회에서 이혼은 1990년대 중반까지만 해도 일부 연령층인 20대, 30대의 젊은 사람들에게서만 주로 일어나는 일로 간주되었다(이종한 · 이윤희, 2000). 그러나 1997년에 발생한 경제위기를 계기로 40대 이상의 이혼율이 크게 증가하고 있다.

여성가족부가 발표한 '2025 통계로 보는 남녀의 삶'에 따르면, 이혼 건수는 약 9만 1,000건으로 나타났는데, 4년 이하 부부의 이혼 비중은 16.7%로 2010년보다 10.3%p 줄었다. 반면 20년이 넘은 부부의 이혼 비중은 36.2%로 12.4%p 증가한 것으로 나타났다.

한국가정법률상담소에서 발간한 '2024년 상담통계'에서도 이혼을 상담한 5천 65명(여성 4천 54명 · 남성 1천 11명)을 분석한 결과에 따르면, '60대 이상 여성'의 상담 비율은 22.0%로, 2004년(6.2%)보다 3배 이상 증가했다(한국가정법률상담소, 2024).

이처럼 은퇴 시기에 몰린 50대~60대 베이비 부머(1955~1963년생) 세대에서 이혼에 대한 고민뿐 아니라 황혼이혼이 급격하게 늘고 있다. 황혼이혼이 증가한 이유를 보면 여성의 사회적 지위가 향상되고 평균수명이 연장되면서 '뒤늦게라도 내 인생을 살겠다'고 생각하는 여성들이 많아진 것으로 보인다. 중장년층과 노년층 이혼의 증가와 같은 이러한 변화는 과거에는 '결혼의 안정성'이 강조된 반면, 점차 '개인의 삶'을 중요시하는 사회적 변화가 도출한 결과로 이혼에 대한 생각이 과거와 달라지고 있다는 점을 분명하게 보여준다(박수선, 2020).

이와 같이 현대사회에서 이혼이 증가하는 것은 이혼에 대한 사회적 인식이 변화되고, '불행한 결혼'에서 '또 다른 삶의 선택'이라는 관점으로 바뀌면서 개인에 따라서는 성장과 성공을 경험할 수 있는 기회가 될 수도 있기 때문이다.

▮ 쏟아지는 이혼 콘텐츠

이혼에 대한 사회적 시선이 변화함에 따라 드라마와 예능을 불문하고 이혼 소재의 콘텐츠가 꾸준히 인기를 끌고 있다.

이혼 소재 드라마 · 예능 프로그램의 인기는 식을 줄 모른다. 2024년 9월 SBS 드라마 〈굿파트너〉 최종회는 전국 시청률 15.2%, 순간 최고 시청률 21%를 기록하며 그 주 방송 프로그램 시청률 1위를 차지했다. 2020년 TV조선 〈우리 이혼했어요〉 방영을 시작으로 〈이혼숙려캠프〉, 〈한 번쯤 이혼할 결심〉, 〈결혼과 이혼 사이〉, 〈당신의 결혼은 안녕하십니까〉 등의 예능 프로그램도 꾸준히 등장하고 있다. 모두 이혼한 부부나 이혼을 고민하는 부부의 갈등을 다루는 프로그램이다.

출처 : 고대신문(2024. 11. 24) 기사에서 발췌.

(2) 이혼에 대한 사회적 통념

이혼에 대한 사회적 통념은 이혼자들이 이혼 이전에 자신이 가지고 있던 편견에 기초하여 스스로 세상이 자신을 비난할 것이라는 생각과 피해의식을 갖는 경향이 있으며, 이것은 실제적인 대인관계나 사회적 인식을 통해 더 명백해지는 경향이 있다. 따라서 이혼에 관한 사회적 통념을 살펴봄으로써(Hetherington & Kelly, 2002 : 5−10, 이원숙, 2005 재인용 : 305−334 재구성), 이혼자는 물론 사회적으로 잘못 인식하고 있는 이혼의 통념에 대해 생각해 보기로 한다.

① 이혼은 단지 승리와 실패라는 두 가지 결과만이 있을 뿐이다

이혼은 승자와 패자만의 결과로 보기에는 너무 복잡한 과정이다. 사람들은 여러 다른 방식으로 적응하며 이 적응패턴은 시간이 지남에 따라 변화한다. 물

론 사회에 따라 차이가 있겠으나, 현재 미국에서는 대체적으로 여성들이 남성을 떠나는 추세이며, 정서적으로도 이혼 후 여성이 남성보다 잘 적응한다(이원숙, 2005 : 305). 즉, 이혼 후의 여러 어려움에도 불구하고, 일반적으로 이혼 여성은 이혼 남성보다 정서적, 심리적으로 더 잘 적응하며, 자존감의 향상을 경험하는 경향이 높다고 한다(Baruch, Barnett, & River, 1983; Wallerstein, 1986, 김혜경 외, 2019 : 250 재인용).

② 이혼 후에 아동은 항상 손해를 보게 된다

이는 대중적인 통념이며 부인하기 어려운 진실을 내포하고 있다. 단기적으로, 이혼은 대체로 아동에게 고통스러운 경험이다. 그러나 장기적인 부정적 효과는 상당히 과장된 측면이 없지 않다. 물론 이혼하지 않은 가족보다 이혼한 가족에 심각한 사회적·정서적·심리적 문제를 가진 청소년이 많기는 하지만, 대다수 이혼가족 자녀들은 이혼하지 않은 가정의 아동들과 별반 다를 바 없다(이원숙, 2005 : 305). 헤더링턴과 켈리(Hetherington & Kelly)에 의하면 이혼 6년 후 아동이 지닌 회복력과 부모의 지지와 사랑 덕분에 4분의 3의 아동들은 정상적 범주에서 발달하고 있다고 한다. 아동에게 적절한 자원과 지지가 제공되면, 강한 '자기 정화(self-righting)' 과정이 작용하는 듯하다. 새로운 경험과 관계가 이혼에 따라 회복과 긍정적 적응을 가져온다(이원숙, 2005 : 326).

③ 이혼 후 삶의 경로는 고정되어 있고 변화하지 않는다

인간이 겪는 크고 작은 생활사건 중 이혼의 경험은 많은 문제와 갈등을 수반하고 있으며 심한 스트레스를 유발하는 것으로 알려져 있다(Price & McKenry, 1988). 이처럼 이혼은 개인에게 고통스러운 경험임에는 틀림없지만 이러한 경험을 어떻게 자각하고 받아들이느냐에 따라 오히려 내면의 성장을 통해 삶의 전환을 경험할 기회가 될 수 있을 것이다.

따라서 이혼은 회복 불가능한 것이 아니며, 이혼 후 특정 적응패턴에 고착되지도 않는다. 이혼으로 인한 부정적 경험은 생애 다른 시점에서의 긍정적 경험으로 상쇄될 수 있다(이원숙, 2005 : 306). 즉, 이혼은 힘든 결혼생활의 종결을 통하여 대안적인 삶을 형성할 수 있는 기회 또는 개인의 성장과 자신의 개성화를 위한 기회로 볼 수 있다.

④ 이혼 후 부모의 부재 및 이에 수반된 빈곤은 아동에게 있어서 가장 커다란 어려움이다

양육모가 비교적 잘 적응하고 이혼 후 부모역할을 잘 수행한다면, 한부모가족은 아동에게, 특히 딸에게 장기적인 부정적 영향을 거의 미치지 않는 것으로 나타난다. 다시 말해서 양육모가 자녀에게 관심을 보이고 지지적이고 확고하다면 아버지의 부재와 빈곤에 의한 부정적 효과는 상쇄될 수 있을 것이다(이원숙, 2005 : 306).

미국 오하이오 주립대학 클레어 더쉬 교수는 「결혼과 가족 : 전망과 복잡성(Marriage and Family : Perspectives and Complexities)」이라는 논문을 통해 지난 30년간 두 번에 걸쳐 미국의 5,000여 가구의 결혼 관계와 자녀의 성적 등을 조사한 결과를 발표하였다. 그 결과 자녀의 성적과 행동발달에는 양부모이든 홀부모이든 상관없이 안정적 관계 유지가 가장 중요한 것으로 나타났다(매일경제, 2017. 7. 18). 따라서 이혼 후 혼자서 자녀를 키우는 이혼가정을 무조건 결손이나 해체가정으로 보는 시각보다는 자녀들과 지속적으로 어떠한 관계를 유지하는가가 더욱 중요하다고 볼 수 있다.

▌이혼동화 : 따로 따로 행복하게

매일 서로를 미워하고 싸우는 엄마 아빠가 따로따로 행복하게 살기를 바라는 두 아이가 성대한 '끝혼식'을 준비한다.
끝혼식을 미친 엄미 아빠는 '끝혼 여행'도 따로따로 다녀오고, 각자 살 집도 따로따로 짓는다. 두 집 사이에는 드미트리어스와 폴라가 지나다닐 수 있는 비밀 통로도 있다. 두 아이의 엄마 아빠는 앞으로도 오래오래 행복할 것이다. 엄마 따로, 아빠 따로이기에!

이 책은 부모의 다툼과 이혼이라는 다소 민감한 주제를 아이들의 입장에서 솔직하게 풀어내었다. 또, 부모의 이혼이나 갈등으로 힘들어하는 아이들에게 '너희 잘못이 아니다'라는 메시지를 전하는 동시에, 가족의 다양한 형태를 이해할 수 있게 돕는다.

출처 : 배빗 콜 저, 고정아 역(2025. 9. 10). 따로 따로 행복하게. 보림출판. 인터넷 교보문고.

4. 성 평등한 결혼

다음에서는 건강하고 평등한 결혼을 위하여 고려해야 할 몇 가지 사항에 대하여 살펴보기로 한다.

1) 결혼의례에서 성평등이 이루어져야 한다

그동안 한국사회에서는 권위적인 특성으로 인해 부모들이 본인의 체면 때문에 종종 무리한 비용을 들여 예물과 예단, 피로연을 치르기도 하였다. 그 결과

혼수문제는 물질만능주의, 사회적 지위에 대한 허황된 욕구, 과잉기대, 가부장적 가족가치관 등이 맞물린 사회적 문제가 되었고, 과도한 혼수 요구가 이혼의 원인이 되기도 한다(정혜정 외, 2011). 따라서 결혼의례에 대해 사회 전반에 걸친 구조적 관점에서 점검해야 할 것이다.

통계청의 '2024년 사회조사'에 따르면 국민 76.9%가 '결혼식 문화가 과도한 편'이라고 응답했으며, 31.3%가 결혼하지 않는 가장 큰 이유로 '결혼 자금 부족'을 꼽았다. 또한 저출산고령사회위원회의 '결혼 · 출산 · 양육 인식조사'(2024)에 따르면, 결혼할 의향은 있으나 미혼인 이유로는 '자금 문제'가 가장 컸다. 구체적으로 성별로 보면, 남성은 '결혼에 필요한 자금을 더 모은 다음에 하겠다'는 이유가 82.5%로 가장 높았으나, 여성의 경우 '적당한 상대를 아직 만나지 못했기 때문'이라는 이유가 75.5%로 나타나 남녀가 각각 다른 양상을 보였다. 응답자들이 생각한 평균 결혼 자금은 주택자금 2억 4,000만 원, 그 외 비용 7,900만 원 등 총 3억 1,900만 원이다. 이처럼 결혼을 기피하는 가장 큰 이유는 '경제적 이유'라는 것을 알 수 있으며, 특히 여성보다는 남성이 결혼에 대한 부담이 크다는 것을 알 수 있다.

따라서 기존의 제도화된 결혼의례나 결혼준비가 아닌 다양한 대안을 제시하는 등 보다 성 평등한 결혼문화가 자리를 잡아야 할 것이다.

반반 결혼 문화 확산

신한 라이프가 미혼과 기혼 남녀 1,000명을 대상으로 '결혼식 인식조사'를 실시한 결과, 결혼식과 신혼집 마련 비용을 남성이 더 부담해야 한다는 전통적 인식이 여전한 것으로 나타났다. 다만 최근 '반반 결혼(모든 비용을 남녀가 절반씩 부담하는 결혼)' 문화가 확산되면서 젊고 미혼일수록 결혼 비용을 동등하게 부담해야 한다는 인식이 강한 것으로 나타났다.

결혼식과 신혼집 마련 비용을 얼마씩 부담해야 하는지에 대한 질문에는 남성이 비용의 57~59%를, 여성이 40~42%를 부담해야 한다고 응답했다. 즉, 남성이 15~20%p가량 더 많이 부담해야 한다는 것이다.

미혼 남성은 결혼 비용 중 55.8%를 신랑이 부담해야 한다고 답했고 미혼 여성은 57.8%를 신랑 몫이라고 답했다. 최근 젊은 세대를 중심으로 '반반 결혼'이 확산되면서 남성이 주로 비용을 부담해야 한다는 전통적인 인식이 줄어든 것으로 해석된다.
실제로 결혼 총비용은 여성과 남성이 동등하게 부담해야 한다고 답한 응답자가 전체의 절반을 차지했다. 신혼집 역시 동등하게 부담해 마련해야 한다는 의견이 42.6%, 경제적으로 나은 사람이 더 부담해야 한다는 의견이 50%로 대다수를 차지했다.
우리나라의 결혼 문화에 대해서는 응답자의 85.4%가 전반적으로 호화롭고 사치스럽다고 답했다. 가까운 친척과 친구만 결혼식에 초대하는 것이 좋다고 생각하는 사람이 61.6%로 나타났다. 이를 반영하듯이 작은 결혼식에 대해서는 68.7%가 긍정적으로 평가했다.

출처 : 서울경제(2023. 10. 31) 기사에서 발췌.

2) 부모로부터 경제적 · 정서적 독립이 이루어져야 한다

한국리서치(2025) 조사에 의하면, 한국사회에서 성인됨을 판단하는 주 요건으로 '경제적 독립'이나 '자기 결정권'을 우선시하고 있다. 대다수가 '기본적인 생활을 할 수 있는 경제활동을 하는 것'(95%), '부모로부터 영향을 받지 않고 자신이 신념과 가치를 결정하는 것'(94%), '부모로부터 경제적으로 독립하는 것'(92%)이 중요하다고 답했다. 또한 독립의 기준은 '경제적 독립'(65%), '주거지 독립'(21%), '정서적 독립'(14%) 순으로 나타났으며, 경제적 자립을 '반드시 해야 하거나 하는 편이 좋다'고 인식하는 비율은 91%, 정서 독립은 88%, 주거 독립은 81%였다.

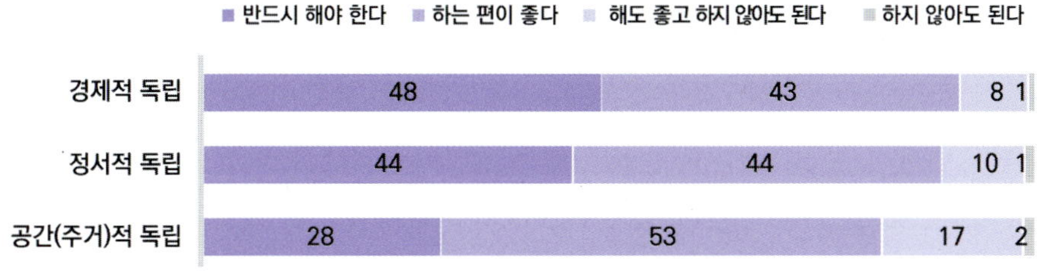

| 그림 4-2 | 독립의 기준(%)

출처 : 한국리서치(2025). 여론속의 여론.

이처럼 스스로의 삶을 결정하기 위하여 경제적 · 정서적 독립은 중요한 요인임을 알 수 있으며, 무엇보다 성숙한 부부는 결혼 후 원가족으로부터 경제적으로 독립한 상태이면서 친밀하고 따뜻한 유대를 가져야 한다. 그러나 부모의 경제적 지원에 의존하면서 정서적으로 독립한다는 것은 어려운 일이다. 특히 여성은 결혼 후 여러 가지 어려움에 직면했을 때 경제적 자립 조건을 갖추지 못하면 남성에게 의존할 수밖에 없고 결혼생활에서 나타나는 다양한 문제에 대응하는 데에 한계가 있다.

3) 전통적인 성역할에서 벗어나야 한다

통계청의 '2024년 사회조사'에 따르면, '우리 부부는 가사를 공평하게 분담하고 있다'는 응답은 2008년만 해도 남편 8.7%, 아내 9%에 불과했는데, 2024년에는 남편 24.4%, 아내 23.3%로 역대 최대치로 상승했다. 아내 연령대별로는 20대 이하가 55.2%로 가장 높았고, 30대(36.8%), 40대(25.2%), 60대(19.5%), 50대(17.5%), 80세 이상(17.1%), 70대(16.6%) 등의 순이었다. 또한 부부간 가사를 공평하게 분담해야 한다고 생각하는 비중은 68.9%로 2년 전보다 4.2%p 상승했다.

한국여성정책연구원이 발간한 '2024년 여성가족패널조사'에 의하면, '남성은 직장을 갖고, 여성은 가정을 돌보는 것이 가장 이상적'이라고 밝힌 비율은 47.1%에서 37.6%로 9.5%p 하락했다. 특히 성별에 따라 역할분업이 명확했던 과거와 달리 여성의 경제활동 참여가 증가하면서 가사노동 분담이 중요한 이슈로 부각되었고, 이러한 현상은 맞벌이 부부에게서 두드러지기 때문이다. 일반적으로 가사노동 분담이 늘어나면 결혼 만족도는 높아지는데, 특히 남성의 양육참여가 여성의 결혼 만족도를 높이고 이것이 결과적으로 남성의 결혼 만족도를 높이는 것으로 나타났다(나경애 · 민경석, 2020).

따라서 여성과 남성을 대상으로 한 성인지 관점을 반영한 부부교육, 부모교육 등의 교육 프로그램을 통하여 보다 평등한 부부역할에 대한 인식과 체계적인 훈련이 필요하다.

4) 결혼에 대한 비현실적인 기대, 환상에서 벗어나야 한다

결혼은 환상이 아닌 현실이라는 말은 결혼이 결코 행복한 관계만은 아님을 의미한다. 그러나 연애기간에 있는 연인들은 서로를 이상화시키고, 낭만적 관계를 설정하는 데 초점이 맞추어져 있으며 추후 문제로 나타날 수 있는 어려움을 회피하려는 경향이 있다.

따라서 결혼하면서 나타나는 일상의 갈등상황을 해결하지 못하면 서로에게 건강하고 평등한 파트너가 될 수 없다.

▮ 영화(머티리얼리스트, 2025)를 통해 본 결혼에 대한 질문 : 상품과 사람의 차이

뉴욕의 결혼정보회사에서 가장 잘 나가는 커플 매니저 루시(다코타 존슨)는 배우 지망생이었던 과거에는 낭만적 사랑의 추종자였지만, 지금은 정반대로 속물적이다. 그녀는 타인을 만나면 언제나 그 사람의 견적을 재기 시작한다. 키와 외모, 학력과 재력, 나이와 직업 등 물질적인 가치로 평가할 수 있는 모든 조건을 줄 세워서 등급을 매기는 게 바로 그녀의 일이니까.
우연히 고객의 결혼식장에서 해리를 만나고, 그가 대시를 해 온 순간 루시의 선택지는 하나밖에 없었다. 그의 고백을 받아주고, 행복한 연애를 즐기다가 결혼식을 올리는 것. 해리는 잘생겼고, 키도 적당히 크고, 억대 연봉을 받는 금융업 종사자이며, 수십억짜리 아파트와 펜트하우스를 가진 데다가, 성격도 매너 있고 돈을 아끼는 구두쇠 기질도 없이 모든 조건이 완벽했다. 그런데 정작 루시는 해리와는 사랑을 느끼지 못한다. 왜냐하면 두 사람은 서로의 조건에 관해서만 관심이 있었기에, 그들의 연애와 결혼이 더 좋은 투자로 이어질 것인지에 관한 이야기로만 가득했다.
그러다 우연히 재회한 전 남자 친구 존에게 더 마음이 열린다. 그 차이는, 그들의 대화 속에는 사람이 존재한다. 존은 한두 마디만 주고받아도 그녀(루시)가 연극에 집중하지 못했고, 직장에서의 사건 때문에 근심과 걱정이 가득하다는 사실을 알아챈다.

그 순간 그녀는 깨닫는다. 물질과 조건은 허상이고, 물질적 조건은 언제든 사라지거나 꾸며낼 수도 있지만 사람은 그렇지 않다는 것.
루시는 모든 조건이 완벽한 해리 대신 존에게 마음의 문을 연다. 사랑과 결혼은 사람 간의 일이지, 잘 들어맞는 조건만으로 이루어지는 게 아니니까.

출처 : 오마이뉴스(2025. 8. 22) 기사에서 재구성.

영화에서 머티리얼스트(materialist)는 '물질주의자'를 의미한다. 물질주의자는 물질적 가치에 지나치게 집중하는 태도를 가지기에 때로는 정신적, 감정적 가치를 등한시하는 경향이 있다.

앞으로 다양성과 존중을 바탕으로 한 결혼제도의 변화는 단순히 결혼 자체에만 국한되지 않을 것이며, 더 나아가 사회 전반의 성평등 실현을 위한 전환점을 만들어야 할 것이다.

생각해 보기

- 성 평등한 결혼을 위해 결혼 전에 파트너와 어떤 논의를 해야 할지 생각해 보자.
- 결혼, 동거, 독신이 선택이라면 선택하기 전에 무엇을 고려해야 할지 생각해 보자.
- 이혼을 다룬 그림책 <따로 따로 행복하게>를 통해 힘들어도 끝까지 함께해야 하는 것인지, 각자의 삶을 살아야 하는지에 대해 논의해 보자.

함께 보기

결혼의 진화 3부(2015. 7. 22). EBS 다큐프라임.

머티리얼리스트(2025). 셀린 송 감독. 미국.

배빗 콜 저. 고정아 역(2025). **따로 따로 행복하게**. 보림.

참고문헌

강은숙(1981). 서울시와 제주시의 미혼남녀의 결혼관에 관한 연구. 고려대학교 대학원 석사학위논문.

경향신문(2023. 4. 16).

고대신문(2024. 11. 24).

고재원(2011). 고학력 남성 미혼자들이 결혼을 늦추는 심리·사회적인 요인 질적 탐색 연구. 성균관대학교 대학원 석사학위논문.

김순남(2010). 남녀의 이혼서사를 통해 본 친밀성과 젠더. **여성학연구, 27**(2). 이화여자대학교 한국여성연구원.

김승권(2003). 저출산의 원인과 안정화 대책. **보건복지포럼, 통권 제86호**, 6-21.

김영화 외(2013). **현대사회와 여성복지**. 양서원.

김혜경 외(2019). **가족복지론**. 공동체.

나경애·민경석(2020). 아버지의 양육참여, 어머니의 결혼만족도, 아버지의 결혼만족도 간의 종단적 상호관계. **한국가족복지학회지, 25**(3), 291-306.

동아일보(2013. 12. 27).

매일경제(2017. 7. 18).

박민자(2003). 현대의 가족사회학 : 이론적 관점과 쟁점. 사회와 이론, 2, 293-325.
박복순·박선영·김정혜·정다은·성정숙(2019). 여성·가족관련 법제의 실효성 제고를 위한 연구(VII) : 가족의 다양화에 따른 법적 대응. 한국여성정책연구원 연구보고서, 7.
박수선(2020). 생존분석을 활용한 여성의 이혼선택 요인에 관한 연구. 숭실대학교 대학원 박사학위논문.
서울경제(2023. 10. 31).
선안남(2009). 심리학, 사랑에 빠지다. 스타북스.
세계일보(2025. 3. 22).
송효진(2025). 가족 다양성의 존중을 위한 정책·제도적 과제. 한국여성정책개발원. 젠더리뷰, 76, 2025년 봄호.
시사저널(2016. 10. 21).
신희천 외(2009). 부부, 연인보다 아름답게 사는 법. 학지사.
여성가족부(2023). 2023년 가족실태조사.
_________(2024). 2024년 전국 다문화 가족실태조사.
_________(2025). 2025년 통계로 보는 남녀의 삶.
오마이뉴스(2017. 11. 27).
원영희(2006). 줄어드는 결혼. 늘어나는 이혼. 보건복지 포럼, 제115호, 44-56.
은기수(1995).결혼으로 이행에 있어서 연령규범과 순서규범. 한국인구학회지, 18(1), 89-117.
이기숙 외(2010). 결혼의 기술. 신정.
이원숙(2005). 가족복지론. 학지사.
이종한·이윤희(2000). 이혼제도와 실태. 한국심리학회지 : 여성, 5(2), 59-83.
인구보건복지협회 인구연구소(2024). 제2차 국민인구행태조사.
장온정(2024). 비혼 청년남녀의 사회갈등 인식과 미래사회 위험 인식이 결혼의향에 미치는 영향. 한국가족관계학회지, 29(4), 3-27.
정혜정 외(2011). 가족과 젠더. 신정.
최선영(2021). 한국보건사회연구원. 비혼의 확산과 불완전한 젠더혁명. 제26회 인구포럼.
통계청(2023). 사회조사로 살펴본 청년의 의식변화.
______(2024). 2024년 사회조사.
______(2024). 혼인·이혼 통계.
______(2024). 한국의 사회동향.
한국가정법률상담소(2024). 2024년도 상담통계.

한국리서치(2025). 여론속의 여론.

한국여성정책연구원(2024). 2024 여성가족패널조사.

홍성희(2020). 20－30대 남녀의 결혼제도 인식과 결혼의향. **한국가족자원경영학회지**, 24(1), 1－19.

Hiekel, N., Liefbroer, A. C., & Poortman, A－R.(2014). Understanding diversity in the meaning of cohabitation across Europe. *European Journal of Population, 2*, 113－133.

Price S. J., & P. C. McKenry(1988). *Divorce Family Studies Text Series 9*. Beverly Hills, CA : Sage Publications, Inc.

Prinz, C.(1995). *Cohabiting, married, or single : Portraying, analyzing and modeling new living arrangements in the changing societies of Europe*. Aldershot : Avebury.

제 5 장

젠더와 가족

제5장 젠더와 가족

엄마, 나는 가족이 뭔지 모르겠어. 부모가 무엇이고 자식이 무엇인지 모르겠어. 사람들 모두 가족이 소중하다, 소중하다 하는데 그게 무슨 의미인지 모르겠어. 어떤 때는 낯선 사람이 훨씬 더 내게 사랑스럽고 날 더 이해하는 게 느껴져.

-공지영. <즐거운 나의 집> 중에서-

1. 가족의 변화

1) 가족구조의 변화

지난 수십 년간 한국의 가족은 다른 사회집단과 마찬가지로 급격한 변화를 겪어 왔다. 저출생・고령화・만혼화 등 인구학적 변동에 따르는 가족의 형태, 기능, 가치관의 변화는 남성 생계 부양자의 지위 약화와 가족 내 여성 지위의 상승 및 돌봄의 사회적 책임에 대한 관심을 유도하며, 1인 가구의 증대와 다문화가족의 증가 등 이러한 변화는 우리 가족의 현주소를 복잡하게 하고 있다. 한국사회 가족의 형태와 기능은 급속히 변화하고 있다. 특히 최근 수십 년간 혼인율 하락, 저출생, 이혼과 재혼의 일상화, 가족 가치관 변화 등은 한국사회가 더 이상 전통적 핵가족 중심 체계로 설명될 수 없음을 보여준다. 아울러 최근에는 코로나19 팬데믹과 같은 감염병 확산, 전쟁과 난민, 이주, 양극화 등 국제사회의 다양한 위기로부터 가족은 많은 영향을 받을 수밖에 없다는 것을 체감하고 있다.

한국 가족의 복합성과 이질성은 증가하였다. 전통적으로 혈연 중심의 가부장적인 가족주의에 익숙했던 한국사회 구성원들은 짧은 기간 동안의 급작스러운 경험에 혼란스러워하고 있다. 다양한 변화를 어떻게 효과적으로 수용해야 하며, 과연 이 변화에 어떻게 적응해야 하는가? 가족의 변화 내용과 특성을 다음과 같이 살펴볼 수 있다.

(1) 만혼화와 고령자 가구의 증가

최근 한국 가족의 주된 변화 양상인 혼인 연령의 만혼화와 고령화에 따르는 노인 가구의 증가에 대해 살펴볼 필요성이 있다. '인구동향조사(2024)'에 따르면 혼인 건수는 장기간 감소하다가 2024년에 일시적으로 반등했지만,[1] 전반적 추세는 줄어드는 방향성을 보인다. 초혼 연령은 계속 늦어져, 남자 평균 33.9세, 여자 31.6세(2024년)로 과거보다 5~6세 이상 상승하였다. 국제결혼도 큰 폭으로 늘어났다. 외국인과의 혼인은 2만 1천 건으로 전년대비 1천 건(5.3%) 증가했다.

가족 구성원으로서의 역할과 이익보다는 개인의 자아성취와 개인의 이익을 우선시하는 개인주의적 가치관이 보편화되면서 일정한 연령이 되면 반드시 결혼하여야 한다는 보편적 결혼관이 약화되고, 비혼 상태의 기간이 길어지며 결혼보다 비혼이나 동거를 선택하는 등의 유연적인 가치관이 더욱 확산되고 있다.

통계청의 '장래인구추계(2022~2072)'에 따르면 15~64세 생산연령인구 비중은 감소(71.1%→45.8%), 65세 이상 고령인구 비중은 증가(17.4%→47.7%), 0~14세 유소년인구 비중은 감소(11.5%→6.6%)할 전망이다. 기대수명의 증가로 고령

1) 통계청은 인구구조와 결혼 인식의 변화, 코로나19 시기 감소했던 결혼 건수에 대한 기저효과 등이 영향을 미친 결과라고 설명하였다(2024 인구동향조사 발표자료).

인구는 2022년 898만 명에서 2025년에 1,000만 명을 넘고, 2072년에는 1,727만 명까지 증가할 전망이다. 유소년인구 1백 명당 고령인구(노령화지수)는 2022년 151.0명에서, 2072년 726.8명으로 4.8배 증가할 전망이다.

한편 통계청의 '2024 고령자 통계'에 따르면 2024년 65세 이상 고령인구는 우리나라 전체 인구의 19.2%로, 향후 계속 증가하여 2025년에 20%, 2036년에 30%, 2050년에는 40%를 넘어설 것으로 전망된다. 2024년 고령인구 비중을 성별로 보면, 여자 21.5%, 남자 17.0%로 여자의 고령인구 비중이 남자보다 4.5%p 높았다.

〈표 5-1〉 고령자 가구

(단위 : 천 가구, %)

연도	고령자 가구	1인 가구						
			비중	성별		연령대별		
				남자	여자	65~69세	70~79세	80세 이상
2015	3,720	1,223	32.9	24.4	75.6	25.6	48.8	25.6
2016	3,867	1,294	33.5	25.1	74.9	26.0	47.5	26.5
2017	4,065	1,371	33.7	26.0	74.0	26.2	46.9	26.8
2018	4,238	1,445	34.1	26.6	73.4	26.0	46.4	27.6
2019	4,458	1,533	34.4	27.4	72.6	26.2	45.4	28.4
2020	4,732	1,661	35.1	28.1	71.9	27.6	44.1	28.3
2021	5,016	1,824	36.4	29.1	70.9	29.0	42.3	28.7
2022	5,332	1,973	37.0	29.8	70.2	29.3	41.0	29.8
2023	5,655	2,138	37.8	31.0	69.0	30.1	40.3	29.6

출처 : 통계청. 인구주택총조사. 각 년도.

2023년 가구주 연령이 65세 이상인 고령자 가구는 565만 5천 가구이며, 이 중 37.8%인 213만 8천 가구는 혼자 사는 것으로 나타났다. 고령자 가구는 계속 증가하는 추세이며, 고령자 가구 중 혼자 사는 고령자 가구의 비중도 2015년 이후 계속 증가 추세이다. 혼자 사는 고령자 가구의 성별 비중은 2023년 기준 여자가 남자의 2.2배 수준에 이른다.

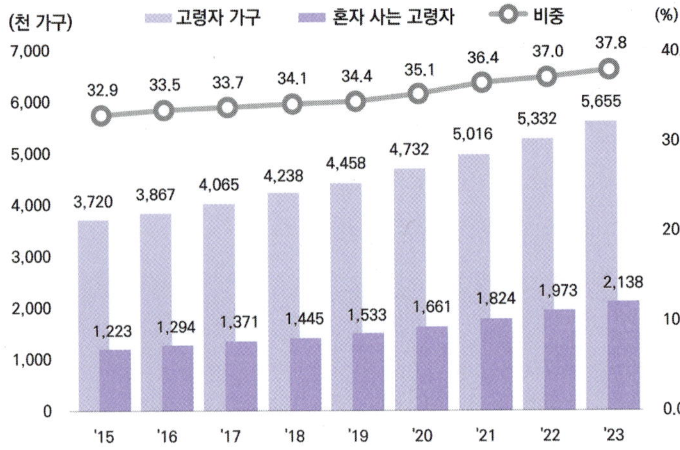

| 그림 5-1 | 고령자 가구

출처 : 통계청. 인구주택총조사. 각 년도.

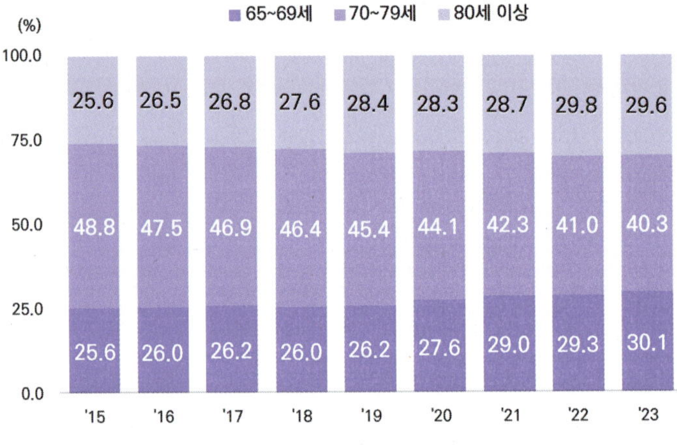

| 그림 5-2 | 연령대별 혼자 사는 고령자 가구 비중

출처 : 통계청. 인구주택총조사. 각 년도.

2023년 '노인실태조사'에 따르면 노인들의 가구형태는 부부가구(55.2%), 1인 가구(32.8%), 자녀동거 가구(10.3%) 순으로, 1인 가구(독거노인) 비율이 2020년 조사 대비 급증(13.0%p↑)하고 자녀와 동거하는 가구는 감소(2020년 20.1% → 2023년 10.3%)했다. 이에 따라 평균 가구원 수가 2.0명→1.8명으로 감소하였다.

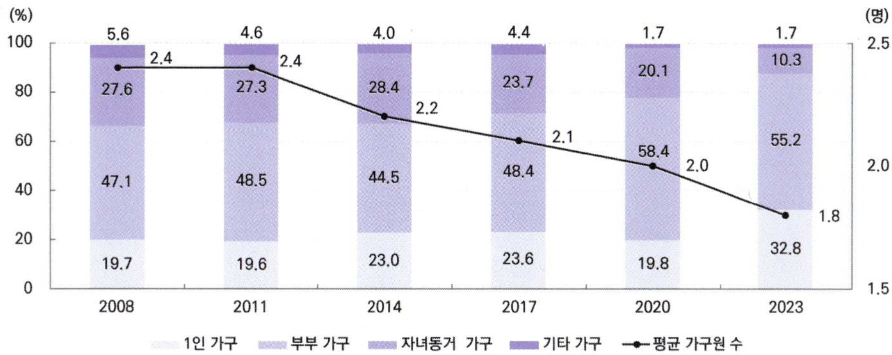

| 그림 5-3 | 고령자 가구 형태 및 평균 가구원 수

출처 : 보건복지부(2023). 노인실태조사.

▌노인 가구 및 노인 1인 가구 증가 추계

- 노인 가구(65세 이상) 비율(%)
  전국 11.9(2000) → 17.8(2010) → 24.0(2020) → 35.4(2030) → 40.5(2035)

- 노인 1인 가구 비율(%)
  전국 25.4(2010) → 29.7(2020) → 39.8(2030) → 45.0(2035)

출처 : 통계청(2023). 장래가구추계(2022~2052).

현재 우리 사회의 부모 부양에 대한 견해는 변화를 경험하고 있다. 부모 부양에 대해 가족과 정부, 사회 모두가 책임을 져야 한다고 생각하는 것으로 '2024년 사회조사'를 통하여 조사되었다. 부모의 노후 생계는 가족은 물론 정부와 사회가 함께 돌보아야 한다는 견해가 60.3%로 가장 많고, 다음이 가족으로 18.2%로서, 부모의 노후를 가족이 돌보아야 한다는 생각은 지속적으로 감소하고 있다. 2008년 가족이 부모의 노후를 돌보아야 한다는 생각이 40.7%였으므로 무려 2.5%p 감소한 것이다. 반면 부모 부양은 스스로 해결해야 한다는 생각은 계속 증가 추세로, 2008년 11.9%에서 2024년 16.4%로 크게 상승하였다.

노인돌봄을 가족 내에서 담당해야 한다고 생각했던 가족부양관의 변화와 함께 노인 가구 및 노인 1인 가구의 증가로 인해 노인돌봄의 제공 주체와 역할정립 등에 관한 이슈 제기가 더욱 활발해질 것으로 예상된다.

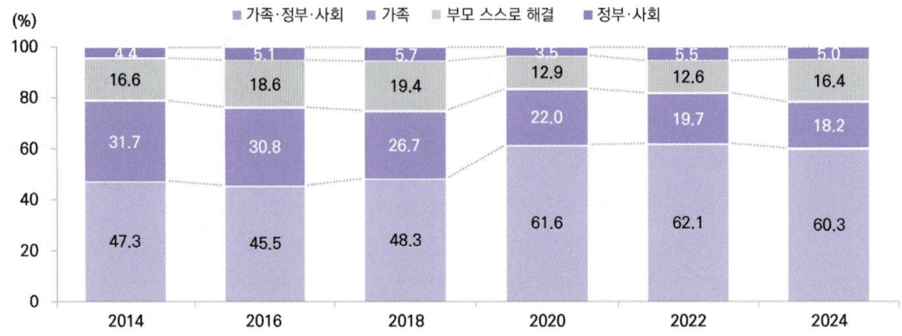

| 그림 5-4 | 연도별 부모 부양에 대한 견해

출처 : 통계청(2024). 2024년 사회조사.

(2) 여성 1인 가구와 여성가구주 가구의 증가

통계청의 '2024년 인구주택총조사(등록센서스 방식)'에 따르면, 2024년 11월 기준 총가구는 2,300만 가구로 전년 대비 1.2%(27만 가구) 증가하였다. 일반가구 중 1인 · 2인 가구는 65.1%(1,452만 가구), 평균 가구원 수는 2.19명이다. 주된 가구 유형은 1인 가구로 804만 가구(36.1%)이다. 이는 전년과 비교하였을 때 2.8% 증가하였으며, 2015년 대비 1.5배 증가한 수치이다. 최근 한국사회의 가구구조는 1인 가구가 가장 보편적인 가구 형태로 자리 잡았는데, 이들의 증가는 새로운 사회 · 경제적 취약계층의 등장을 의미한다. 이들은 다인 가구에 비해 고용, 소득, 자산, 주거 등 삶의 전반적인 기반이 매우 불안정한 것으로 예측된다.

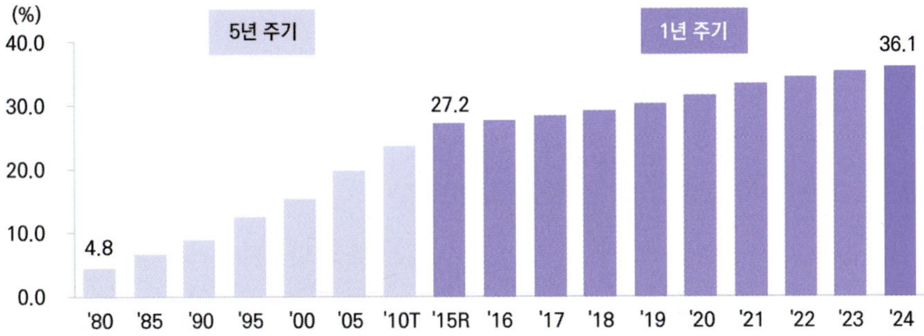

| 그림 5-5 | 연도별 1인 가구 구성비(2018~2024)

* 전통적 방식 : 2010년 T(Traditional)
* 등록센서스 방식 : 2015년 R(Register-based)
출처 : 통계청(2024). 2024년 인구주택총조사.

우리나라 총 1인 가구 중 여성 1인 가구는 전체 가구의 50.43%에 해당하는 272만 2천 가구를 차지한다. 연령별 특성을 살펴보면, 2024년 여성 1인 가구는 60세 이상(60대 이상 및 70대 및 80세 이상)이 전체 여성 1인 가구의 46.7%를 차지한다. 인구 고령화에 따라 향후에도 여성 1인 가구의 연령대별 분포는 젊은 층은 지속적으로 감소하고 60~70세 이상은 가파르게 증가하는 특성을 가질 것으로 예상된다. 상대적으로 경제, 복지, 건강, 안전 등에서 취약한 고령화된 여성 1인 가구를 위한 정책적 지원이 요구된다.

〈표 5-2〉 성별 · 연령대별 1인 가구 구성비 (단위 : %)

구분	20세 미만	20대	30대	40대	50대	60대	70대	80세 이상	계
여성	0.6	17.1	13.1	9.0	12.6	18.7	15.6	13.3	100
남성	0.5	17.2	21.8	15.6	17.7	16.5	7.3	3.3	100

출처 : 여성가족부(2024). 2024 통계로 보는 남녀의 삶.

한편 2024년 우리나라 여성가구주 가구는 765만 1천 가구로 전체 가구의 34.7%를 차지하고 있으며, 이는 2010년 대비 8.6%p 증가한 수치이다. '여성가구'는 가구의 생계를 책임지고 있으며, 사실상 생계유지를 위한 비용(의식주 지출 등)을 조달하고 있는 사람이 '여성'인 가구이다. 배우자가 없는 경우뿐만 아니라, 배우자가 있음에도 사실상 생계를 책임지는 경우는 여성가구주에 해당한다. 현재 여성가구주 가구가 이미 10가구 중 3가구를 넘어섰으며, 향후 비혼화, 고령화 등으로 더욱 더 증가할 것으로 전망된다. 여성가구주들은 남성가구주에 비해 취업률, 소득 등이 낮은 수준으로 경제적 어려움에 처할 가능성이 높을 뿐만 아니라 남성에 비해 취약한 노후를 맞이할 가능성이 크다. 따라서 상대적으로 가구빈곤 위기에 놓인 여성가구주를 위한 실질적인 고용 및 소득 보장에 대한 대책이 필요하다.

▌여성가구주 비율 현황 및 전망

- 여성가구주 가구 규모(가구) : (2010) 456만 8천 → (2024) 765만 1천
- 장래인구추계에 따르면 2052년까지 여성가구주(966만 가구)는 향후 2024년 기준 약 1.3배 증가

출처 : 여성가족부(2024). 2024 통계로 보는 남녀의 삶; 통계청(2023). 장래가구추계(2022~2052).

우리나라 총 1인 가구 중 여성 1인 가구는 전체 가구의 50.43%에 해당하는 272만 2천 가구를 차지한다. 연령별 특성을 살펴보면, 2016년 60세 이상이 전체 여성 1인 가구의 44.1%를 차지한다. 인구 고령화에 따라 향후에도 여성 1인 가구의 연령대별 분포는 젊은 층은 지속적으로 감소하고 60~70세 이상은 가파르게 증가하는 특성을 가질 것으로 예상된다. 상대적으로 경제, 복지, 건강, 안전 등에서 취약한 고령화된 여성 1인 가구를 위한 정책적 지원이 요구된다.

2) 가족주기의 변화

가족주기(family life cycle)는 부부의 결혼으로부터 가족이 형성되어 사망으로 소멸되기까지의 일련의 경로로서 새로운 가족을 형성하고 자녀를 출산하여 양육・교육하면서 가족이 확대되고, 자녀가 성장한 후 각자 독립하면서 가족이 축소되며, 부부가 사망함으로써 소멸되는 변화 과정을 의미한다(Duvall, 1980; 유영주 외, 2022; 최규련, 2014).

개별 가족의 발달단계를 보면 가족주기의 각 단계마다 그 구조나 기능에 있어 공통된 변화가 나타날 수 있다. 부부의 결혼, 자녀의 수와 그 출생 간격, 자녀의 결혼 또는 별거, 부부의 사망 연령 등이 가족주기의 형태를 결정하는 요소가 될 수 있다.

가족주기는 부부의 결혼으로부터 자녀가 성장하는 시기인 '확대기'와 자녀들이 성장하여 가족을 떠나 독립하거나 자신의 가족을 갖게 되는 시기부터 부모세대의 배우자 중 하나 또는 부부 모두 사망하는 시기까지의 '축소기'로 크게 구분할 수 있다.

가장 광범위하게 적용되는 분류체계로서 듀발(Duvall, 1980)의 이론을 살펴볼 수 있다. 이는 매우 세부적인 분류체계로서 첫 자녀의 연령을 기준으로 ① 신혼기(결혼~자녀 출산 전), ② 자녀 출산 및 영아기 자녀기(첫 자녀 출산~30개월), ③ 유아기 자녀기(첫 자녀 2.5~6세), ④ 학동기 자녀기(첫 자녀 6~13세), ⑤ 10대 자녀기(첫 자녀 13~20세), ⑥ 진수기(첫 자녀 독립~막내아이 독립 전), ⑦ 중년기(부부만이 남아 은퇴하기 전), ⑧ 노년기(은퇴 후~사망)로 모두 8단계로 구성된다. 한편 유영주 등(2022)은 우리나라의 특성을 고려한 한국형 가족주기로서 ① 형성기, ② 자녀 출산 및 양육기, ③ 자녀 교육기, ④ 자녀 성년기, ⑤ 자녀 결혼기, ⑥ 노년기 등 6단계로 구분한 바 있다.

최근 우리 사회의 가족주기 변화를 여성의 관점에서 접근하면 다음과 같은 특성으로 정리할 수 있다. 수명 연장에 따르는 가족주기의 전 기간은 길어지고 있으며, 결혼에서부터 자녀 출산 완료에 이르기까지의 가족 형성 및 확대기는 초혼연령의 상승(만혼화)과 출생률 저하와 출산 간격의 단축 등으로 매우 단축되고 있다.

반면 자녀 출산 완료 이후 자녀 독립이 시작될 때까지의 자녀 양육 및 교육기는 길어지고 있다. 이 시기는 자녀 양육 및 교육기에 해당되며 가족확대가 완료되는 시기로서 현재 그 기간은 점점 길어지고 있다. 이는 자녀 출산 기간이 단축되었으나 평균 학력 수준이 상승하면서 자녀를 교육하는 기간이 늘어나고 또한 사회경제적 여건으로 취업연령과 결혼연령이 과거에 비해 늦어졌기 때문이다(최규련, 2014 : 40).

자녀 결혼 이후 남편의 사망을 거쳐 부인의 사망에 이르기까지의 축소 완료 및 가족해체기가 길어지고 있다. 이는 자녀 수의 감소와 평균수명의 연장에 의한 결과이다. 그러므로 자녀 독립 이후 부부 관계의 적응과 재정비가 필요하다. 만일 자녀 교육이나 혼인 등에 대한 과도한 투자가 발생한 경우, 노후 기간 동안에 필요한 노후대책이 부실해질 수 있으며, 공적인 부양체계마저 없는 불안한 상황에서는 노인 부양을 둘러싼 세대 간의 갈등과 가족 구성원들의 부담이 더욱 가중될 것이다.

지금까지 살펴본 가족 주기와 관련된 내용은 핵가족을 중심으로 접근하고 있다는 한계점이 있다. 따라서 무자녀가족, 한부모가족, 재혼가족, 조손가족 등 우리 사회의 다양한 가족에 적용하기 위한 지속적인 논의가 요구된다.

3) 가족 가치 및 의식의 변화

(1) 가족 형성 방식의 유연성 증가

결혼을 해야 어른이 된다는 건 오랜 기간 한국사회의 통념으로 자리 잡고 있었다. 결혼, 출산, 양육으로 이어지는 생애주기가 삶의 매뉴얼처럼 제시되었고, 혈연을 토대로 하는 부모와 자녀로 이루어진 가족만이 정상가족으로 인식되어 왔다. 그러나 우리 사회 구성원의 가족 형성에 관한 의식에 주목해 보면 많은 변화를 체감할 수 있다.

'2024년 사회조사' 결과를 살펴보면 남녀가 결혼을 하지 않더라도 함께 살 수 있다고 생각하는 비중은 67.4%로 2년 전보다 2.2%p 증가하였으며, 이는 2012년(45.9%) 이후 계속 증가하고 있다. 결혼하지 않고도 자녀를 가질 수 있다고 생각하는 비중은 37.2%로, 2년 전보다 2.5%p 증가했으며, 2012년(22.4%) 이후 계속 증가하고 있다. 동거, 혼외 출산 등 다양한 형태의 삶의 방식에 대한 사회적 수용성이 높아지고 있음을 알 수 있다.

결혼관의 변화

- 결혼을 해야 한다고 생각한다
  (2014) 56.8% → (2016) 51.8 %→ (2018) 48.1% → (2020) 51.2% → (2022) 50.0% → (2024) 52.5%
- 남녀가 결혼을 하지 않더라도 함께 살 수 있다
  (2014) 46.6% → (2016) 48.0% → (2018) 56.4% → (2020) 59.7% → (2022) 65.2% → (2024) 67.4%
- 결혼하지 않고도 자녀를 가질 수 있다고 생각한다
  (2014) 22.5% → (2016) 24.2% → (2018) 30.3% → (2020) 30.7% → (2022) 34.7% → (2024) 37.2%

출처 : 통계청(2024). 2024년 사회조사.

2024년 여성가족부가 발표한 '2023년 가족실태조사' 결과를 통하여 삶의 방식과 가족에 대한 가치관이 변화하고 있음을 알 수 있다. '결혼하지 않고 독신으로 사는 것' 47.4%, '이혼(재혼)하는 것' 47.2%, '결혼하지 않고 남녀가 함께 사는 것' 39.1%, '결혼하고 아이를 낳지 않는 것'은 34.6%가 동의한다고 응답하였다. 응답자 동의 비율이 가장 높은 '결혼하지 않고 독신으로 사는 것'의 경우는 2020년 34.0%에서 2023년 47.4%로 증가한 것이다.

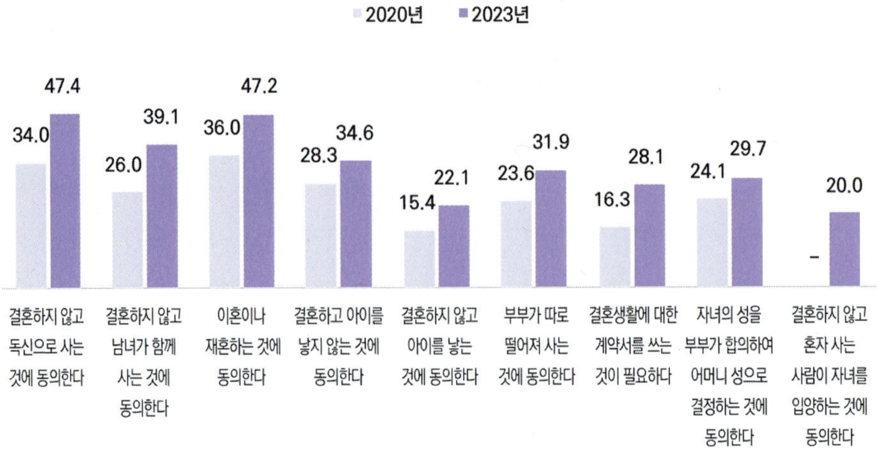

| 그림 5-6 | 삶의 방식과 가족 가치관에 대한 생각 - 동의 비율(2020년, 2023년)(%)

출처 : 여성가족부(2024). 2023년 가족실태조사.

한편 혼인상태를 묻는 질문에 대하여 전체 응답자 중 '배우자가 있다'는 57.9%, '미혼' 29.7%, '사별' 7.9%, '별거 · 이혼' 4.5% 등이며, 유배우자 중 혼인신고를 하지 않은 응답자는 1.2%였다. 비혼 동거 사유, 즉 혼인신고를 하지 않은 사유는 '살아 보면서 상대에 대한 확신을 가지려고'(28.0%), '경제적인 이유'(25.7%), '결혼 제도나 규범에 얽매이지 않으려고'(22.6%) 순이었다.

〈표 5-3〉 동거 사유(성별, 연령별) (단위 : %)

구 분		아직 결혼 하기에 이르다고 생각해서	기혼이면 취업에 불이익이 있을까봐	경제적인 이유로	재산 상속 등의 이유로	살아 보면서 상대에 대한 확신을 가지려고	결혼 제도나 규범에 얽매이지 않으려고	가족이 반대 해서	기타	계
전 체		13.5	0.9	25.7	1.6	28.0	22.6	6.1	1.6	100.0
성별	남 성	14.5	–	26.4	2.3	28.9	19.4	6.9	1.6	100.0
	여 성	12.3	1.9	25.0	0.8	27.0	26.2	5.3	1.6	100.0

연령	30세 미만	20.3	-	20.1	-	41.1	15.6	2.9	-	100.0
	30세 이상 ~40세 미만	21.0	1.6	34.1	-	28.1	14.5	-	0.6	100.0
	40세 이상 ~50세 미만	2.2	2.6	24.1	-	17.4	34.9	16.1	2.6	100.0
	50세 이상 ~60세 미만	2.8	-	17.4	5.2	30.0	35.2	9.3	-	100.0
	60세 이상 ~70세 미만	-	-	35.3	2.1	11.5	51.2	-	-	100.0
	70세 이상	1.7	-	17.3	12.3	6.9	18.4	28.8	14.6	100.0

출처 : 여성가족부(2024). 2023년 가족실태조사.

최근 가족 구성원으로서의 역할과 이익보다는 개인의 자아성취와 개인의 이익을 우선시하는 개인주의적 가치관이 보편화되면서 일정한 연령이 되면 반드시 결혼하여야 한다는 보편적 결혼관이 약화되고, 미혼 기간이 길어지고 결혼보다 독신이나 동거를 선택하는 등의 유연적인 결혼관이 더욱 확산될 것이다.

(2) 가사 공평 분담 실태 및 변화

오랜 기간 성역할 고정관념에 의해 남성에게는 가족의 생계를, 여성에게는 가사노동과 자녀양육을 담당하는 역할이 기대되어 왔다. 그러나 최근 우리 사회는 여성의 고학력화 현상 및 경제활동의 증가라는 사회적 변화를 경험하고 있다. 한국의 복지체계는 오랜 기간 가족 의존적 성격을 강하게 띠었고, 사회안전망은 실질적으로 부재했다. 그 대신 가족의 보호와 돌봄의 요구는 여성의 부담과 희생으로 해결하는 경향이 있다. 따라서 여성의 사회활동의 증가와 맞벌이 가족의 증가는 가족의 전통적인 방식의 돌봄 기능을 약화시킨다. 이로 인한 가족 보호 기능의 약화는 역할 분담을 둘러싼 구성원들 간의 갈등과 대립 상태를 심화시킬 수 있다. 나아가 보편적인 가족지원 정책뿐만 아니라 성 평등한 사회로의 변화에 대한 요구를 확산시킨다.

여성가족부의 '2025 통계로 보는 남녀의 삶'에 따르면 2024년 18세 미만 자녀를 둔 맞벌이 가구는 58.5%로 2015년 대비 11.3%p 증가하였다. 이러한 변화를 반영하듯 2023년 육아휴직급여 수급자 12만 6천 명 중 남성 비율은 28.0%로 2015년 대비 5배 증가하였다. 2023년 일과 가정생활의 균형이 중요하다는 인식은 남녀(43.9%, 51.9%) 모두 2017년 대비 증가, 남성의 증가폭(4.9%p)이 여성(3.5%p)보다 높게 나타났다. 남성의 가사·돌봄 참여 욕구가 증가하고 있음을 짐작할 수 있다.

한편 '2024년 사회조사'에 따르면 가사를 공평하게 분담해야 한다고 생각하는 비중은 68.9%로 2022년보다 4.2%p 증가하였다. 반면 아내가 주도해야 한다고 생각하는 비중은 29.0%로 4.3%p 감소하였다. 이는 가족 내 역할에 대한 인식에서 가족부양과 가사노동에 대한 전통적인 성별 역할 고정관념이 다소 약화되는 경향으로 파악될 수 있다.

〈표 5-4〉 가사 분담에 대한 견해 (단위 : %)

구분	계	아내가 주도	아내가 전적으로 책임	아내가 주로 하지만 남편도 분담	공평하게 분담	남편이 주도	남편이 주로 하지만 아내도 분담	남편이 전적으로 책임
2022년	100.0	33.3	3.0	30.3	64.7	2.0	1.6	0.4
2024년	100.0	29.0	2.9	26.1	68.9	2.1	1.5	0.6
남자	100.0	33.7	3.6	30.1	64.2	2.0	1.5	0.5
여자	100.0	24.3	2.1	22.1	73.6	2.2	1.4	0.7

출처 : 통계청(2024). 2024년 사회조사.

남성의 가사노동 분담에 대한 견해와 실천 사이에는 큰 격차가 존재하고 있다. 다만, 연령대별로는 차이가 발견된다. 부부의 가사 수행 현실을 살펴보면 중장년층과 고령층의 경우 가사노동을 '아내'가 하는 비율이 높았다. 반면 연령층이 낮을수록 가사를 평등하게 분담하는 양상을 보인다. 20대 이하 부부의 경우 과반수 이상이 가사를 공평하게 분담하고 있었다. 이들 세대는 '남편과 아내가 똑같이' 가사를 수행하는 비율(20대 56.4%, 30대 44.1%)이 50대 이상 부부의 2.5배 이상 수준으로 높아 세대에 따른 변화를 발견할 수 있다.

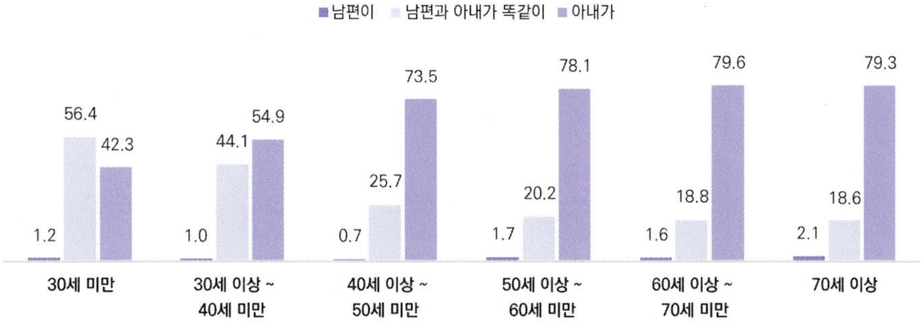

| 그림 5-7 | 연령대별 부부의 시장보기 · 식사준비 · 청소 등 가사노동 실태(%)

출처 : 여성가족부(2024). 2023년 가족실태조사.

2. 가족에 대한 관점

1) 기능주의 관점

기능주의의 대표적인 학자 파슨즈(Parsons)는 사회질서를 유지하는 데 가족의 역할이 중요하다고 보았다(캐서린 알렌 · 안젤라 핸더슨, 2021). 특히 핵가족을 현대사회에서 특정의 구체화된 역할을 수행하는 제도로 파악했다. 산업화가 진행됨에 따라 가족의 기능이 경제 생산 단위로서의 비중은 점차 줄어든 반면, 자녀 출산, 양육, 사회화의 기능으로 축소되었음에 주목했다.

파슨즈는 가족의 기능에 대해 일차적 사회화 기능과 인격 형성 기능으로 규정하였는데, 전자는 소속된 사회의 문화적 규범을 학습하는 과정을 말하며, 후자는 가족 구성원을 정서적으로 도울 때 발휘되는 역할로서 성인 남녀 간의 결혼을 통해 서로 지지하고 정서적으로 배려해 주는 것을 가리킨다.

그는 핵가족을 산업사회의 요구에 가장 적합한 가족 단위로 규정하며, 전형적인 성역할 분업을 통해 기능한다고 파악했다. 생계부양을 담당하는 남편의 역할을 '도구적 역할(instrumental role)'로, 가정 안에서 가족 구성원을 보살피는 아내의 정서적 역할을 '표현적 역할(expressive role)'로 정의했다(Parsons & Bales, 1955).

이러한 분석은 페미니스트들로부터 가족 내 남녀 간의 성별 역할분업을 당연하고 자연스러운 것으로 전제하고 정당화한다는 비판을 받는다. 기능주의적 관점은 핵가족을 보편적 가족의 형태로 해석하며 핵가족의 모델을 벗어난 다른 형태의 가족이 존재할 수 있음에 대해 전혀 고려하지 않았다. 또한 백인, 중산층으로서 대표되는 '이상적인' 가족의 기준에 벗어나는 다른 형태의 가족을 비정상이며 일탈적 형태로 규정하여 많은 도전을 받았다(Giddens, 2018).

2) 여성주의적 접근

여성주의적 접근은 가족 내부 여성의 경험을 중요시한다. 과연 가족이 구성원 모두의 이해와 상호 협력에 바탕을 둔 공동체인가에 대한 질문으로부터 출발한다. 가족 내 불평등한 권력관계, 가족 안에서 발생하는 폭력, 양육 및 가사노동 등 돌봄의 문제 등에 주목한다. 가족 구성원 모두에게 가정은 동등한 안식처의 역할을 하지 못한다고 비판한다. 오히려 여성에게 가정은 일터에서 지쳐 돌아온 남편을 위한 끊임없는 보살핌과 서비스를 제공하는 곳이라고 파악했다.

여성주의자들은 가족의 형태와 경험이 사회적 지위에 따라, 문화에 따라, 인종과 민족에 따라 다르다고 보았다. 동시에 전형적인 가족 개념은 관념적으로 만들어진 허구로서 이데올로기적인 측면이 강하다고 보았다. 가족의 구성 형태와 경험이 다양하기 때문에 가족의 개념을 정의하는 것 자체가 쟁점이 될 수 있다고 평가했다(Thorne & Yalom, 1991).

기틴스(Gittins)에 따르면, 가족은 가장의 권위와 권력을 전제로 하는 불평등한 제도이다. 남성, 특히 가장의 나머지 가족 구성원에 대한 지배 관념인 가부장제를 전제로 하고 있다. 따라서 남성과 여성 사이의, 남성과 어린이 사이의 권력관계가 행사되고 있으며, 가족 중심에는 성별과 연령을 토대로 하는 차별이 이데올로기로서 자리 잡고 있다. 한편 가족의 다양한 변화 현상을 가족의 위기로 치부한다면 가족 형태의 다양성을 부정하는 오류를 범할 수 있다고 보았다. 그는 저서 『가족은 없다』를 통해 우리들이 생각하는 전형적인 의미의 '가족(the family)'이란 지배집단이 부여한 이데올로기적 굴레임을 분석한다. 따라서 이상적인 '가족(the family)'은 없으며, 가족이라는 것은 이데올로기만 있고 실제로는 다양한 삶의 방식으로 '가족들(families)'이 있을 뿐이라고 보았다(Gittins, 1997 : 244－245).

3) 새로운 접근

가족을 바라보는 새로운 시선으로, 울리히 벡과 엘리자베트 벡 게른스하임(Beck & Beck－Gernsheim)이 『장거리 사랑』에서 제시한 '세계가족'에 주목할 필요가 있다. 그들은 이주가 보편화된 시대, 급변하는 지구촌의 가족상을 포괄하는 단어로 '세계가족'을 제시했다. 세계 사회가 기존의 가족 틀 안으로 들어오면서 가족의 테두리가 불분명해졌으며 초국적 기업, 초국적 국가와 마찬가지로 초국적 가족이 등장하고 있다는 분석이다. 특히 그들은 '결혼이주'와 '가사노동 여성의 이주'에 주목했는데, '결혼이주'는 부유한 나라와 가난한 지역 간의 간극이 존재하고 있기 때문에 벌어지고 있으며 '가사노동 이주여성'은 자유롭게 선택해 떠난다기보다는 상황의 강요, 즉 변화된 세계질서 안에서 살아남기 위해 떠난다는 점을 강조했다.

이러한 현상 속에서 '세계가족'은 사랑하는 사람과 멀리 떨어져 살 수밖에 없는 사람들을 일컫는 말로서 이제는 사랑하는 사람들이 모두 한 장소에 모여 살고, 한 언어를 사용하고, 같은 국적이라고 생각해 온 것의 변화가 필요함을 제시했다.

한편 결혼 · 혈연에 기반한 '정상가족' 이데올로기에 대한 인식에서 벗어나는 새로운 시각에 주목할 수 있다. 이는 정책적 차원에서의 중요한 접근이라 할 수 있다. '정상가족'에서 벗어나는 다양한 형태의 삶을 선택함으로 인하여 발생할 수 있는 '돌봄의 사각지대'와 같은 위험요소, 차별 요소에 주목하는 접근이다. 국가적 차원에서 새로운 가족의 형태에 대한 인정과 권리를 보장하고자 하는 노력을 통하여 엿볼 수 있다. 다양한 형태의 가족을 보호하고 가족 구성원의 삶의 질을 높이는 방향으로 정책 패러다임의 변화를 추구한 프랑스, 스위스, 오스트리아 등 국가에서는 조금씩 내용의 차이가 있지만, 시민결합(Civil union), 등록 파트너십(Registered Partnership) 제도를 도입하고 있다. 주거, 보험, 배우자 혜택, 기타 다른 사회서비스 등에서 결혼 관계와 파트너십 관계 사이에 원칙적으로 차별을 두지 않는다는 점은 공통점이다.

가장 대표적인 사례로 프랑스의 동거 관계를 법적으로 인정하는 '시민연대계약'인 '팍스(PACS : Pacte Civil de Solidarité)' 제도에 주목할 수 있다. 이는 두 성인 간의 계약을 통해 결혼한 부부와 유사한 권리 및 의무를 갖게 하는 제도이다. 팍스(PACS)는 비혼 커플이 배우자 권리를 인정받는 파트너십 제도다. 여기서 파트너란 평등한 관계의 두 성인이 서로의 합의에 의해 함께 살아가고 있다는 의미를 담고 있다. 팍스(PACS)는 소득 세액 공제, 상속, 사회보장 급여 등의 혜택을 결혼관계와 동등하게 인정한다. 팍스(PACS)가 체결되어도 싱글(single)이라는 법적 지위 자체를 유지하게 되며 혼인과 달리 혈족 및 인척 관계는 형성되지 않는다. 계약 관계의 종결 또한 이혼과 비교하여 유연한 편이다. 팍스(PACS) 신고와 동시에 연대 의무가 발생하는데 서로 경제적 부양 의무를 지고 가사와 공동의 주거에 드는 비용에 대해 연대 채무를 부담한다. 팍스(PACS)의 도입은 프랑스 가족 정책의 중요한 전환점이 되었다. 이는 평등한 계약으로부터 출발하며 각자가 독립적인 개인으로 공존하는 삶을 추구하고자 하는 새로운 접근이라 할 수 있다.

3. 가족의 다양성과 미래

가족의 변화에 대한 법·제도적 접근과 실제로 우리가 체감하는 것은 차이가 있을 수 있다. 가족을 친밀성을 기반으로 하는 느슨한 공동체로 바라보는 변화가 필요한가? 아니면 가족을 이해하기 위한 새로운 개념이 필요한가?

개별화 및 개인화는 가속화될 것이며 개인 및 가족의 삶의 구성 방식이 더욱 다양화될 것이다. 가족을 둘러싼 성, 세대, 연령 갈등과 새롭게 등장하는 다양한 삶의 방식 간의 갈등 가능성은 더욱 높아질 것이다. 만일 이를 가족의 위기라고 파악한다면, 이것의 해결 방안을 모색하거나 혹은 가족 개념과 역할을 새롭게 정의하는 시도가 필요할 것이다. 그러나 이러한 현상을 가족의 변화 과정이라고 본다면, 굳이 가족의 개념과 역할에 대한 새로운 규정이 필요하지 않을 수도 있다.

오늘날 가족을 둘러싼 변화의 양상에 주목할 필요가 있으며 그 밖의 친밀한 관계 안에서 일어나고 있는 다양한 모습들을 포착하는 것이 중요하다. 서로 사랑하는 남자와 여자, 양성이 반드시 결혼이라는 제도를 통해 같은 장소에서 살고, 두 사람의 생물학적인 관계를 통해 자녀를 낳아 양육하며 살아가는 통상적인 가족관을 절대적인 것으로 간주한다면, 우리가 살아가는 이 세계를 더 이상은 이해하기 어려울 것이다.

미래사회의 구성원들은 가족 중심성보다는 개인의 관계성을 강조하는 개인화 경향이 확산되고 성별, 계층별, 세대별로 '가족'이라는 개념을 여러 관점에서 다양하게 인식할 것으로 예상된다. 개인 중심적 가족 의식이 확산되고 다양한 가족의 출현을 통해 기존 가족이 수행해 온 가족 기능이 지속적으로 약화될 것으로 전망된다.

가정 내에서의 성별로 고정화된 역할분담 역시 변화를 요구받을 것이다. 각 가정의 상황에 따라 부부 또는 가족 구성원 각자의 역할을 결정할 수 있도록 선택의 폭이 다양해질 필요가 있다. 최근 남녀의 동등한 가족 내 역할에 대한 동의 수준은 높아지고, 남녀 역할 구분에 대한 동의 수준이 조금씩 낮아지는 성역할 태도에 대한 변화가 감지되고 있다. 가족부양과 돌봄, 가사노동 등에 있어서의 전통적인 성역할 고정관념 탈피는 물론 가족 구성원들의 평등한 참여를 전망할 수 있다.

현재 우리는 '가족'의 개념과 의미 측면에서 커다란 전환이 이루어지고 있는 시대를 살아가고 있다. 가족은 '의무적 공동체'에서 '선택적 관계망'으로 이동하고 있다. 가족은 각 개인의 행복과 삶의 질을 중시하는 가치관에 기반하는 선택의 자율성을 지지하고 각 개인들이 이루어 내고 있는 성취를 지지하는 다양한 인간관계로 재해석될 수 있다.

이때 우리가 주목할 점은 다양한 형태의 공동체 모든 구성원들은 국가 정책의 고려 대상이 되어야 하며 모든 형태의 공동체는 어떠한 형태로 존재하더라도 차별받지 않고, 소외되지 않아야 한다는 점이다. 기존 가족정책의 개념과 범주를 벗어나 포괄적이며 미래 지향적인 가족정책으로의 확장과 전환이 필요한 시점이다.

최근 국내에서는 다양한 가족 형태의 법적 보장에 대한 논의가 펼쳐지고 있다. '생활동반자관계에 관한 법률안(생활동반자법)'이 지난 2023년 최초 발의되었으나 폐기되었고, 2025년에 다시 발의된 상태이다. '생활동반자법' 제정은 기존의 가족 중심의 법률 및 제도적 틀을 변화시켜야 한다는 사회적 논의와 함께, 다양한 형태의 가족을 포용하는 방향성을 제시하고 있다. '생활동반자관계'는 대한민국 국적 또는 영주권을 가진 성년이 된 두 사람이 상호 합의에 따라 일상생활, 가사 등을 공유하고 서로 돌보고 부양하는 관계를 규정하는 것이다. 혼인이나 혈연 관계가 아닌 두 성인이 생활을 공유하고 서로 돌보는 관계를 법적으로 인정하여 혼인에 준하는 권리와 의무를 부여하는 법안이다.

해당 법안은 '가족'의 개념을 확장하는 것이 핵심이다. 다양한 가족 형태를 법적 보호 안에 포함시키고, 복지 지원 정책으로부터 소외되는 문제를 해소하는 것을 목표로 한다. 이처럼 현재 우리 사회는 기존의 혈연 · 결혼을 기반으로

만 규정하였던 가족의 범위를 '느슨한 연대'로 확장하는 제도적 변화를 시도하고 있다.

▮ 다양한 가족의 권리를 위해서, 생활동반자법 도입 더 이상 미룰 수 없다

2025년 9월 3일 오늘, 기본소득당 용혜인 의원이 혼인이나 혈연 관계 여부와 상관 없이 성인 간의 동거·돌봄 관계를 법적으로 인정하는 '생활동반자관계에 관한 법률(이하 생활동반자법)'을 대표발의했다. 이 법은 합의에 따라 생활을 공유하고 서로를 돌보는 성인 두 사람의 관계를 '생활동반자'로 규정하고 채무·출산·입양·돌봄·사회보험·세제 등 삶 전반에서 혼인에 준하는 권리와 의무를 보장하는 것을 주요 내용으로 한다. 생활동반자법은 이전 21대 국회에서도 용혜인 의원이 한국 최초로 발의한 바 있으나, 국회 임기 종료와 함께 자동 폐기되어 이번 국회에서 일부 개선된 안으로 재발의되었다.

생활동반자법은 오랜 시간 함께 생활했으나 가족 관계로 인정받지 못하여 삶의 많은 부분에서 어려움을 겪어 온 수많은 존재들의 염원이 모인 법안이다. 우리 곁에는 이미 혼인·혈연에 포섭되지 않는 다양한 동반자 관계가 존재한다. 그러나 이들은 법적 가족이 아니라는 이유로 삶의 중요한 순간마다 서로를 돌볼 권리를 박탈당해 왔다. 같이 살 집을 구할 때도, 병원에서 수술동의서를 써야 할 때도, 노후를 준비하거나 장례를 치를 때도 가장 가까이에서 서로를 돌봐 온 동반자들은 서로의 삶에서 배제되어야 했다.

일각에서는 이성 커플 한정 등록동거혼이나 의료·돌봄·장례로 한정된 연대관계등록제도의 도입을 주장하기도 하지만, 이러한 제한적인 제도로는 현실을 살아가는 다양한 형태의 가족들을 포괄적으로 지탱할 수 없다. 서로를 돌보며 살아가는 모든 가족을 지원하기 위해서는 사회 전 영역의 권리를 너르게 보장하는 생활동반자법이 필요하다. 이미 다양한 형태로 살아가는 현 시대의 수많은 시민과 그들의 삶을 생각한다면 생활동반자법의 도입을 더 이상 미룰 수 없다. 국회는 시민들의 염원에 응답하여 생활동반자법을 조속히 통과시키고 다양한 가족의 권리를 실현하라.

출처 : 기본소득당 여성위원회. https://www.basicincomeparty.kr/news/briefing?mod=document&uid=8194(검색일 2025. 9. 10)

생각해 보기

- 가족의 구성원으로서 내가 경험한 긴장과 어려움에 대해 이야기해 보자.
- 드라마와 영화 속에 등장하는 다양한 가족의 모습에 대해 자신의 견해를 이야기해 보자.

함께 보기

그렇게 아버지가 된다(Like Father, Like Son, 2013). 고레에다 히로카즈 감독. 일본.
황두영(2020). 외롭지 않을 권리. 시사IN북.
L'Attachement(우리를 묶는 인연, 2025). 카린 타르디외 감독. 프랑스 · 벨기에.

참고문헌

공지영(2007). 즐거운 나의 집. 푸른숲.
국회도서관, 국회 · 국회의원 보도자료(2025. 9. 3). 기본소득당, "다양한 가족의 권리를 위해서, 생활동반자법 도입 더 이상 미룰 수 없다". https://lnp.nanet.go.kr/policy/assemblyBodo/detail.do?controlNo=176376
다이애너 기틴스(1997). 안호용 역. 가족은 없다. 일신사.
배리 쏘온 · 매릴린 얄롬(1991). 권오주 외 공역. 페미니즘의 시각에서 본 가족. 한울.
보건복지부(2023). 노인실태조사.
손승영(2011). 한국가족과 젠더. 집문당.
알리 러셀 혹실드(2001). 백영미 역. 돈 잘 버는 여자 밥 잘 하는 남자. 아침이슬.
앤서니 기든스(2018). 현대 사회학(제8판). 김미숙 외 공역. 을유문화사.
여성가족부(2024). 2023년 가족실태조사.
__________(2024). 2024 통계로 보는 남녀의 삶.
__________(2025). 2025 통계로 보는 남녀의 삶.
울리히 벡 · 엘리자베트 벡 게른스하임(2010). 한상진 · 심영희 공역. 위험에 처한 세계와 가족의 미래. 새물결.
____________________(2012). 이재원 · 홍찬숙 공역. 장거리 사랑. 새물결.
유영주 외(2022). 가족관계학(제4판). 교문사.
임우연(2017). 충청남도 가족정책 수립을 위한 기초연구. 충남여성정책개발원.
조홍식 외(2017). 가족복지학(제5판). 학지사.

최규련(2014). 가족관계론. 공동체.

캐서린 알렌·안젤라 핸더슨(2021). 정유진·유현경·정혜정 공역. 가족이론. 학지사.

통계청. 인구주택총조사 각 년도.

______(2023). 장래가구추계(2022~2052).

______(2024). 2024년 사회조사.

______(2024). 2024년 인구주택총조사.

Diana Gittins(1985). *The Family in Question Changing Households and Familiar Ideologies.* Palgrave : Macmillan.

Evelyn Duvall(1980). *Marriage and Family Development*(5th ed.). Philadelphia : Lippincott.

Joseph H. Pleck(1981). *The Myth of Masculinity.* MIT Press.

Talcott Parsons & Robert F. Bales(1955). *Family, Socialization and Interaction Process.* Free Press.

Thorne, B., & Yalom, M.(1991). *Rethinking the Family : Some Feminist Questions.* Northeastern University Press.

제 6 장

여성과 인권 1 : 성폭력과 관계폭력의 이해

1. 폭력과 여성의 인권
2. 성폭력의 이해
3. 관계폭력의 이해
4. 폭력 없는 사회를 향하여

제6장 여성과 인권 1 : 성폭력과 관계폭력의 이해

저는 오늘 꽃을 받았어요. 그런데 어버이날이라거나, 무슨 다른 특별한 날이 아니었어요.
지난밤, 그는 저를 또 두드려 팼지요. 그런데 그전의 어떤 때보다 훨씬 더 심했어요.
제가 그를 떠나면 저는 어떻게 될까요? 어떻게 아이들을 돌보죠? 돈은 어떻게 하구요?
저는 그가 무서운데 떠나기도 두려워요. 그렇지만 그는 틀림없이 미안해할 거예요.
왜냐하면 오늘 저에게 꽃을 보냈거든요.

저는 오늘 꽃을 받았어요. 오늘은 아주 특별한 날이었어요.
바로, 제 장례식날이었거든요.
지난밤, 그는 드디어 저를 죽였지요. 저를 때려서 죽음에 이르게 했지요. 제가 좀 더 용기를 갖고 힘을 내서 그를 떠났더라면, 저는 아마 오늘 꽃을 받지는 않았을 거예요.

-작자 미상. <또하나의문화> 중에서-

1. 폭력과 여성의 인권

1980년대 여성운동을 통해 여성에 대한 다양한 사회적 차별문제가 제기되면서 아내폭력, 성폭력, 성매매와 같은 여성에 대한 폭력과 인권에 대한 문제제기가 시작되었다. 특히 성폭력과 관련하여 정당방위 논쟁을 불러일으킨 변월 수 사건, 9살 때 옆집 아저씨에게 성폭력을 당하고 21년 만에 가해자를 살해한 김부남 사건, 12년간 성폭행한 의붓아버지를 살해한 김보은·김진관 사건 등을 통해 그동안 은폐되어 온 성폭력의 심각성에 대한 문제제기와 인권 보호를 위한 법적 기반 마련의 필요성이 제기되면서 1993년 「성폭력범죄 처벌 및 피해자 보호 등에 관한 법률」이 제정되기에 이르렀다.

그러나 여성폭력과 여성인권에 대한 이슈도 등장하고 '모든 인간은 인간으로서 권리가 있다'라는 보편적인 인권에 대한 인식은 일반화되었으나 여전히 현실에서 여성의 인권이 보장되고 있는지는 회의적이다. 또한 성희롱·성폭력이나 가정폭력은 피해자의 일생뿐만 아니라 가족과 주변인의 삶까지 파괴하는 범죄라는 사실에 대해서 사회적 인식이 확대되었음에도 불구하고 일상에서는 아주 쉽게 "뭐 그런 일 가지고 처벌까지", "그냥 농담 좀 한 것 가지고"라고 대수롭지 않게 보는 통념이 여전히 지배하고 있다.

특히 강남역 살인사건과 같은 극단적이고 무차별적인 젠더폭력과 여성을 혐오하는 사회적 분위기가 심각해져만 가는 상황에서 여성의 인권과 젠더를 기반으로 하는 다양한 폭력에 대한 이해가 필요하다.

우선 근대적 인권 개념은 주로 정치·노동·제도적 권리 등의 공적인 영역에 적용되는 인권이라는 데 주목해 볼 필요가 있다. 즉, 여성에 대한 폭력이 가족관계 및 일상생활의 사적인 영역에서 주로 발생하기 때문에 여성에 대한 인권침해나 폭력은 배제될 수밖에 없다. 오히려 여성에 대한 폭력적 상황이, 생명을 위협하는 심각성에도 불구하고 인권의 문제로 보기보다는 '가정파괴'와 같은 사적인 일로 치부되고, 아내폭력 가해자들이 "나는 사람을 때린 것이 아니라 집사람을 때렸다"며 피해자를 인간으로 간주하지 않거나 "맞을 만한 짓을 했다"라고 주장하면서 폭력을 정당화하기도 한다.

또한 성폭력 피해여성이 법의 도움을 요청하면 가해남성으로부터 명예훼손, 무고죄 등으로 역고소를 당하는 경우가 많다. 이 과정에서 가해남성은 성폭력을 적극적으로 부인하고 피해여성을 괴롭히는 행위를 남성의 인권이라고 주장하기까지 한다(정희진, 2005 : 151－159).

1993년 여성에 대한 모든 형태의 폭력 철폐에 관한 UN 선언은 “여성에 대한 폭력이 남녀 간의 불평등한 힘의 관계를 단적으로 나타내고… 여성의 인권과 기본적 자유를 침해하는 것”이라고 명시하고 있다. 따라서 1995년 제4차 세계 여성회의에서 채택된 북경 선언문에 명시한 것처럼 ‘여성의 권리는 곧 인권’으로 접근할 필요가 있다.

성폭력, 교제폭력, 가정폭력 등의 젠더기반 폭력은 사회와 가족 속에서 권력(힘)의 불균형 속에서 발생하는, 주로 남성이 약자인 여성에게 가하는 폭력이라는 공통점이 있다. 따라서 폭력이 어떤 이유로든 정당화될 수 없다는 여성인권의 보장이라는 관점에서 여성폭력의 현실을 다시 볼 필요가 있다.

2. 성폭력의 이해

1) 성폭력의 의미

성폭력이란 성을 매개로 한 학대행위나 폭력이다. 따라서 성폭력의 의미는 성행위나 성관계와는 분명히 다르다. 「성폭력범죄의 처벌 등에 관한 특례법」에 의하면, 성폭력(sexual violence)이란 ‘상대방의 의사에 반하여 힘의 차이를 이용하여 가해자의 일방적인 성적 행위를 통해 상대방의 성적 결정권을 침해하는 모든 성적 행위’를 말한다. 성폭력의 범위는 법률에서는 주로 강간, 강제추행(폭행이나 협박을 수반한 성적 행위)을 의미하였으나 최근에는 상대방의 의사를 무시한 채 성행위를 한 경우 폭행이 없어도 강간, 강제추행으로 인정한다.

또한 전국 성폭력 실태조사 등에서는 성폭력의 정의를 “상대가 원하지 않는 성 관련 언어나 행동을 일방적으로 표출하여 상대에게 정신적, 신체적 피해를 주는 행위”로 광의의 정의를 사용하고 있으며, 2019년 이후 디지털 기기 및 정보통신기술을 매개로 온·오프라인상에서 발생하는 젠더기반 폭력을 폭넓게 사용하고 있다(박영주, 2024). 따라서 성폭력은 주로 힘(권력)이 있는 자가 힘없는 사람에게 휘두르는 성적 폭력으로, 친족 성폭력은 주로 아버지, 할아버지, 삼촌이 여아를, 학교에서는 다수학생이 고립된 학생을, 직장에서는 상사가 부하 직원을, 아동 성폭력은 어른이 아이를, 장애인 성폭력은 비장애인이 장애인에게 성적 폭력을 저지르는 비대칭적 권력관계 속에서 이루어지는 폭력과 학대라는 공통점이 있다(송다영, 2012 : 303). 또한 성폭력은 남성과 여성의 관계에서 일어나는 폭력뿐만 아니라 동성 간의 관계에서도 발생하는데, 피해자는 주로 낮은 지위의 남성이나 여성이 된다.

현재 한국의 형법에서는 '상대방의 항거를 곤란하게 하는 폭행·협박'을 강간죄의 성립 요건으로 하고 있다. 그러나 실제 폭행·협박을 수반하지 않은 기습 추행이나 강요, 지위 이용 등의 상황에서 성추행이 더 많이 발생하고 있다. 여성가족부 '2022년 성폭력 안전실태조사 연구'에서 성추행 피해를 겪은 상황에 대한 조사 결과, '피해 당시 폭행이나 협박이 있었다'고 응답한 여성 비율이 10%도 안 된 반면 '가해자의 속임수로 성추행 피해를 입었다'는 응답이 34.9%로 가장 높게 나타났다. 이런 성폭력의 예로는 연기 조언을 해주겠다며 피해자를 유인해 성폭력을 하거나, 자신이 새로 이사 간 집을 구경하자며 피해자를 데리고 간 다음 성폭력을 행사한 일 등이 해당된다. 따라서 최근 상대방의 동의 없이 성관계를 맺는 행위를 처벌하는 '비동의 강간죄'에 대한 논의가 활발하게 진행되고 있다.

비동의 강간죄

- '비동의 강간죄'는 상대방의 동의가 없거나, 상대방의 의사에 반해 이루어진 성관계를 성폭력 범죄로 처벌하는 것을 말한다. 현행 형법상 강간죄는 저항이 곤란할 정도로 폭행·협박이 있어야만 인정된다. 하지만 실제 여성들이 경험하는 대부분의 강간은 폭행과 협박을 동원하지 않는다. 한국성폭력상담소에서 2024년 강간 피해 상담 사례를

분석한 결과, 218명 중 153명(70.2%)의 사건은 폭행·협박 없이 발생한 것으로 드러났다. …중략…

- 비동의 강간죄 도입은 세계적인 추세다. 지난 4월 프랑스는 형법상 강간의 정의를 '비동의'로 명시하기로 결정했다. 옆 나라인 일본도 2023년부터 비동의 강간죄를 시행하고 있다. 일본은 술이나 약물 섭취, 수면 등으로 의식이 명확하지 않은 경우, 오랜 학대를 당했거나 사회·경제적 지위 때문에 거부할 수 없는 경우 등 '피해자가 동의하지 않는다는 의사를 표시하기 어려운 상태'로 규정했다. 그 외에도 미국, 독일, 스웨덴 등도 비동의 강간죄를 시행하고 있다.
- 국제사회는 이미 한국 정부의 형법 개정을 기다리고 있다. 지난해 5월 유엔 여성차별철폐위원회와 인권이사회는 강간의 기준을 '자유로운 동의의 부재'로 정의하도록 권고했고, 2026년 6월까지 해당 내용에 대한 특별보고를 하도록 대한민국 정부에 요청했다.

출처 : 여성신문(2025. 7. 9) 기사에서 발췌.

2) 성폭력의 실태와 특성

검찰청 '범죄통계'에 따르면, 2023년 성폭력 발생 건수는 38,698건으로 2013년 21,346건에 비해 두 배 가까이 증가했다. 또한 여성가족부의 '2022년 성폭력 안전실태조사 연구'에 따르면, 평생 동안 성폭력 피해 경험이 있었는지를 조사한 결과, PC 및 휴대전화 등 통신매체를 이용한 피해 9.8%, 성추행 피해 3.9%, 불법촬영 피해 0.3%, 촬영물이나 허위영상물 등의 유포 피해 0.3%, 강간(미수 포함) 피해 경험 0.2%로 나타났다.

성폭력의 특성은 첫째, 성폭력 가해자의 특성이 나이가 어린 피해자이거나 성폭력의 정도가 심할수록 아는 사람인 비율이 높다. 여성가족부 실태조사 결과에서도 강간(미수 포함) 피해자의 17.1%만 '전혀 모르는 사람' 이라고 응답하였으며, '학교 선후배, 동급생, 교수, 학교학생, 학원 강사'(19.3%), '친구'(18.8%), '소개팅, 맞선 등으로 만난 사람'(11.6%)의 순으로 나타났다.

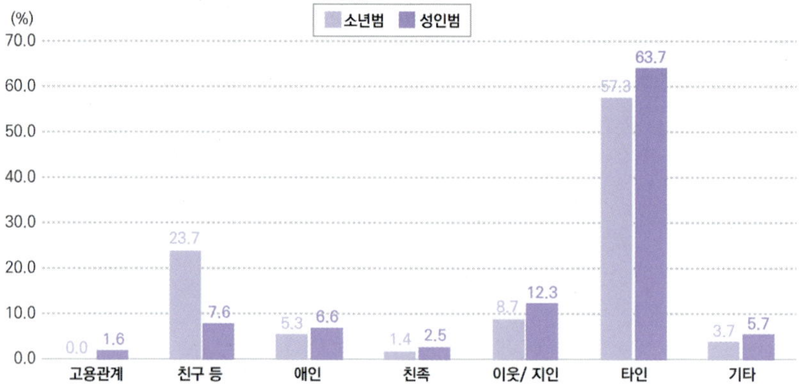

| 그림 6-1 | 성폭력범죄 범죄자와 연령별 피해자의 관계별 분포(2023년)

출처 : 검찰청 홈페이지.

둘째, 성폭력 피해자는 특정 연령대에 국한되는 것이 아니라는 점이다. 검찰청 자료에 따르면, 2023년 성폭력범죄 피해자의 연령대는 21~30세(41.8%)가 가장 많았으며, 16~20세(16.0%), 31~40세(15.6%) 등의 순이었다. 특히 전체 성폭력범죄 피해자의 10.9%가 15세 이하의 청소년이었으며, 61세 이상의 연령층도 2.6%를 차지하고 있다.

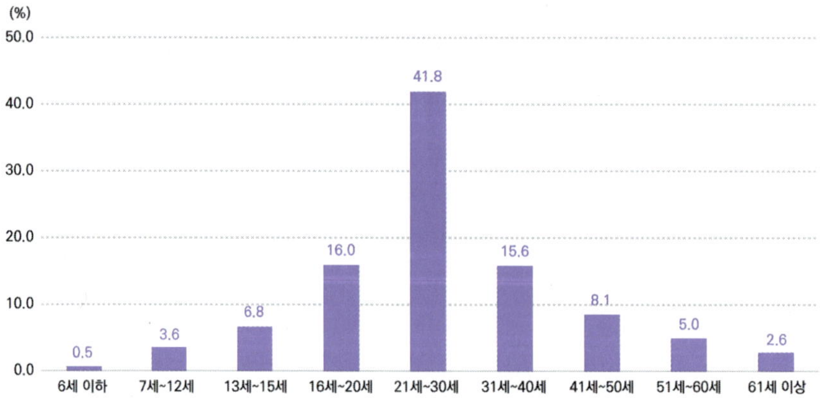

| 그림 6-2 | 성폭력범죄 피해자 연령(2023년)

출처 : 검찰청 홈페이지.

셋째, 성폭력의 발생장소는 어느 한 곳에 제한되지 않고 일상적인 공간에서 발생한다는 점이다. 2023년 성폭력범죄가 발생한 장소 중에서 기타를 제외하고 주거지(21.8%)가 가장 많고 노상(9.5%), 유흥접객업소(8.9%), 교통수단(7.8%), 숙박업소/ 목욕탕(4.7%)의 순이었다.

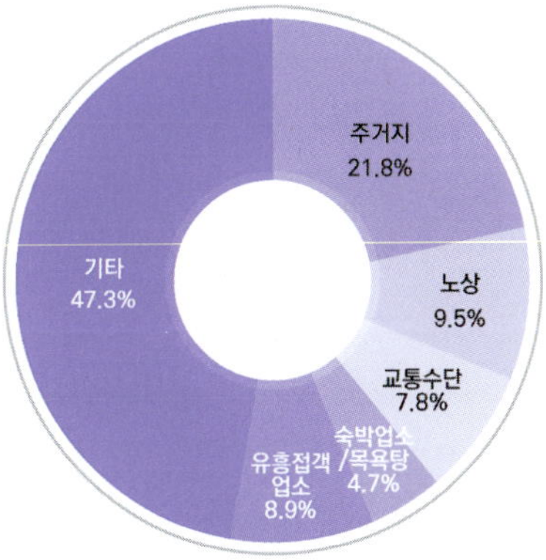

| 그림 6-3 | 성폭력범죄의 발생장소(2023년)

출처 : 검찰청 홈페이지.

넷째, 성폭력의 피해자들은 신체적 피해뿐만 아니라 정신적·사회적 피해 등의 후유증으로 삶 전체에 영향을 받는다. 신체적으로는 질 손상, 처녀막 파열, 성병, 성기 이상 등의 증상뿐만 아니라 수치심, 분노, 죄책감 등과 같은 심리적인 고통 및 외상 후 스트레스(PTSD) 증상도 보인다. 더욱이 폭력을 경험한 피해자는 일반적으로 대인관계 상황에서 피해를 입었기 때문에 타인과의 대인관계에서 신뢰하고 안정된 관계형성이나 회복에 어려움이 있다.

다섯째, 성폭력 피해 상황 시 피해자의 대처 방식이 다른 폭력피해에 대한 대처와 다른 양태로 나타난다. 즉, 성폭력 피해 상황에서 '아무런 대처를 하지 못했다'가 44.7%(여성 41.3%)로 가장 높게 나타났다(여성가족부, 2022).

여섯째, 성폭력 피해를 입었어도 피해사실을 알리거나 신고하는 비율이 현저하게 낮다는 점이다. 성폭력 피해 유형 중 어느 하나라도 경험이 있는 경우에 성폭력 피해 상황에서 한 번이라도 경찰에 신고한 적이 있는지에 대한 질문에 전체 응답자의 2.6%(여성 3.2%, 남성 1.4%)만이 경찰에 도움을 요청한 것으로 나타났다(여성가족부, 2022).

마지막으로 성폭력 피해가 발생하면 피해자가 "강력하게 저항하지 않았다", "노출이 심한 옷을 입었다", "밤늦게 돌아다녔다"며 피해자가 원인을 제공했다고 생각하는 오해와 편견이 존재한다. 이러한 피해자가 피해의 원인제공자라고 보는 피해자 유발론은 성폭력을 사회적으로 용인하는 논리로 작용하며 언제라도 분출될 수 있는 성적 충동을 부추긴 '가해자'로 만들어 버린다. 또한 폭력 피해자가 '피해자'로 인정받기 위해서는 가해자의 폭력에 대한 강한 저항을 했는지, 자신의 성이 보호받을 만한 전력인지를 증명해야만 하거나 심지어 남성에게 죄를 뒤집어씌우는 것은 아닌지 끊임없이 의심함으로써 2차 피해를 조장한다.

성폭력의 통념

- **성폭력은 계획적인 것이라기보다는 우발적인 것이다?**
  성폭력은 충동적이고 우발적으로 일어났다고 생각하나 일련의 과정과 계획에서 일어난다. 대부분의 가해자는 성폭력의 원인을 '술' 때문이라고 생각하며 피해 여성도 술에 취해 마치 성적 행위를 원하는 것 같은 태도를 보여서 우발적으로 성행동을 하게 되었다고 말한다. 그러나 술에 취한 상태가 성적 충동을 부추길 수 있지만 성폭력이라는 행위까지 일어나게 된 것은 술 때문이 아니다.
- **야한 옷을 즐겨 입는 여자는 성적으로 문란한 경향이 있다?**
  성폭력은 노출이 심한 여성에게만 일어나는 것이 아니며 여성이 노출이 심한 옷을 입었다고 해도 성폭력을 당할 이유가 되지 않는다. 이는 성폭력의 원인을 여성에게 전가하려는 그릇된 생각이고, 여성의 기본권을 모독하는 발상이다.
- **여자가 저항을 약하게 한다면 성폭력 당한 책임이 어느 정도 있다?**
  여성피해자의 입장에서 극도의 공포와 수치심으로 저항하기보다는 무기력해지기 쉬우며, 특히 어른에게 저항해선 안 된다고 학습된 아동·청소년에게 강간당한 책임을 지게 할 수 있다. 저항의 표현은 그의 성장과정 학습에 따라 다르다.

- **성폭력이 행해질 때 신체적 고통이 없거나 쾌감을 느낀다면 성폭력이 아니다?**
  성폭력은 경우에 따라서 생명의 위협이 있을 수 있고 생명에 위협이 없을지라도 자신의 의사표시를 마음대로 할 수 없다. 성폭력으로 인해 좋은 느낌을 주든 그렇지 않든 성폭력은 범법행위이다.
- **동성 간에는 성폭력이 일어날 수 없다?**
  군대 등에서의 남성 간 성폭력 그리고 여성들 간에도 일어날 수 있다. 남자 청소년들의 성적 장난(성기를 만지거나 자위행위를 같이 하는 것)뿐만 아니라 남성들끼리의 음담패설, 여성에 대해 비하하는 언어, 포르노 전송 등 일상에서 남성들 간에 나타나는 성폭력이 일어날 수 있다.

출처 : 한국여성인권진흥원 홈페이지.

3) 성폭력의 다양한 유형

(1) 성희롱

성희롱은 주로 조직 내에서 업무관계에서의 위계나 권력관계에서 일어나는 성적 폭력으로, 남성 중심적인 조직문화 속에서 남성에 의한 여성 폭력이 보편적이나, 남성이 남성을 또는 여성이 남성, 여성이 여성을 성희롱하는 경우도 성희롱 범위에 포함된다.

우리나라에서 성희롱 문제는 1993년 10월, 이른바 '서울대 신 교수 성희롱 소송사건'이 발생하면서 사회적 관심사로 부각되고, 그 폐해의 심각성과 함께 법적 대책이 논의되기 시작했다. 1999년 「남녀고용평등법」이 개정되면서 성희롱 조항이 추가되었고, 「남녀차별금지 및 구제에 관한 법률」이 신설되면서 성희롱을 규제할 수 있게 되었다. 「양성평등기본법」에 의하면 성희롱이란 '업무, 고용 그 밖의 관계에서 국가기관, 지방자치단체 또는 대통령령으로 정하는 공공단체의 종사자, 사용자 또는 근로자가 지위를 이용하거나 업무 등과 관련하여 성적 언동 또는 성적 요구 등으로 성적 굴욕감 또는 혐오감을 느끼게 하는 행위, 성적 언동 또는 요구에 대한 불응을 이유로 불이익을 주거나 그에 따르는 것을 조건으로 이익공여의 의사표시를 하는 행위'를 말한다.

성희롱에 대한 법적 제도화와 인식의 변화로 성희롱이 명백히 인권을 침해하는 젠더폭력이라는 인식은 확대되었음에도 불구하고 여전히 성희롱은 근절되지 않고 있다. 그 이유는 직장 내 성별, 나이, 고용형태, 직급·직위, 근속년수 등에 따른 다양한 형태의 위계와 권력관계가 존재하는 가운데 여성은 남성에 비해 열악한 고용관계에 주로 놓여 있기 때문이다. 또한 다양한 권력관계 중에서도 가장 뿌리 깊은 성별권력과 성을 대상화하는 조직문화와 성별 차이에 따른 다름을 배려하고 존중하는 문화의 부재가 성희롱 근절을 어렵게 만드는 원인이다.

▌직장 동료에 일방적 구애… 직장 내 성희롱 · 괴롭힘으로 해고 정당

직장 동료에게 일방적으로 구애하다 '직장 내 성희롱 및 괴롭힘'으로 해고된 근로자에 대한 징계가 정당하다고 본 법원의 판단이 나왔다. 그 이유는 무엇일까. …중략…
근로자 A씨와 피해자는 버스회사에서 기사로 함께 일하는 직장 선·후배 사이였다. 지난 2019년부터 2022년까지 A씨는 피해자에게 선물을 주거나 마음을 확인하기 위해 전화를 하는 등의 행위를 반복했다.
피해자가 식사 제안을 두 번 모두 거절했고 카카오톡 선물 등에 대해 답장을 하지 않았으며 2020년 5월 이후부터 명시적으로 거절 의사를 표현하기도 했다.
지난 2021년 3월 피해자는 A씨로부터 받은 선물이 담긴 쇼핑백을 사무실에 가져다 두고 "주인 찾아가세요. 마지막 경고입니다"라는 메모를 남겨뒀다.
이 같은 일방적인 구애가 이어지자 피해자는 회사에 고충처리 신고를 진행했다. 피해자는 "몇 년이 지나는 동안 점점 더 격한 반응을 보이는 A씨가 어떤 행동을 할지 불안하다"며 "강력한 처벌을 바란다"는 내용의 사실확인서를 제출했다. …중략…
직장에서의 지위 또는 관계 등의 우위를 이용해 업무상 적정 범위를 넘어 다른 근로자에게 신체적·정신적 고통을 주거나 근무환경을 악화시킨 것이 직장 내 괴롭힘 행위에 해당한다고 판단한 것이다.
재판부는 "수년에 걸쳐 피해자의 거절과 경고가 수차례 명시적으로 이루어졌는데도 비슷한 방법으로 계속 반복되었다는 점에서 전체적으로 그 비위의 정도가 중하다"며 "통상적인 친밀감 표시를 현저히 뛰어넘는 수준"이라고 지적했다.

출처 : 뉴시스 on MSN(2025. 7. 26) 기사에서 발췌.

여성가족부가 발표한 '2024년 성희롱 실태조사' 결과에 따르면, 지난 3년간 재직하는 동안 본인이 한 번이라도 성희롱 피해를 경험한 사람은 전체 응답자의 4.3%로 2021년 4.8%에 비해 0.5%p 감소한 것으로 나타났다. 또한 15개의 성희롱 피해 유형 중 '외모에 대한 성적 비유나 평가'(3.2%)가 가장 많았으며, '회식에서 술을 따르거나 옆에 앉도록 강요하는 행위'(0.8%)가 여전히 높게 나타났다. 성희롱 발생 장소는 '사무실 내'가 46.8%, '회식장소'가 28.6%로 예전보다 '회식장소'에서의 발생(44.6%, 2013년 실태조사) 비율은 절반 정도 낮아졌다. 또한 성희롱 행위자는 상급자(기관장·사업주 등 제외)가 50.4%로 가장 많았으며, 행위자 중 80.4%가 '남성'으로 나타났다.

▌성희롱인지 아닌지 체크해 봅시다. 성희롱이라고 생각하면 ○, 아니라고 생각하면 ×

1. 사무실에서 음란사이트를 보는 것은 성희롱이다. ( )
2. 성희롱은 남녀차별에 속하는 것이 아니다. ( )
3. 성희롱을 당한 남성은 아직은 법의 보호를 받지 못한다. ( )
4. 공공기관의 장 혹은 사용자는 성희롱 예방조치를 취할 윤리적 의무는 있으나 법적 의무는 없다. ( )
5. 성희롱 행위는 형사처벌 대상이다. ( )
6. 성희롱은 사적인 문제이므로 당사자끼리 사적으로 해결해야 한다. ( )
7. 성희롱 여부의 판단기준은 가해자의 의도, 고의성 여부이다. ( )

정답 : 1. ○, 2. ×, 3. ×, 4. ×, 5. ×, 6. ×, 7. ×

출처 : 여성가족부. 성희롱 예방교육 자료.

(2) 디지털 성폭력

디지털 성범죄는 디지털 기기와 정보통신기술(ICT)을 매개로 상대방의 동의 없이 신체 일부나 성적인 장면을 불법 촬영하거나, 불법촬영물 등을 유포 · 유포 협박 · 저장 · 전시 또는 유통 소비하는 행위 및 사이버 공간에서 타인의 성적 자율권과 인격권을 침해하는 행위를 포괄하는 성범죄를 의미한다. '2024 디지털성범죄 피해자 지원 보고서'(여성가족부 · 한국여성인권진흥원)에 따르면, 2024년 기준 디지털성범죄 피해자 수는 10,305명으로 전년 8,983명 대비 15% 증가한 것으로 나타났다. 피해자는 여성(72%)이 남성(28%)보다 압도적으로 많으며, 20대(51%), 10대 이하(28%)가 전체 피해자의 79%를 차지해 소셜미디어, 메신저 등을 자주 이용하는 저연령대에 피해가 집중되어 있음을 알 수 있다.

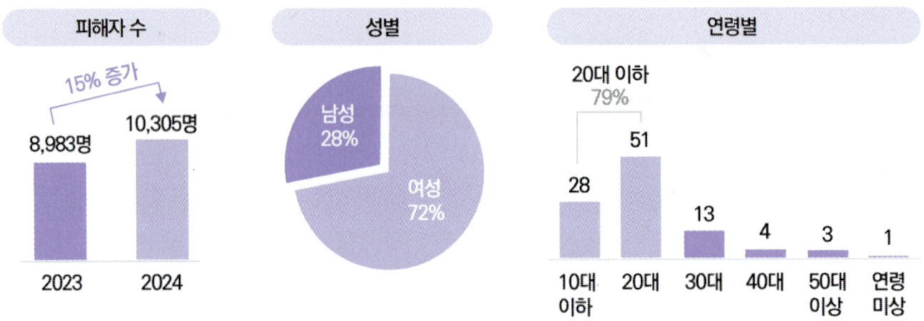

| 그림 6-4 | 디지털성범죄 피해자 수 및 성 · 연령별 분포

출처 : 여성가족부 · 한국여성인권진흥원(2024). 2024 디지털성범죄 피해자 지원보고서.

피해유형 중에서도 딥페이크 피해 건수는 1,384건으로 2023년(423건) 대비 2024년(961건) 227.2%의 증가세를 보였다. 딥페이크 피해자의 92.6%가 10대와 20대로 저연령대 피해자의 심각성을 보여주고 있다.

디지털 성범죄는 무엇보다 불법으로 촬영된 영상물이 온라인을 통해 유포되고, 빠른 속도로 전파된 영상물은 원본을 삭제하더라도 완전히 삭제하기가 어려워 단기간에 피해를 회복하기 어려운 테러적 속성을 가지고 있다. 이러한 디지털 매체를 통한 성범죄 피해자들은 직접적인 신체적 성폭력이 아니라는 이유로 '피해자'가 아닌 경우로 인식된다는 점과 영상물이 언제든지 유포될 수 있다는 두려움 등으로 대인기피, 사회생활의 어려움을 야기한다.

서울대 N번방 사건, 박사방, 갓갓 사건 등으로 국민적 분노가 커지면서 디지털 성범죄에 대한 처벌 기준 강화와 피해자 보호와 지원을 위한 법률도 지속적으로 개정되어 왔다. 2023년 이후 딥페이크 합성물 제작도 형사처벌이 가능해졌으며, 아동·청소년 음란물 소지만으로도 실형 선고가 가능하다. 또한 웹하드 업로더 및 운영자도 공범 인정이 되며, 피해자 진술이 없어도 공소 제기가 가능해졌다. 즉, 단순 유포자뿐만 아니라 제작자·운영자·소지자 모두를 처벌 대상으로 보고 있다.

딥페이크 성범죄 대응 강화 방안

① 강력하고 실효적인 처벌

- 딥페이크 성범죄 방지법 개정(2024년 9월 26일)
- 허위 영상물 제작·유통 법정형 5년
  → 7년 상향 + 소지·시청 등 처벌 신설(3년)
- 아동·청소년 성착취물 이용 협박(1년 → 3년)·강요(3년 → 5년) 처벌 신설
- 가해 학생 선도 및 특화된 보호처분, 저연령 대상자 심리검사 및 보호 강화

② 플랫폼 책임성 제고

- 정보통신망법 및 전기통신사업법 등 관련 법령 적극 해석해 국내외 플랫폼(텔레그램 등) 사업자 규제 추진
- 국내 포털 및 글로벌 플랫폼 사업자뿐만 아니라, 국내 사업소가 없는 플랫폼과도 협의 채널 구축

③ 신속한 피해자 보호

- 아동·청소년 성착취물, 수사기관 연계 피해영상물은 신고 없이 선삭제 지원
- 디지털성범죄피해자지원센터에서 피해자 상담, 삭제, 유포 여부 모니터링, 법률·의료·수사 지원 연계
- 전국 피해 지원기관 신고 전화 1366 일원화 + 신고접수 전용 홈페이지 구축
- 지역 디지털성범죄피해자지원센터 설치·운영(14개소)

④ 맞춤형 예방 교육 및 홍보
- 청소년 디지털 성범죄 맞춤형 교육 콘텐츠 보급 및 의무교육 확대 등 반복 교육 실시
- 대학 대상 디지털 성범죄 인식개선 프로그램 운영 및 성폭력 담당자 대응 역량 강화
- 정부는 딥페이크 공익 캠페인, SNS 등 미디어를 활용한 대국민 홍보 전개

출처 : 대한민국 정책브리핑(2024. 11. 6).

3. 관계폭력의 이해

1) 교제폭력

밤길만 무서운 게 아니다. 여성가족부의 '2024년 여성폭력 실태조사' 발표에 따르면, 국내 여성의 19.4%가 과거 또는 현재의 배우자, 연인 등의 관계 속에서 폭력 피해를 본 것으로 나타나 일상을 살아가면서 느끼는 두려움의 크기도 증폭되고 있다.

이러한 애정을 기반으로 한 관계에서 발생하는 심리적 · 신체적 · 성적 폭력 및 행동 통제를 '친밀한 관계 폭력(Intimate Partner Violence, IPV)'이라고 한다. 가정폭력은 부부간 폭력, 노인학대, 아동학대 등 가족 구성원에 대한 학대 및 폭력을 총체적으로 의미하지만, 친밀한 관계 폭력은 반드시 가정 내에서가 아닌 애정이 바탕이 되는 관계에서 발생하는 폭력을 의미한다. 이러한 친밀한 관계에서의 폭력에 '교제폭력'이 해당된다.

'교제폭력'이란 교제 중이거나 과거 교제했던 관계에서 한쪽이 가하는 폭력이나 위협으로, 언어적 · 정서적 · 신체적 · 성적 폭력 등 그 형태는 다양하다. 고함을 치고, 욕을 하고, 집요하게 전화하고 문자를 보내고, 물건을 부숴 위협을 하고, 성관계 · 임신 · 낙태 · 동거 등의 사실을 주위에 알리겠다고 위협한다. 이러한 교제폭력이 그 자체로만 끝나는 것이 아니라 배우자 폭력, 가정폭력의

전조가 될 수 있으므로 이를 예방하기 위해서라도 교제폭력의 심각성을 인지하는 것은 필요하다.

▌[계속되는 교제폭력] 법 적용·피해자 보호조치 미흡… 해외에서는 다르다

최근 잇따른 교제폭력으로 피해자가 사망하는 사건이 발생하면서 국내 법체계의 미흡한 교제폭력 대응과 피해자 보호조치가 도마에 오르고 있다. …중략…

이처럼 이달에만 교제폭력으로 인한 사망 사고가 잇따라 발생했다. 이러한 교제폭력의 발생 원인으로는 교제폭력에 대한 대응이 미흡한 것이 원인으로 꼽힌다. …중략…

지난해 '여성긴급전화 1366 운영실적'에 따르면 스토킹과 교제폭력 상담은 1만 4,553건으로 전년 대비 61.4% 늘었다.

하지만 이들 피해자 중 많은 수는 교제폭력에 대응하는 법의 부재로 제대로 보호받지 못하고 있다는 것이 전문가들의 지적이다. 실제로 국내 법체계에서 친밀한 관계에서의 폭력을 처벌하는 법은 가정폭력처벌법과 스토킹처벌법이 있는데 교제폭력은 이들 중 어디에도 포함돼 있지 않다는 것이다.

이에 교제폭력이 발생하더라도 피의자-피해자의 관계가 사실혼이나 스토킹 외의 관계일 때는 일반 형사사건으로 처리된다.

반면 해외의 경우는 교제폭력을 가정폭력에 준하는 폭력으로 보고 있다. 유럽에서는 대부분의 국가에서 가정폭력에 '친밀한 파트너 폭력'을 포함하고 있다. 호주에서도 교제폭력을 가정폭력 관계 법률에서 규율하고 있으며 미국 연방법도 여성폭력방지법에 교제폭력의 정의를 규정하고 있다.

즉, 국내에서는 교제폭력에 적용될 수 있는 법체계가 없지만 해외 사례에서는 가정폭력의 범위를 넓히거나 여성폭력방지법으로 교제폭력에 대응하고 있는 것이다.

국내외 교제폭력 처벌 및 피해자보호방안 비교

구 분	한 국	유 럽	호 주	미 국
법적용	관계가 사실혼 스토킹 외에 해당하면 일반 형사사건 처리	대다수 국가에서 가정폭력에 '친밀한 파트너 폭력' 포함	가정폭력 관계 법률에서 규율	여성폭력 방지법에 교제폭력 정의 규정(연방법)
피해자 보호 조치	피해자 안전조치 해도 가해자 직접 제지 불가	24시간 내 발령되는 즉각보호 명령제도 신설(프랑스) 온·오프라인 접근금지명령(스웨덴)	즉각적인 안전 보장 위한 긴급명령으로 보호	교제폭력 피해자에 가정폭력 민사보호 명령에 따른 보호 제공

출처 : 뉴스핌(2025. 7. 31) 기사에서 발췌.

교제폭력의 특성은 친밀한 관계에서 발생하여 피해자가 폭력을 인지하기 어렵고, 신고율이 낮으며 쉽게 용서하는 경향이 있다. 즉, '폭력'과 '사랑'을 혼돈하고, '폭력'과 '사랑'을 동일시하는 극단의 모순이 있다. '폭력'을 '사랑'이라 말하는 것은 폭력을 정당화하며 합리화하는 것이다. 또한 교제폭력은 재범률이 높고 보복범죄나 더 큰 범죄로 이어질 가능성이 크다. 이러한 특성 때문에 피해자들의 고통은 클 수밖에 없으며, 친밀한 관계였던 사람으로부터 피해를 입어 심각한 정신적 후유증을 겪는다.

경찰청 통계에 따르면, 2023년 교제폭력 신고 건수는 약 77,000건으로 2020년 대비 57% 증가했으나 구속률은 2023년 교제폭력 가해자 13,939명 중에서 310명으로 2.2%에 불과하다. 이는 현행법이 교제폭력의 특성을 충분히 반영하지 못하고 있기 때문이다. 즉, 「가정폭력처벌법」은 혼인 · 혈연 중심으로 규정돼 사실혼 외 연인관계는 보호 대상에서 제외되며, 2021년 제정된 「스토킹처벌법」은 반복적 행위에 초점이 맞춰져 있기 때문에 일회성 폭력이나 단절 이후의 보복 행위는 사각지대에 놓이게 된다. 특히 피해자가 "처벌을 원치 않는다"고 하면 가해자를 처벌할 수 없는 '반의사불벌죄'로 인해 피해자가 처벌을 원치 않으면 수사가 중단된다. 이는 주소, 일상, 가족관계 등을 너무 잘 알고 있다는 불안감을 바탕으로 하며, 피해자가 자신이 속한 학교나 직장에서 가해자와 마주치거나 피해 사실을 알렸다는 이유로 따돌림을 당하는 경우도 있어 신고를 망설이게 되고 피해자의 실질적 보호를 어렵게 만든다.

점점 늘어나고 있는 교제폭력을 이성 간의 다툼으로 볼 것이 아니라 범죄행위로 인식할 필요가 있으며, 폭력은 어떤 상황에서도 절대 타당한 이유가 있는 것이 아님을 인식하는 것이 매우 중요하다.

교제폭력 통념 점검하기

○ 피해자가 교제폭력 당할 만한 짓을 했을 것이다? NO!

아닙니다.
갈등의 이유가 무엇이든 소리를 지르거나 폭력적으로 해결하는 것은 잘못된 방법입니다.
폭력은 어떠한 이유로도 정당화 될 수 없고, 어떠한 폭력도 허용해선 안 됩니다.
통상 교제폭력 가해자는 폭력을 행사할 수 밖에 없는 원인을 피해자에게 돌리기 때문에 피해자는 '나만 잘 하면 가해자가, 관계가 달라질 수 있다'고 생각하게끔 만들고 폭력이 지속되게 합니다.

○ 때리지만 않으면 정말 괜찮은 사람이다? NO!

아닙니다.
교제폭력은 신체적 폭력 외에도 정서적·언어적·경제적·성적폭력을 모두 포함하는 개념이며 폭력은 경중, 빈도수를 막론하고 폭력일 뿐입니다.
극단적인 상황 이외에도 일상적으로 발생하는 위협과 폭력에 대해 명확한 인지를 하는 것이 중요합니다.

○ 피해자도 좋으니까 계속 만나는 것이다? NO!

아닙니다.
교제폭력을 사소한 문제로 보는 시선, 심리사회적 고립, 일상화된 폭력 등이 적극적 대항을 어렵게 하기 때문입니다.
이것이 친밀한 관계의 폭력이 가진 특징입니다.
헤어진 이후 보복에 대한 두려움으로 인해 이별을 통보하지 못하는 경우도 많습니다.
교제폭력 피해자는 '좋게 헤어지는 것'이 가능하다고 믿거나 두려움으로 스스로를 자책하면서 관계를 지속하게 되므로 주변의 지지와 도움이 필요합니다.

출처 : 이젠센터(부산광역시 여성폭력방지종합지원센터) 홈페이지에서 발췌.

2) 가정폭력

(1) 가정폭력의 의미

한국사회에서 가정폭력의 법적 정의는 '가정 구성원 사이의 신체적, 정신적 또는 재산상 피해를 수반하는 행위'로 규정하고 있다(가정폭력범죄의 처벌 등에 관한 특례법 제2조). 여기에서 '가정 구성원'이란 배우자(사실상 혼인관계 포함) 또는 배우자였던 사람, 자기 또는 배우자와 직계존비속관계(사실상의 양친자 관계 포함)에 있거나 있었던 사람, 계부모와 자녀의 관계, 적모와 서자의 관계에 있거나 있었던 사람, 동거하는 친족을 말한다.

그러나 이러한 정의는 다양한 방식으로 구성되는 친밀한 관계 속에서의 폭력 피해자에 대한 지원과 보호의 한계가 드러난다. 이미 해외에서는 가정폭력에 해당되는 관계 범위에 '현재 혹은 과거에 애정에 기초한 교제관계를 지속하거나 하였던 친밀한 사람'을 포함하고 있으며, '현재 혹은 이전의 친밀한 관계의 파트너에 의한 신체적, 정신적, 성적 폭행 또는 스토킹(협박 행위 포함)'을 친밀한 파트너 폭력(Intimate Partner Violence)으로 정의하고 있다(미국의 여성폭력방지법).

이에 반해 「가정폭력범죄의 처벌 등에 관한 특례법」 제1조 목적 조항은 "… 가정폭력범죄를 범한 사람에 대하여 환경의 조정과 성행(性行)의 교정을 위한 보호처분을 함으로써 가정폭력범죄로 파괴된 가정의 평화와 안정을 회복하고 건강한 가정을 가꾸며…"라고 명시하고 있다. 이는 가정의 틀을 유지하는 것을 중요하다고 여기는 관점이 근저에 깔려있으며, 피해자를 가정파괴자로 몰아가거나 신고 이후에도 선처 요청과 고소 취하가 빈번해짐으로써 폭력 근절을 저해하고 재발을 방지할 수 없게 한다. 따라서 현실 변화와 다양한 피해자 보호와 지원, 폭력 예방의 근본적 대안을 지향하는 방향에서의 가정폭력의 정의와 범위에 대한 전환이 필요하다.

(2) 가정폭력의 실태와 특성

'2022년 가정폭력 실태조사'(여성가족부, 2022)에 따르면 성인 여성 10명 중 1명이 지난 1년간 배우자나 파트너에 의해 폭력 피해를 경험한 것으로 나타났다. 또한 폭력 피해를 당한 성인 남녀 중 별다른 대응을 한 적이 없는 경우가 절반을 넘는 것으로 조사되었다. 구체적으로 살펴보면, 지난 1년간 배우자나 파트너로부터 신체적, 성적, 경제적, 정서적 폭력 중 하나라도 경험한 비율이 7.6%(여성 9.4%, 남성 5.8%)로 나타났다. 폭력 발생 당시 대응 경험은 53.3%가 '별다른 대응을 한 적이 한 번도 없다'라고 응답하였고, 별다른 대응을 한 적이 없는 이유로는 '폭력이 심각하지 않다고 생각해서'가 25.6%, '내 잘못도 있다고 생각해서' 14.2%, '배우자나 파트너이기 때문에' 14%, '그 순간만 넘기면 되기 때문에'가 12.9%의 순이었다.

폭력의 첫 피해 시기는 여성과 남성 모두 '결혼이나 동거 후 5년 이후'가 여성 37.4%, 남성 57.3%로 가장 많았으며, '결혼이나 동거 후 1년 이상 5년 미만'이 여성 36%, 남성 24.7%의 순으로 나타났다.

또한 폭력의 유형으로는 여성은 정서적 폭력(6.6%), 성적 폭력(3.7%), 신체적 폭력(1.3%), 경제적 폭력(0.7%)의 순으로 피해 경험이 많았으며, 남성은 정서적 폭력(4.7%), 신체적 폭력(1%), 성적 폭력(0.8%), 경제적 폭력(0.2%) 순으로 피해 경험 비율이 높았다.

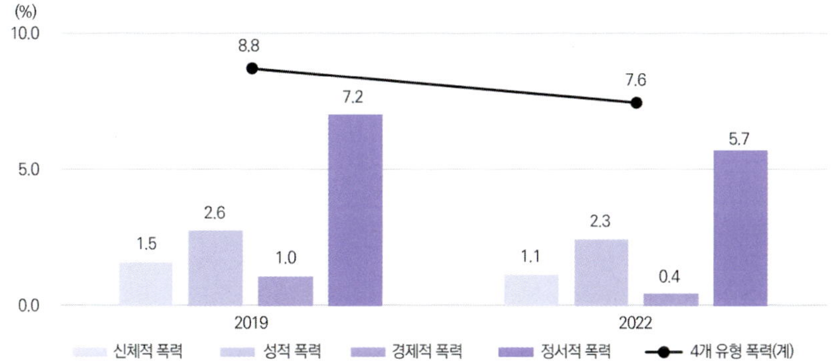

| 그림 6-5 | 최근 1년간 배우자나 파트너로부터 폭력 피해를 경험한 비율

출처 : 여성가족부(2022). 2022년 가정폭력 실태조사 연구.

가정폭력은 가정 내에서 이루어지는 은폐되고 사회적으로 묵인되는 폭력이며, 지속·반복적이고, 배우자뿐만 아니라 자녀와 부모학대와 중복되고, 세대로 사회화되어 순환되는 폭력이라는 특성을 가지고 있다. 여성가족부 조사에서도 배우자와 파트너에 의한 폭력 피해 경험이 있는 응답자의 아동폭력 가해 경험이 25.7%로 폭력 피해 경험이 없는 경우(10.5%)보다 2배 이상 높게 나타났다. 최근 자녀와 사위, 며느리 등에 의해 폭력 피해를 경험한 만 65세 이상 노인도 2019년(3.8%)보다 4.1%로 증가했다.

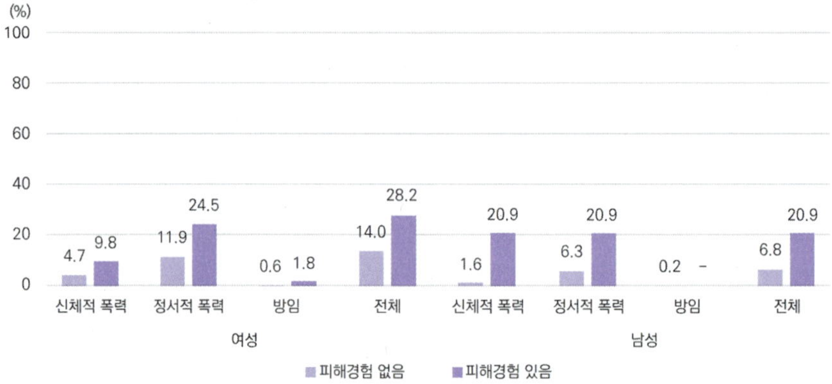

| 그림 6-6 | 지난 1년간 배우자나 파트너에 의한 폭력 피해 경험별 아동폭력 가해 경험

출처 : 여성가족부(2022). 2022년 가정폭력 실태조사 연구.

가정폭력 목격 시 신고에 대한 인식은 '이웃의 아동학대를 목격하면 신고하는 것이 마땅하다'가 95.5%, '이웃의 부부간 폭력을 목격하면 신고하는 것이 마땅하다'가 87.9%로 아동학대에 대해 더 엄격한 태도를 보여주고 있다. 또한 '가정폭력은 가정 안에서 해결해야 할 개인적인 문제'에 동의하지 않는 비율이 75.9%로 2019년 조사 결과(81.5%)보다 다소 감소했다. 이는 실제 폭력발생 시 '내 가족의 일', 또는 '남의 일'이라는 이유로 경찰신고 등 주위에 도움을 요청하는 비율이 여전히 낮은 상황으로, 가정폭력이 가족 내 문제가 아닌 사회적 문제이며 범죄라는 인식의 확대가 필요하다.

▌가정폭력 통념 점검하기

○ 부부싸움은 남의 집 일이니 내가 상관할 바가 아니다? NO!

아닙니다.
가정폭력은 '싸움'이 아닌 '학대'이며, 외부의 개입 없이 막기 어려운 폐쇄성과 지속성을 가지고 있습니다.
당신의 관심과 신고가 가정폭력을 멈출 수 있습니다.

○ 내 아이니까 내 마음대로 때릴수 있다? NO!

아닙니다.
자녀는 부모의 소유물이 아닌 독립적인 인격체입니다.
'체벌'은 벌이 아닌 폭력이며, 누구에게도 타인에게 폭력을 가할 권리는 없습니다.

○ 이혼하지 않는 피해자도 문제가 있다? NO!

아닙니다.
피해자는 오랜 폭력으로 인한 공포감, 이혼 이후 보복에 대한 두려움 등 복합적인 문제로 쉽게 이혼을 할 수 없는 경우가 많습니다.
또한 피해자에게 책임을 묻는 것은 2차 가해입니다.

출처 : 이젠센터(부산광역시 여성폭력방지종합지원센터) 홈페이지에서 발췌.

(3) 가정폭력의 유형

가정폭력의 유형은 신체적 학대, 정서적 학대, 성적 학대, 경제적 학대로 크게 나누어 볼 수 있다.

▌학대의 연속성

학대의 연속성이라 일컫는 모형들은 가장 경미한 것에서부터 가장 심각한 것까지 하나의 연속선상에 배열되는 학대적 행동을 나타내는 것이다. 세 가지 공통적 연속성은 신체적 학대 연속성, 성적 학대 연속성 및 심리적 학대의 연속성이다.

▌가정폭력의 학대 연속성

신체적	정서적 또는 심리적	성 적
꼬집기	무시하기	성적 대상으로 다루기
비틀기	품위 떨어뜨리기	성적 욕구 경시하기
밀치기	사랑 안 주기	성욕 비판하기
흔들기	감정 경시하기	강박적 질투
구석에 몰아넣기	비웃기	원치 않는 접촉
감금하기	소리지르기	성적 명칭 부르기
물건 던지기	소외시키기	성 요구하기
뼈 부러뜨리기	조롱하기	억지로 벗기기
내적 상처	비난하기	성적 난잡함
의료치료 거부	굴욕적 창피 주기	성행위 강제로 보게 하기
무기 사용하기	귀중한 물건 망가뜨리기	구타 후 성행위 하기
신체손상	애완동물 상처 낸다고	강제 성행위 하기 위해
불구자 만들기	위협하기	무기 사용하기
살해	버린다고 위협하기	성행위 중 상처 내기
	폭력을 쓰겠다고 위협하기	

출처 : Alarn Kemp(2001). 이화여자대학교 사회사업연구회 역. 재인용.

첫째, 신체적 학대는 뺨을 때리고 물건을 던지는 데서부터 살인까지 포함되는 아내학대의 가장 흔한 유형이다. 구체적으로는 발로 차는 것, 때리는 것, 밀어내는 것, 목을 조르는 것, 침 뱉기, 꼬집고 물기, 머리채를 잡아끌거나 삭발, 감금, 담뱃불로 지지는 등의 신체적 고통을 주는 행위가 해당된다(이용란, 2006). 이와 같이 신체적 학대행위는 전형적인 학대유형으로 피해자를 영원히 치료불가능한 불구로 만들거나 목숨까지 잃게 하는 일이 종종 있기 때문에 다른 유형의 학대들에 비해서 가장 위험하고 심각하다고 볼 수 있다.

둘째, 정서적 학대는 주로 욕설이나 인격을 모독하는 언어 폭력, 방임 등의 다양한 형태로 나타나며 신체적 폭력만큼 피해자의 인격을 파괴하는 심각한 학대이다.

셋째, 성적 학대로 외도, 의처증, 성적 수치심을 유발하는 성추행, 성폭력과 같은 학대를 포함한다. 더욱 심각한 것은 폭력을 가한 후에 강제적으로 성관계를 요구하는 행위로, 성적 학대와 신체적 학대는 남성의 주된 폭력행위로서 상호 연결되는 것임을 알 수 있다. 이것은 남편에게는 '부부싸움 후 화해'를 의미하지만 아내에게는 '구타 후 강간'이라는 의미가 부여된다(유영주 외, 2012).

넷째, 경제적 학대로서 남편이 생활 전반에 대한 경제권을 가지고 아내에게 경제적 자율권을 주지 않는 것이다. 아울러 경제활동을 하는 여성이라 할지라도 남편에 의해 자신의 소득을 통제당하는 경우도 경제적 학대의 범주에 포함된다(유영주 외, 2012).

▌ 사랑이라 믿었는데 학대… '가스라이팅' 아세요?

최근 데이트 폭력 등과 관련해 자주 등장하는 단어, '가스라이팅'은 타인의 현실 감각, 상황 등을 교묘하게 조작해 자신을 의심하게 만듦으로써 타인에 대한 지배력을 강화하려는 노력을 의미한다.

지난 2017년 한국형사정책연구원에서 발표한 '성인의 데이트폭력 가해요인' 연구에 따르면 데이트폭력 가해 유형 중에서도 '누군가와 있는지 항상 확인했다', '통화가 될 때까지 계속 전화', '옷차림 제한' 등의 통제행동이 71.7%로 가장 높은 비율을 차지했다. 이러한 통제행동은 연인뿐만 아니라 부모-자식, 친구 등 아주 가까운 관계에서 조용하게 일어나며, 피해자는 물론 가해자조차 이러한 상황을 인지하지 못하는 경우가 대부분이다. 따라서 자신이 가스라이팅을 하고 있거나 가스라이팅을 당하고 있진 않은지 경계하는 마음가짐이 필요하다. …중략…

- **왜 상대방을 조종하려는 걸까?**

  가스라이팅은 정신 병명이 아닌 심리학적 용어로 1944년 조지 쿠거 감독의 영화 '가스등(gas light)'에서 처음 등장했으며, 남편이 아내의 재산을 노리고 속임수와 거짓말을 통해 아내를 정신착란으로 몰고 가는 내용에서 유래했다. 영화의 제목 '가스등'은 남편이 아내에게 가하는 정신적 학대를 상징한다. …중략…

- **주로 친밀한 관계에서 발생**

  '가스라이팅'은 부모-자녀, 상사-부하 등 불균형한 권력 상황에서 나타나기 쉬운데 부부나 연인, 친구 관계에서도 서서히 불균형한 권력 상황이 구축되면서 나타나기도 한다. 가해자는 상대방을 비난하면서도 '나 정도 되니까 너를 받아준다'라며 피해자를 안심시키고 길들이는 반면, 피해자는 가해자에게 인정받고자 하는 구도가 된다. …중략… '가스라이팅'이 친밀한 관계에서 일어나며 피해자, 심지어 가해자도 가스라이팅 상황을 인지하지 못하는 이유다.

- **'혹시 내 행동이 가스라이팅? 스스로 경계해야**

평소 자신이 누군가의 눈치를 살피느라 늘 불안하고 우울감을 느낀다면 스스로 가스라이팅의 피해자가 아닌지 의심해야 한다. 가스라이팅의 피해자는 가스라이팅 과정에서 자존감 상실, 심한 경우 인격의 황폐화까지도 경험하면서 괴로운 상황에서도 다시 가해자를 찾거나 또 다른 가스라이팅을 경험할 가능성이 있다. 정신과적 상담, 치료 등 전문가의 도움이 필요한 이유다.

출처 : 헬스조선(2021. 7. 22) 기사에서 발췌.

4. 폭력 없는 사회를 향하여

최근 들어 가족관계나 섹슈얼리티를 둘러싼 사회적 가치관이 변화하면서 '교제폭력'이나 '스토킹'과 같은 관계폭력과 디지털 기술과 결합된 새로운 형태의 여성폭력이 증가하고 있다. 또한 이런 변화를 반영하기 위한 법률의 제·개정이 이루어져 왔다. 기존의 현행법에서는 가정폭력, 성폭력, 성매매, 성희롱에 대해 협소하게 규정하고 있어서 스토킹, 인신매매, 교제폭력, 여성에 대한 증오범죄 등 다양해진 젠더폭력에 대한 처벌 및 피해자 보호가 필요하다는 점을 반영하여 2018년 「여성폭력방지기본법」이 제정되었다. 그러나 기존의 개별법이 존재하는 상황에서 「여성폭력방지기본법」이 기존 법률에 포함되지 못한 여성폭력만으로 제한할 것인지 아니면 포괄적으로 모든 유형의 여성폭력을 포함할 것인지에 대해 법률 제정 당시부터 논란이 되어왔다. 현재 가정폭력, 성폭력, 성매매 등은 기존 법률에 의거하여 처벌되고 있기 때문에 새롭게 등장한 폭력에 대해서는 법률이 계속 제정되거나 개정되고 있는 중이다(장미혜, 2022).

성별권력에 기반한 폭력은 나타나는 양태는 다르지만 성차별의 극단적 표현이며 피해자의 인권을 침해하는 행위이다. 또한 "어떤 문제가 반복적으로 발생하고 있다면 그것은 구조적 과정이며 모두가 이에 대한 책임이 있다. 이것은 모두가 가해자라는 얘기가 아니라 모두 함께 부정의를 제거할 책임이 있다는 얘기이다"라고 미국의 정치 이론가인 아이리스 매리언 영(Iris Marion Young)이 말했다.

폭력 없는 사회로 향하기 위해서는 첫째, 가정과 사회에서 폭력을 정당화하고 미화하는 규범이나 인식의 제거가 필요하다. 육아의 한 방법인 볼기짝 때리기에서부터, 학교에서의 체벌, 폭력을 정당화 또는 미화하는 대중매체의 폭력 제거 등이 필요하다.

둘째, 성 차별적인 사회구조 및 의식의 변화가 이루어져야 한다. 우리 사회를 오랫동안 지배해 온 가부장적인 사고는 젠더기반 폭력을 용인하고 정당화하는 이데올로기로서의 역할을 해왔다. 따라서 근본적으로 성 평등한 사회를 이루어야만 모든 성을 매개로 이루어지는 폭력을 예방할 수 있다.

최근 디지털 성범죄가 증가하고 피해 유형이 다변화되고 있으며, 스토킹·교제폭력 등 관계기반 폭력이 지속적으로 증가하는 등의 환경변화에 따른 보다 적극적인 대응이 필요하다. 즉, 수많은 정보로 둘러싸인 복잡한 디지털 환경 속에서 보다 성숙한 윤리의식과 책임감 있는 비판적 안목으로 미디어를 활용하는 것이 필요하다. 또한 성별·세대 갈등과 혐오를 넘어 타인에 대한 '존중'과 '공감'을 바탕으로 '건전한 시민의식'을 키우는 것이 필요하다.

성폭력 관련 법률 주요 개정 사항

- 「성폭력범죄의 처벌 등에 관한 특례법」
  - 13세 미만에 대한 강제추행 및 공중 밀집 장소에서의 추행의 죄의 법정형 상향
  - 장애인에 대한 강제추행, 성적 목적을 위한 다중이용장소 침입행위 및 통신매체를 이용한 음란행위의 죄의 벌금형을 징역 1년당 벌금 1천만 원의 비율에 맞추어 상향

- 카메라 등을 이용한 촬영과 반포 등의 죄의 법정형 상향, 자신의 신체를 직접 촬영한 경우에도 그 촬영물을 촬영대상자의 의사에 반하여 반포 등을 한 사람은 처벌된다는 점 규정
- 불법 성적 촬영물 등을 소지 · 구입 · 저장 또는 시청한 자는 3년 이하의 징역 또는 3천만 원 이하의 벌금에 처함(신설)
- 성적 욕망 또는 수치심을 유발할 수 있는 촬영물 등을 이용하여 사람을 협박 또는 강요한 자는 각각 1년 이상, 3년 이상의 징역에 처하도록 함(신설)
- 특수강도강간 등 일정한 죄를 범할 목적으로 예비 · 음모한 사람은 3년 이하의 징역에 처함(신설)
- 카메라이용촬영 등 상습 2분의 1 가중처벌(신설)

생각해 보기

- 교제폭력이라고 생각하는 것에는 무엇이 있는지 논의해 보자.
- 외모에 대한 칭찬이 상대방에게 성적 불쾌감을 유발할 수 있는 성희롱 성립 맥락에 대해 논의해 보자.
- 급증하고 있는 아동·청소년의 디지털 성범죄 노출을 예방하기 위한 방안에 대해 논의해 보자.

함께 보기

너 울(2013). 꽃을 던지고 싶다-아동 성폭력 피해자로 산다는 것. 르네상스.

마이테 카란사(2013). 독이 서린 말. 사계절.

엘렌 베스·로라 데이비스(2012). 아주 특별한 용기. 이경미 역. 동녘.

잔인한 나의, 홈(My, No-mercy Home, 2013). 아오리 감독. 일본.

참고문헌

검찰청. https://www.spo.go.kr

김영화·권신영·최영진(2011). 현대사회와 여성복지. 양서원.

뉴스핌(2025. 7. 31).

뉴시스 on MSN(2025. 7. 26).

대한민국 정책브리핑(2024. 11. 6).

무타 카즈에(2015). 부장님 그건 성희롱입니다. 박선영·강희대 공역. 나름북스.

박영주(2024). 대구광역시 성폭력 실태조사. 대구광역시행복진흥사회서비스원.

송다영·김미주·최희경·장수정(2012). 새로 쓰는 여성복지론-쟁점과 실천. 양서원.

알란 켐프(2001). 가족학대·가족폭력. 이화여자대학교 사회사업연구회 역. 나남출판.

여성가족부(2022). 2022년 가정폭력실태조사 연구.

__________(2022). 2022년 성폭력 안전실태조사 연구.

__________(2024). 2024년 성희롱 실태조사.

__________(2024). 2024년 여성폭력 실태조사.

_________. 성희롱예방교육 자료.

_________. https://www.mogef.go.kr

여성가족부·한국여성인권진흥원(2024). 2024 디지털성범죄 피해자 지원 보고서.

여성신문(2025. 7. 9).

유영주 외(2012). 가족복지론. 대왕사.

이경하(2019). 충남 데이트폭력 현황 및 대응 방안. 충청남도여성정책개발원.

_____(2024). 충청남도 가정폭력 실태조사 및 지원 방안 연구. 충남여성가족청소년사회서비스원.

_____(2025). 충청남도 성폭력 피해 실태 및 지원체계 강화 방안. 충남사회서비스원.

이용란(2006). 가정폭력 재발억제 요인에 대한 사례연구 : 가정폭력 행위자 집단상담 프로그램 수료자를 중심으로. 대전대학교 대학원 석사학위논문.

이젠센터(부산광역시 여성폭력방지종합지원센터). https://www.egen.or.kr

정희진(2005). 여성의 눈으로 다시 보는 인권. 페미니즘의 도전. 교양인.

하예나(2017). 한 번의 클릭. 한 번의 가해 : 디지털 성폭력. 한국성폭력상담소.

한국성폭력상담소. https://www.sisters.or.kr

한국여성의전화. https://www.hotline.peacenet.or.kr

한국여성인권진흥원. https://www.stop.or.kr/home/kor/main.do

헬스조선(2021. 7. 22).

홍영오(2017). 성인의 데이트폭력 가해요인. 형사정책연구, 28(2). 한국형사정책연구원.

RICHARD J. GELLES(1997). 이동원·김지선 공역(1998). 가정폭력의 허상과 실상. 길안사.

제 7 장

여성과 인권 2 : 성매매의 이해

1. 성매매와 여성인권
2. 소비자본주의와 성매매
3. 글로벌라이제이션과 성매매의 전 지구적 확산

제7장 여성과 인권 2 : 성매매의 이해

영업이 끝났다. 하루하루가 빨리 지나간다. 6일 전의 두려움은 어디론가 사라지고 내가 언제 그랬냐는 듯이 지금의 난 이곳 생활에 길들여져 가고 있다. 항상 소망한다. 업소 생활의 마지막이 이곳이 되기를. 업소 생활 3년 만에 얻은 것들도 잃은 것들도 많다. 잃은 건 내 자신, 내 본모습, 이름 석 자, 그리고 돈. 난 항상 말한다. 지금의 난 내가 아니야, 아니 아닐 거야.

여기서의 첫날부터 지금까지 계속 꿈을 꾼다. 가족 꿈, 집에 가는 꿈, 언니랑 놀러 다니는 꿈. 처음부터 그랬듯이, 아니 지금도 또 앞으로도 나의 소망은 단 하나. 집에 빨리 가는 거. 그래서 하루 빨리 언니를 만나는 거.

-2000년 9월 군산 대명동 성매매 집결지 화재로 사망한 여성의 일기 중에서-

1. 성매매와 여성인권

1) 성매매에 대한 오해와 통념

많은 사람들이 성매매에 대해서 '나쁜 것'이라고 생각하는 한편 사회적으로 필요악이라 생각하는 경향이 있다. 성 구매 행위도 바람직하지는 않다고 생각하지만, 자신의 성을 판매하는 사람, 사실상 성을 판매하는 절대 다수는 여성이므로, 성 판매 여성에 대해서는 성 구매 남성보다도 더 강도 높은 도덕적 비난을 가한다.

이렇게 성매매 여성에게 도덕적 비난이 가해지는 이유는, 첫째, 여성은 성적으로 순결해야 한다는 전통적인 관념이 강고하고, 둘째, 다수의 성매매 여성이 '자발적으로 성매매를 선택'했기 때문에, 성적으로 문란한 이들이 '더럽고', '해서는 안 될' 성매매를 하는 것에 대하여 비난을 받을 만하다는 것이다.

그러나 왜 우리 사회에서는 성을 구매하는 남성보다 오히려 성을 판매하는 여성에 대하여 '더럽다'는 도덕적인 비난을 가하고 낙인을 찍는지에 대하여 물음을 던질 필요가 있다.

그 이면에는 성에 대한 가치와 규범이 남성과 여성에게 이중적으로 적용되는 남성 중심적인 성 문화가 자리 잡고 있다. 성적 욕구를 드러내거나 표현하고, 성을 향유하는 것에 대하여 한국사회는 남성에게 더 관용적이다. 반면에 여성들에게는 자신의 성적 욕구에 대한 표출이나 향유에 대해서 '여자답지 못한', '바람직하지 않은' 평가가 주어진다. 그리고 이 범주에 벗어나는 여성에 대해서는 사회적 일탈자로 규정짓는 경향이 강하다.

성매매에 대한 오해와 통념

- **성매매는 성폭력 등 성범죄의 감소에 도움이 된다.**

  성매매가 성폭력 감소에 긍정적 효과가 있다는 근거, 증거는 없다. 오히려 성매매와 같이 여성의 성과 몸을 돈으로 거래할 수 있는 문화가 확산되어 있다는 것은 그만큼 여성을 전인적인 존재로 보기보다는 성적 욕구의 대상으로 보는 의식을 확산시키고, 여성에 대한 각종 폭력을 증가시키는 데 일조한다고 볼 수 있다.

- **성매매는 남성의 성욕 해소를 위한 필요악이다.**

  성 구매자의 상당수는 기혼 남성이거나 파트너가 있는 남성이다. 또한 성 구매의 형태가 술자리 이후 2차, 3차의 형태로 집단적으로 이루어지는 경우가 많으며, 같이 간 동료들 간의 유대를 확인하는 수단으로 이루어지기도 한다.

- **성매매 특별법과 같은 법률은 오히려 성매매를 확산시키는 풍선효과를 낳는다.**
  최근 성매매 시장은 인터넷의 확산, 상업적 시스템의 발전으로 다양한 유형으로 확산되는 경향이 있으며, 성 산업 시장의 규모도 커지고 있다. 그러나 이것이 성매매 특별법의 영향이나 결과라기보다는 보다 손쉽고 빠르고 광범위하게 성매매 알선을 가능하게 한 과학기술의 발전에서 기인한다고 보는 것이 타당할 것이다. 중요한 것은 성매매 특별법을 통하여 새로운 성매매 알선방식에 대해 법적 제재를 가함으로써, 실질적으로 성매매 시장이 축소될 수 있도록 하는 것이다.

많은 사람들이 성매매 여성을 개인적 선택에 따른 일탈자로 바라본다. 그러나 성매매를 개인의 일탈이라는 관점이 아니라 여성 인권의 문제로 인식하고 접근할 필요가 있는데, 이는 크게 두 가지 차원에서 생각해 볼 수 있다.

첫째, 성매매 여성들의 선택의 이면에는 사회경제적인 불평등 관계와 구조가 자리하고 있다. 여성들이 왜 성매매를 하게 되는지, 성매매를 하는 여성들은 주로 어떤 사회적 배경을 가지고 있는지 등에 대한 인식에서 출발하여, 많은 여성들을 성매매 시장으로 끌어들이고 있는 구조적인 요인이 무엇인지 생각해 보아야 한다.

성매매 여성들의 경우 취약한 가정환경에서 성장한 경우가 많다. 일례로, 학대 피해가 있는 위기 청소년 중 성착취 피해가 있는 경우는 48.5%, 학대 피해가 없는 위기 청소년 중 성착취 피해가 있는 경우는 21.1%로, 전반적으로 보호자로부터의 학대 피해가 있는 위기 청소년들의 성착취 경험 비율이 높은 것으로 나타나 가정 내에서의 학대 피해 경험과 성착취 피해 경험이 관련성이 높은 것으로 추정된다(김지선 외, 2022).

이처럼 성매매 진입의 동기와 배경에는 여성들의 빈곤, 피학대 경험 등의 요인들이 자리하고 있는 것이다.

둘째, 성매매는 기본적으로 성 착취적인 특성을 가질 수밖에 없고, 성매매와 관련한 산업이 발달할수록 이러한 성 착취 시스템은 고도화되어 그 속에서 성매매 여성은 다양한 인권 침해 상황에 놓일 수밖에 없게 된다.

현대사회에서 성매매는 성 구매자와 성 판매자가 단순하게 돈을 매개로 성을 거래하는 관계를 넘어서 성적 거래를 알선하여 중간에서 이득을 취하는 알선 시스템에 의하여 이루어지는데, 그 과정에서 성매매 여성의 통제를 위한 각종 억압과 착취가 일상적으로 이루어진다.

성매매 집결지 화재 참사와 「성매매 특별법」 제정

2000년 9월 군산 대명동의 성매매 업소들이 모여있는 지역에서 화재가 발생하여 5명의 여성이 숨졌고, 이어 2002년 1월 군산 개복동의 유흥주점 밀집지역(성매매 업소)에서도 화재가 발생하여 성매매 여성 14명과 남자 지배인 1명이 사망하는 참사가 발생하였다. 화재로 인하여 많은 인명이 희생된 이유는 사실상 감금이라고 할 수 있을 정도로, 창문이나 출입구가 봉쇄되어 탈출이 불가능했기 때문이었다.

2000년대 초반에 발생한 이 2건의 사건들은 성매매 현장에서 자행되고 있었던 여성들의 심각한 인권유린 상황을 세상에 알리게 되었고, 이후 전국적으로 성매매 문제 해결을 위한 운동을 확산시켰으며, 결과적으로 2004년 3월 「성매매알선 등 행위의 처벌법」과 「성매매 방지 및 피해자보호법」 등 일명 성매매 특별법이 제정되는 계기가 되었다.

「성매매알선 등 행위의 처벌에 관한 법률」에서의 성매매 피해자 정의

제2조(정의)

① 이 법에서 사용하는 용어의 뜻은 다음과 같다.

4. “성매매 피해자”란 다음 각 목의 어느 하나에 해당하는 사람을 말한다.
   가. 위계, 위력, 그 밖에 이에 준하는 방법으로 성매매를 강요당한 사람
   나. 업무관계, 고용관계, 그 밖의 관계로 인하여 보호 또는 감독하는 사람에 의하여 「마약류 관리에 관한 법률」 제2조에 따른 마약·향정신성의약품 또는 대마(이하 “마약 등”이라 한다)에 중독되어 성매매를 한 사람
   다. 미성년자, 사물을 변별하거나 의사를 결정할 능력이 없거나 미약한 사람 또는 대통령령으로 정하는 중대한 장애가 있는 사람으로서 성매매를 하도록 알선·유인된 사람
   라. 성매매 목적의 인신매매를 당한 사람

② 다음 각 호의 어느 하나에 해당하는 경우에는 대상자를 제1항 제3호 가목에 따른 지배·관리하에 둔 것으로 본다.

1. 선불금 제공 등의 방법으로 대상자의 동의를 받은 경우라도 그 의사에 반하여 이탈을 제지한 경우
2. 다른 사람을 고용·감독하는 사람, 출입국·직업을 알선하는 사람 또는 그를 보조하는 사람이 성을 파는 행위를 하게 할 목적으로 여권이나 여권을 갈음하는 증명서를 채무이행 확보 등의 명목으로 받은 경우

제6조(성매매 피해자에 대한 처벌특례와 보호)
① 성매매 피해자의 성매매는 처벌하지 아니한다.

2) 성매매의 반(反) 인권적 특성

성매매가 여성의 인권을 침해하는 특성을 지니고 있다는 것은 크게 두 가지 차원에서 생각해 볼 수 있다. 우선 성매매 여성들은 성 구매자들에 의한 폭력과 위협에 항상 노출되어 있다. 이들은 성 구매자들의 요구에 응하도록 요구받고 있고, 그 과정에서 성 구매자들에 의해 구타를 비롯한 신체적 폭력, 욕설, 협박 등을 종종 받는다. 심지어 상해를 입는 정도를 넘어서 성 구매자에게 살해를 당하는 사례도 있다.

다음으로 성매매 현장에서 알선자와 성매매 여성 사이에 일어나는 인권 침해이다. 알선자들은 각종 벌금과 벌칙, 감시, 감금 등 통제 장치들을 통하여 사실상 성매매 여성들을 옭아매고 있으며, 이러한 통제 장치들은 선불금과 연결된 과도한 빚으로 연결되어 여성들이 성매매 현장을 쉽게 벗어나기 어렵게 만든다.

즉, 자발과 비자발의 경계가 명확하지 않으며, 설령 자발적으로 성매매를 시작했다 하더라도 내가 원할 때 그만둘 수 있는 자발성이 보장되지 않는다.

현재 성매매가 이루어지고 있는 곳에서 여성들의 감금과 같은 심각한 인권 침해는 상당 부분 없어졌다고 하나 여전히 불법적인 선불금과 연관된 채무관계가 성매매 여성들이 성매매를 그만둘 수 없게 만드는 주된 요인이 되고 있으며, 협박, 폭력 등을 통한 감시와 통제가 일상적으로 이루어지고 있다.

특히 이러한 통제와 강요는 최근 다이어트, 성형 강요와 연결된 채무구조, 합법적 계약을 빌미로 한 '벗방(벗는 방송)'과 신체촬영 강요 등 다양한 성착취 수단과 결합하여 이루어지기도 한다.

▌벗방, 성매매, AV··· 성산업은 성착취를 양산한다

돈이 필요한 순간에 고수익의 방송 일을 제안받는다. 사전에 안내된 내용과 달리 성적인 착취를 당한다. 피해 영상이 고스란히 기록으로 남는다. 그 영상을 빌미로 다시 본격적인 방송 출연을 강요당한다. 계약서가 만들어지면서 이른바 '합법적인' 성착취가 시작된다. 지난 3월 피해자 A씨의 인터넷 폭로로 드러난 '벗방'(벗는 방송) 성착취 피해의 전말이다. 가해 BJ들은 피해자에게 '단순한 소통 방송, 술 방송'이라며 방송을 제안하지만 라이브 방송 중 스킨십의 수위는 점점 강해진다. 피해 여성은 현장에서 성적 행위에 대한 강요와 압박에 시달리며 아예 주량 이상의 술에 취해 항거불능 상태가 되기도 한다.

일련의 과정을 살펴보면 벗방 문제는 국내 성매매 산업 문제의 축소판처럼 보인다. 개인 방송 환경이 급변한 지난 10여 년의 기간 동안 여성을 '상품'으로 삼는 산업의 토대가 빠르게 구축됐다. 그 과정에서 '상품'인 여성을 적극적으로 유인 혹은 약취하는 공급구조가 정착됐다. 성매매가 합법적으로 관리되는 국가에서도 강제 성매매 피해가 끊이지 않듯, 최근 보도된 성착취 피해들은 그 '구조' 속에서 필연적으로 생성된 극단적 사례들에 가깝다.

전문가들은 벗방 문제를 '음란물 문제'로 설정하는 접근 방식이 효과 측면으로나 당위적 측면으로나 바람직하지 못하다고 지적한다. 반성매매인권행동 '이룸', 한국사이버성폭력대응센터, 한국성폭력상담소 등 국내 피해자 지원 단체가 모여 지난달 20일 구성한 '벗방 피해자 공동 지원단'(지원단)은 18일 성명을 내고 '벗방에 대한 우리의 시선과 질문을 보다 깊이 할 필요가 있다'고 지적했다.

지원단 측은 '벗방은 "음란"의 문제가 아니라 여성의 성적 대상화와 통제가 남성들의 놀이가 되는 성차별적 사회구조의 반영과 재현의 문제이며, 이를 활용하여 수익을 착복하는 성산업의 문제'라고 주장한다. '기망에 의한 벗방 피해자'와 '자발적 벗방 BJ'를 구분하는 방식을 넘어, 여성들을 벗방 산업으로 적극 유입시키고 피해를 확산하는 '성산업 구조'에 집중해야 한다는 것이다.

출처 : 프레시안(2023. 5. 26) 기사에서 발췌.

성매매가 성 착취 시스템 안에서 이루어지고, 그 과정에서 지극히 여성에게 폭력적인 형태를 띠고 있다는 것은 성매매에 종사했던 여성들의 정신건강 수준이 매우 낮다는 연구결과들이 증명해 준다.

일례로 성매매 경험이 있는 여성들의 경우 외상 후 스트레스 장애(PTSD)와 극단적인 스트레스 장애(DESNOS) 등 정신장애가 상당히 있으며, 아동기에 성적 학대를 받은 경험이 있거나 성매매 기간이 길수록 장애의 정도가 심하다는 것이다(Hyunjung Choi, et al., 2009; 김자영・김지혜, 2011).

한국사회에서 성매매 여성에게 가해지는 사회적 낙인은 다른 어떤 집단보다도 가장 정도가 심하기 때문에, 성매매를 그만둔 여성들의 경우 자활이 쉽지 않은 것이 현실이다. 과거에 성매매를 했다는 전력이 알려지는 것에 대한 두려움과 낮은 자존감 등이 복합적으로 작용하여 대인관계와 사회생활에서 어려움을 겪는다.

성매매의 성 착취에 대하여 일각에서는 성매매를 합법화하여 성매매 여성들을 직업으로 인정하고, 이들의 노동 조건을 정부나 관계 기관이 적절히 통제한다면 성 착취 문제가 해소될 수 있다는 주장도 있다. 그러나 현실은 오히려 정 반대이다.

성매매가 여성에 대하여 지극히 폭력적이라는 사실에 대하여 국제 사회의 인식도 점차 높아지고 있으며, 국가적 차원 혹은 국제기구 등에서 성매매의 반(反) 인권적이고 폭력적인 문제에 대처하려는 움직임이 확대되고 있다.

현재 국가별로 성매매에 대한 입장의 차이가 있는데, 크게 보면 완전 불법화, 성 구매 불법화, 성매매 합법화로 구분할 수 있다. 완전 불법화는 성 구매와 판매 모두를 금지하는 것으로 형사 처벌의 대상이 되며, 우리나라를 비롯한 많은 나라들이 이 범주에 해당된다. 성 구매 불법화는 성 판매자는 처벌하지 않고, 성 구매자만 처벌을 하며 스웨덴, 아이슬란드, 노르웨이 등 북유럽 일부 국가들이 해당된다. 마지막으로 성매매 합법화는 사실상 성매매를 허용하고 있는 경우로서 허용 범위는 조금씩 다르다. 이 범주로는 독일, 네덜란드, 호주의 일부 주, 미국의 일부 주 등이 해당된다.

그러나 독일, 네덜란드 등 성매매를 합법화한 국가들에서 합법화 이후 인신매매와 연계된 성매매 여성의 유입이 더 증가하고, 이들의 노동조건과 환경은 더 열악해졌다는 보고와 평가들이 나오고 있으며, 최근 유럽 국가를 중심으로 성 구매에 대한 처벌을 강화하거나 성매매 합법화를 철회하자는 목소리가 높아지고 있다.

▌네덜란드, 2000년 성매매를 합법화한 법의 실패

2000년 10월 네덜란드는 성매매를 합법화하였고(성매매 업소 소유, 성매매 수단 제공을 불법으로 명시, 포주 처벌을 명시한 형법 조항 삭제), 이후 성매매 업소와 종사자가 등록과 허가를 받도록 한 새로운 규정을 만들었다.

애초에 네덜란드는 성매매 합법화를 통하여 ① 성매매 종사자에게 보건 서비스와 폭력방지 서비스 지원, ② 인신매매 감소, ③ 성 착취로부터의 아동 보호라는 목표를 달성하고자 하였다. 그러나 성매매 합법화 이후 조직 범죄와 연계된 산업 규모 확대, 인신매매 증가, 아동 성착취 증가 등 목표와는 정반대의 결과가 심화되어 왔다.

• 각종 사회서비스로부터의 배제

코비드-19 팬데믹 기간(2020~2023)에 정부는 감염의 위험을 이유로 성매매를 범죄화하였는데, 성매매 여성들은 사회적으로 고립되었을뿐 아니라 정부가 제공하는 보건, 경제 등 긴급 구제로부터도 배제되었다. 많은 조사에 따르면, 이 기간에 많은 여성들이 감염으로 인한 질병이나 사망의 위험을 감수하고 불법적으로 성매매에 나설 수밖에 없었다. 조사에 따르면, 팬데믹 동안 자살을 포함하여 성매매 여성들의 정신건강의 악화가 보고되기도 하였다.

• 인신매매의 증가

2008년 튀르키예-독일 마피아 네트워크와 연결된 포주 집단이 암스테르담의 홍등가를 포함한 합법적 성매매 업소에서 100명이 넘는 여성들을 인신매매한 범죄로 유죄 판결을 받았다. 언론 보도에 따르면, 이 여성들에게는 일상적 구타, 강간, 강제 성형수술, 강제 문신, 강제 인공유산 등이 자행되었으며, 네덜란드 역사상 가장 큰 인신매매 사건으로 알려졌다.

인신매매 보고관의 보고에 따르면, 2018년과 2019년 사이에 젊은 여성과 외국인 여성 피해자가 증가하였고, 2022년에는 그 비율이 약 20%의 수준을 차지하는 것으로 나타났다. 2023년 사법 당국은 태국과 남미에서 온 여성들을 합법적인 성매매 웹사이트에서 착취하는 인신매매 조직 네트워크를 적발하기도 하였다.

• 아동 성 착취

2024년 네덜란드는 인터넷에서 아동 성착취물이 가장 많이 만들어지는 국가로 보고되었으며, 세계 아동 성 착취물 시장에서 가장 중요한 지역 중 하나로 여겨지고 있고, 유럽에서 온라인 아동 성 착취물 구매자 비율이 가장 높은 국가이다.

출처 : CATW(2025). Failed Promises : the htistory of legel prostitution and sex trafficking in the Kingdom of the Netherlands, pp. 22−55 참고.

이러한 국외의 사례들은 '인간의 성을 거래'하는 성매매 자체가 반 인권적일 수밖에 없다는 것을 잘 보여주며, 현재에도 성매매의 합법화를 둘러싼 논쟁이 이루어지고 있는 한국사회에도 많은 시사점을 던져준다고 하겠다.

▌헌법재판소, 성매매특별법 '합헌' 결정, 6대 3

착취나 강요를 당하지 않고 자발적으로 성을 판매한 사람도 처벌하도록 한 성매매특별법 조항은 헌법에 어긋나지 않는다는 헌법재판소 판단이 나왔습니다. 헌재는 31일 성매매 알선 등 행위의 처벌에 관한 법률 제21조 제1항에 제기된 위헌법률심판에서 재판관 6(합헌)대 3(위헌) 의견으로 합헌을 결정했습니다. 이 조항은 '성매매를 한 사람은 1년 이하의 징역이나 300만 원 이하의 벌금・구류 또는 과료에 처한다'고 규정해 성을 한 사람과 산 사람을 모두 처벌하도록 했습니다.

헌재는 "성매매를 처벌함으로써 건전한 성 풍속 및 성 도덕을 확립하고자 하는 입법목적은 정당하다"며 "성매매 집결지를 중심으로 한 성매매 업소와 성판매 여성이 감소하는 추세에 있는 점을 보면 수단의 적합성도 인정된다"고 밝혔습니다.

헌재는 "성 판매자를 처벌하지 않는다면 성매매 공급이 더욱 확대될 수 있고 성 판매자가 성 구매자의 적발과 단속을 피할 수 있는 방안을 보장하는 등의 불법적 조건으로 성매매를 유도할 가능성도 배제할 수 없다고"고 지적했습니다.

헌재는 "건전한 성풍속과 성도덕이라는 공직적 가치는 개인의 성적 자기결정권 등과 같은 기본권 제한의 정도에 비해 결코 작다고 볼 수 없다"며 자발적 성매매도 처벌이 필요하다고 봤습니다.

이번 위헌법률심판은 서울북부지법이 2012년 12월 13만 원을 받고 성매매한 혐의로 기소된 김모(45・여) 씨의 신청을 받아들여 제청했습니다.

생계형 · 자발적 성매매 여성을 처벌하는 게 위헌인지 다투는 사건은 이번이 처음이었습니다. 성매매처벌법은 강요나 인신매매로 인한 성매매의 경우 여성을 피해자로 보고 처벌하지 않는 대신 성매매를 시킨 사람과 성 구매자를 처벌합니다.

지금까지 성매매 처벌과 '성매매 방지 및 피해자 보호 등에 관한 법률' 등 이른바 성매매특별법에 성 구매 남성이나 알선 · 건물임대 업자가 7차례 헌법소원을 냈지만 전부 각하 또는 합헌 결정이 나왔습니다.

출처 : MBN 뉴스(2016. 3. 31) 기사에서 발췌.

[참고] 헌재 결정에서의 소수의견(일부위헌 혹은 전부위헌)

소수의견	의견 요지
일부위헌 (김이수 · 강일원 재판관)	• 성매매는 가부장적 사회와 노동시장 구조, 빈곤 등이 결합된 사회경제 구조의 문제이고, 성매매의 본질은 남성의 성적 지배와 여성의 성적 종속을 정당화하는 수단이자 성 판매자의 인격과 존엄을 침해 • 성 판매자에 대한 처벌이 아니라 경제적 지원과 보호 필요 (성 구매자만 처벌 필요)
전부위헌 (조용호 재판관)	• 성매매 처벌은 특정한 도덕관을 강제하며, 인간 본성에 따라 수요와 공급이 항상 존재. 성매매는 일종의 자유거래이고 규제하는 것이 헌법에 어긋남 • 성 구매자와 판매자 모두 처벌하지 말아야 함

2. 소비자본주의와 성매매

1) 소비자본주의와 성 상품화

한국사회에서 성매매가 확산되는 주요 배경 중의 하나는 소비자본주의의 확산이다. 소비자본주의는 상품화되지 않은 영역을 점점 상품화하고 물신화시키며, 그 과정에서 성적 서비스, 성적 거래의 상품화도 확대되어 왔다.

소비자본주의가 성매매를 확산시키는 방식으로는 첫 번째로 '관계 및 친밀성의 영역'에서의 상품화의 진전이다. 우리 사회에서는 어느 사이에 '조건만남', '애인대행', '원조교제'와 같은 용어가 낯설지 않을 정도로 '연애'로 포장된 성적 서비스 거래가 비일비재하게 일어나고 있다.

▌우리나라 성인의 성 구매 경험

'2022년 성매매 실태조사'(여성가족부)에서는 남녀 2,134명(남성 1,050명, 여성 1,084명) 대상 온라인 설문조사를 실시하였으며, 여기에는 성 구매 경험과 성매매 인식 등에 관한 문항들이 포함되어 있는데, 특히 남성 응답자의 성 구매 경험에 대한 조사결과에 따르면, '평생 동안 성 구매 경험 여부'에서는 경험 비율이 37.4%이고, 1인당 평균 성 구매 횟수는 12.6회로 나타났다.

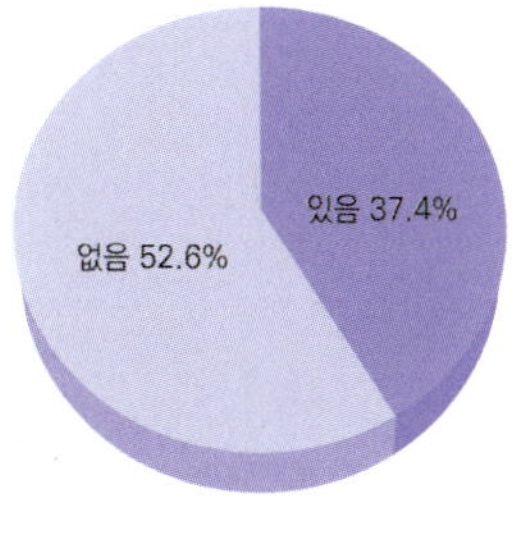

| 그림 7-1 | 평생 동안 성 구매 경험 비율

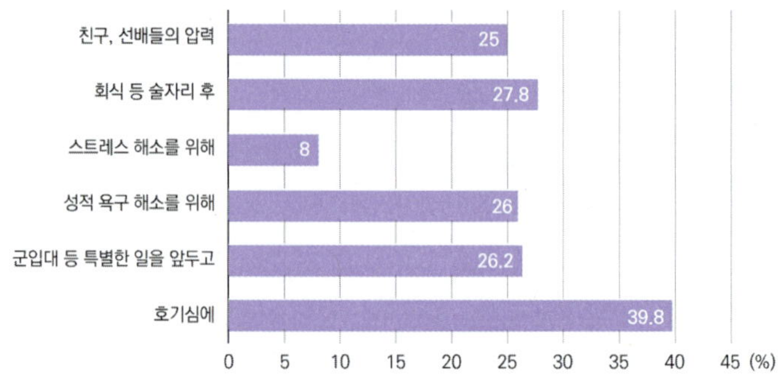

| 그림 7-2 | 최초 성 구매 동기 비율(복수응답)

출처 : 여성가족부(2023). 2022년 성매매 실태조사.

두 번째로 성매매의 산업화이다. 현재 성매매는 전통적인 집결지 외에도 유흥주점, 키스방, 안마방, 출장마사지, 인터넷 성매매 등 그 유형과 방식에 있어 매우 다양하게 변화하고 있으며, 그 규모도 거대화, 기업화되고 있는 추세를 보이고 있다.

예전에는 성매매가 집결지와 같은 분리된 공간에서 주로 이루어졌다면, 현재는 유흥가뿐만 아니라 주거지역, 학교 주변 등 일상 생활공간에 이르기까지 성매매 관련 업소들이 확산되고 있다. 또 디지털 기술의 발전으로 시 · 공간의 제한 없는 성 구매가 가능해지면서 채팅앱, 소셜네트워크(SNS) 등 모바일 기반 성 구매와 성 구매 플랫폼은 확장되고 있는 추세이다.

이제 성매매는 엄청난 수익을 가져다주는 거대한 이윤창출의 시장이 되어, 그 속에서 성 구매자의 욕구, 취향을 반영하고 경쟁적으로 성적 서비스가 개발, 상품화되면서 더 많은 성 구매자를 끌어들인다.

모든 것을 상품화하려고 하는 소비자본주의적 속성이 성매매 시장을 확대시키는 큰 구조적인 요인이라면, 남성들의 성 구매에 대한 끊임없는 수요는 성매매 시장을 팽창시키는 보다 직접적인 동력이 된다.

한국사회에서 성매매 시장의 팽창은 주요 고객인 남성의 성 문화와 관련이 있다. 한국사회에서 남성의 성 문화는 '술과 여자'가 항상 따라다니는 여가시간의 유흥문화와 밀접한 관련이 있다. 이러한 환경에서 성매매는 '남자라면 한 번쯤 경험해 보아야 할 문화'가 되어버린다.

첫 번째로, 이러한 집단적인 유흥문화로서 상품화된 여성의 성을 구매하는 행위는 인터넷 사이트, 인터넷 카페 등과 관련된 소위 '밤 문화'에 대한 정보 탐색과 공유를 통하여 활성화된다. 이러한 인터넷 사이트나 카페들은 성매매 알선 업소들이 운영하는 것도 많지만, 성 구매자들이 정보 공유에 목적을 두고 개설하여 운영하고 있는 것들도 많다. 여기에서 여성은 구매자에게 즐거움과 만족감을 줄 수 있는 소비할 상품 혹은 물품에 지나지 않는다. 여성의 몸은 철저하게 전시되고 평가되며, 특히 얼마나 구매자에게 만족스러운 서비스를 제공했는가를 기준으로 평가된다.

두 번째는 한국사회에 만연되어 있는 기업의 접대문화가 성매매와 많은 연관이 있다는 것이다. 아직도 많은 기업들이 업무 및 거래처 관계자들에게 접대를 명목으로 술과 유흥을 제공하는 관행이 성매매로 상당 부분 연결되고 있다. 특히 '여성의 성을 제공'하는 형태의 접대 방식이 사회·정치적 권력층에게 이권을 얻기 위한 수단으로 활용되고 있는 것도 엄연한 현실이다.

2) 소비자본주의의 불평등 구조와 성매매

한국사회의 소비자본주의의 확대는 사회 전체적으로 소비문화의 확산을 의미하지만, 그 과정은 매우 불평등하게 진행되고 있다. 사회적 양극화의 심화는 빈곤 계층을 증가시켰으며, 특히 그 과정에서 여성의 빈곤화가 심화되어 왔다.

거대한 성매매 시장은 사회·경제적으로 취약한 여성들로 하여금 '쉽게 돈을 벌 수 있다는 유혹'을 던지면서 끌어들인다. 대체로 가족, 사회로부터의 보호망이 부재하고 사회·경제적 자원이 취약한 여성들이 성 산업에 유입된다.

결국 경제적인 불평등 구조와 성 불평등 구조 안에서 취약한 상황에 놓여 있는 여성들이 주로 성매매에 유입되는 것이다. 그런 점에서 성매매 여성의 자발적 선택의 이면에는 사회적인 불평등 구조가 자리하고 있다.

특히 최근에는 성매매에 유입되는 여성의 연령이 점차 낮아지면서, 청소년의 성매매 진입도 크게 증가하고 있다. 청소년이 성매매로 진입하게 되는 계기는 대부분 가출이다. 가출 청소년, 특히 여성인 경우 가출 이후 생활비와 주거 공간 등 생계의 문제에 봉착하면서 성매매의 유혹과 위험에 쉽게 노출된다.

청소년 성매매의 경우 성인 남성 혹은 여성이 포주 노릇을 하는 알선자, 여자 청소년이 성 판매를 하는 방식으로 이루어지거나 동년배인 남녀 청소년이 알선자, 여자 청소년이 성매매를 하는 방식으로 이루어지기도 하고, 청소년이 성매매 업소에 아르바이트나 취업하는 방식으로 이루어지기도 한다. 그 과정에서 성매수 대상이 된 청소년은 성 구매자 및 알선자로부터 성폭력, 신체적 폭력, 성학대 등의 폭력과 갈취의 피해를 입는 사례들도 늘어나고 있다.

또한 청소년의 경우 성 구매자가 청소년의 취약한 상황을 이용하여 '친밀한 관계'를 형성하고 길들이기(그루밍)를 하면서 성 착취 관계를 지속하고 있는 사례도 많아 피해 청소년 스스로 성매매와 성 착취 피해에 대한 인식이 낮을 뿐만 아니라 이러한 착취적 특성이 잘 드러나지 않는 경향이 있다.

이러한 청소년 성매매 증가 현상에 대하여 청소년 개인의 탈선이나 비행의 관점으로만 접근해서는 안 될 것이다. 무엇보다 취약한 가정환경이 이른바 '청소년 비행'의 배경이 되고 있으며, 이러한 청소년들에게 안전한 생활환경이 되지 못하는 우리 사회가 다시 청소년들을 성매매로 내몰고 있는 것은 아닌지 성찰할 필요가 있다.

3. 글로벌라이제이션과 성매매의 전 지구적 확산

1) 인신매매와 성 착취

지난 몇십 년 동안 전 세계는 교통・통신의 발달, 경제, 문화적 교류의 확대와 함께 국제적인 인구이동도 급격하게 증가해 왔다. 그러나 이러한 '글로벌라이제이션(globalization)'은 양면의 칼처럼 긍정적인 측면과 함께 부정적인 결과들도 양산하고 있는데, 그중의 하나로 인신매매의 증가를 들 수 있다.

특히 인신매매는 국제적인 범죄 네트워크와 연결된 성매매와의 관련성이 매우 높다. 관련 보고서에 따르면, 인신매매 피해자 중 성인여성은 39%, 소녀는 22%로 여성 피해자의 비율은 61%에 이르고 있고, 성 착취 목적의 인신매매 피해자 중 여성의 비율이 92%(성인여성 64%, 소녀 28%)로 절대 다수를 차지하고 있다(UNODC, 2024 : 20).

이처럼 성 착취 목적의 인신매매가 전 세계적으로 광범위하게 발생하고 있는 가운데, 우리나라도 인신매매, 특히 성 착취 목적의 인신매매와 무관하지 않은 것이 현실이다.

유엔(UN)에서는 지난 2000년 「인신매매 특히 여성 및 아동의 인신매매 예방・억제・처벌을 위한 의정서」를 채택하였으며, 여기에 한국도 2015년 186번째 당사국으로 가입했다. 의정서 협약의 당사국으로서 한국도 인신매매 방지 및 피해자 보호에 노력을 기울일 의무가 있다. 이에 우리나라는 지난 2021년 「인신매매등방지 및 피해자보호 등에 관한 법률」을 제정하여, 2023년부터 시행하고 있다.

▌인신매매란?

「UN 국제조직범죄방지협약」을 보충하는 인신매매, 특히 「여성과 아동의 인신매매 예방, 억제, 처벌을 위한 의정서」에서 '인신매매'는 "착취를 목적으로 위협, 무력의 행사 또는 기타 형태의 강박, 납치, 사기, 기만, 권력의 남용 또는 취약한 지위의 이용, 타인에 대한 통제력을 가진 사람의 동의를 얻기 위한 보수 또는 혜택의 제공, 접수 등의 수단에 의한 인신의 모집, 운반, 이전, 은닉, 인수"를 의미하며, '착취'는 "성매매 또는 기타 형태의 성적 착취, 강제노동 또는 서비스, 노예제도 및 이와 유사한 관행, 장기 절제"를 포함하며, 여기서 인신매매 피해자의 동의 유무는 상관이 없다.

2) 한국의 인신매매 현실

현재, 우리나라에서 성 착취 목적의 인신매매는 크게 세 가지 측면에서 관련이 있다. 첫 번째는 이주노동이나 국제결혼으로 이주한 여성들 중 일부가 성 착취 목적의 인신매매 피해자로 포함되어 있다. 이주노동의 경우 예술흥행 비자(E-6)로 한국에 들어온 필리핀, 러시아, 우즈베키스탄 등의 여성들이 이에 해당된다.

이들은 호텔, 유흥업소 등에 가수, 댄서 등으로 취업하기 위하여 왔으나 원래 하고자 하였던 가수나 댄서의 일이 아니라 성매매를 강요받고, 성추행 및 강간, 신체적 자유 박탈, 협박 등의 피해를 입는 사례들이 늘어나고 있다.

두 번째는 국내 여성의 국외 성매매이다. 한국인들이 미국, 일본, 호주 등에 성매매 업소를 차려놓고 한국식 영업을 하면서, 현지 남성과 한국인 관광객을 대상으로 성매매를 알선함으로써 성매매가 국외로 확장되고 그 과정에서 성매매에 연루된 많은 여성들이 성 착취의 대상이 되고 있다.

이들은 국내에서 선불금이나 고리대금에 의한 채무로 국외 성매매 업소로 보내지거나 취업 등을 미끼로 모집되어 현지에서 성매매를 강요받는 등 여러 가지 방법으로 착취의 대상이 된다.

세 번째는 한국 남성의 해외 성 구매이다. 국외 여행이 증가하면서 한국 남성의 국외 성 구매도 크게 증가하고 있다. 주로 국내의 알선업자들이 단체 여행 방식으로 남성 구매자를 모집한 다음 필리핀, 태국, 베트남, 캄보디아 등 아시아 현지 성매매 알선업자와 연계하여 성매매가 광범위하게 이루어지고 있는 것이 현실이다.

국외 성 구매 실태에 대한 정확한 파악은 어려우나 '2022년 성매매 실태조사'에 따르면, 한국 남성의 성매매 경험 비율은 응답자 중 5.5%, 주변 인물의 국외 성매매 경험은 26.7%로 나타났으며, 1년간 성 구매 경험이 있는 이들 중 25.8%가 국외 성매매 경험이 있다고 응답하여, 국외 성 구매 경험자가 꾸준히 존재하고 있음을 보여준다(여성가족부, 2023 : 86).

특히 국외 성 구매의 경우 그 대상이 아동인 경우도 많아 한국이 인신매매, 특히 아동 성매매를 증가시키는 데 일조하고 있다는 점에서 문제되고 있다. 아동 및 여성에 대한 국외 성 구매가 늘어날수록 성 관광지가 되고 있는 동남아시아 지역 내 인신매매 피해자는 더욱 늘어날 수밖에 없다.

K-성매매, 라오스로 번졌다… 비엔티안에 '한국계' 성매매 연계 업소 14개

비엔티안 곳곳에는 총라오, KTV(한국식 노래방), 마사지숍 등 다양한 성매매 업소가 존재했다. 여성신문과 탁틴내일은 온라인 모니터링, 현장조사, 교민 증언을 종합해, 비엔티안에서 한국인이 직접 투자했거나 현지인과 동업해 운영하는 '한국계' 성매매 업소 최소 14곳을 확인했다. 이 업소들에서는 성매매가 이뤄지거나, 한인 관광객 또는 교민에게 성매매 여성을 알선하는 역할을 하고 있었다.

성매매 업소뿐만 아니라 여행사, 가이드도 직간접적으로 성매매 알선에 개입하고 있으며, 가라오케를 통한 '출장 성매매' 역시 활발하게 이루어지고 있다.

전문가들은 한국 남성이 라오스에서 단순히 성매매를 한 것을 넘어 '한국형 성매매' 구조를 수출하고 사업화했다고 지적했다. …중략… '도우미 항시대기'와 같은 한국어가 붙은 간판, 1차(술)와 2차(성매매)가 결합된 운영 형태, '초이스' 문화 등 한국 성매매 업소의 특징이 라오스에 그대로 이식됐다는 것이다.

한국인들이 카르텔을 통해 K-성매매 산업을 키워갈수록 라오스 내 성착취 구조는 공고해진다. 문제는 성 구매자들이 미성년자를 찾고, 그 수요를 맞추기 위해서 미성년자들이 대거 동원되면서 인신매매가 이뤄진다는 것이다. 특히 가난한 지역의 여아들은 착취의 대상이 된다. 현지 NGO의 통(익명) 활동가는 "성매매 산업이 라오스 내 인신매매를 키웠다"며 "한국인도 그 공범 중 하나"라고 지적했다.

출처 : 여성신문(2025. 8. 14) 기사에서 발췌.

3) 성매매 없는 사회를 향하여

성매매는 여성의 몸과 성을 대상화하는 가장 극단적인 형태이다. 성적 쾌락을 위하여 여성을 도구화하는 것은, 여성을 존엄성을 가진 고유한 인간이라기보다 금전을 통하여 교환 가능한 상품으로 규정짓는 것이다.

따라서 성매매가 지속되는 한 여성과 남성은 결코 평등한 관계가 될 수 없으며 성매매는 궁극적으로 남성에게도 인간으로서의 존엄성을 훼손하는 행위가 된다. 폭력과 착취, 지배욕이 복합적으로 작용하여 이루어지는 성 구매 행위는 남성에게도 친밀성에 기반한 성적 관계와 인간관계를 발전시킬 기회를 차단하는 것이다.

그런 점에서 사회적으로 성매매 수요를 줄이고, 거대한 성 산업 규모를 축소해 나가는 것이 중요하다. 또한 성매매를 성 불평등 문제로 바라보는 인식의 전환이 필요하다.

무엇보다 성매매의 반 인권적 특성에 대한 사회적 인식이 확대되기 위해서는 국내·외에서 일상적으로 이루어지고 있는 성매매 수요를 축소하고, 성매매 알선자에 대한 제재를 한층 강화할 필요가 있다. 이를 위해서는, 우선 성매매 피해자에 대한 광의의 해석과 지원이 요구된다. 현재 「성매매알선 등 행위의 처벌에 관한 법률」에서는 성매매 피해자의 경우 처벌 대상이 되지 않는 것으로 규정하고 있다. 여기에서 피해자는 명백하게 성매매를 강요당하거나 인신매매 피해자라는 것이 입증이 될 때 법적으로 인정된다. 그러나 현실적으로 피해자와 피해자가 아닌 자를 법적으로 구분하기가 애매하거나 명확하지 않아 논란이 되기도 한다.

그런 점에서 최근 반(反) 성매매 운동 진영을 중심으로 성매매 문제의 근본적인 해결을 위해서는 모든 성매매 대상자를 성 착취 피해자로 보아야 하고 성 구매자만 처벌을 해야 한다는 주장도 커지고 있다.

또한 성매매를 축소하기 위해서는 알선자에 대한 처벌을 강화할 필요가 있다. 여기에는 성매매를 통하여 얻어진 이득을 몰수하거나 그 원천을 차단하여 알선행위에 대한 동기를 없애는 것이 수반되어야 한다.

마지막으로, 사회적으로 성매매 수요를 줄이기 위한 제도적인 지원과 정책을 강화해야 한다. 여기에는 성 구매자에 대한 처벌, 국내·외의 인신매매 피해자에 대한 지원을 확대해 나가는 것이 포함된다.

20년간 더 교묘해진 착취구조… 성매매 여성 처벌 조항 삭제해야

성매매 방지법 시행 20주년을 맞아 여성단체들이 서울 종로구 보신각 앞에 모여 성매매 여성 처벌 조항 삭제와 성구매 수요 차단을 촉구했다.
성매매문제해결을위한전국연대 등 여성단체 소속 약 500명은 23일 오후 보신각 앞에 모여 '성착취 없는 미래의 문 우리가 연다'는 슬로건으로 성매매처벌법 개정을 요구했다. 이들은 공동행동 결의문에서 "지난 20년간 성매매 착취구조는 더욱 교묘해졌다"며 "여성들은 성매매 현장에서 성매매 강요, 폭력과 협박, 감시, 스토킹, 성폭행, 불법촬영, 사기 피해, 모욕 등 복합적인 피해를 경험한다. 그럼에도 현행 성매매처벌법은 성매매 여성을 '성매매 행위자'와 '성매매 피해자'로 구분해 여성들이 온전한 피해자로 보호받지 못하게 한다"고 비판했다.
실제 성매매 경험 당사자인 별명 '저씨'는 "탈성매매 한 지 10여 년이 지났지만 성매매 현장에 있는 것처럼 악몽에 시달리며 길을 걷다가도 업주나 성 구매자를 마주치게 될까 봐 두렵다"며 "성매매 알선자와 성 구매자들이 두려워하는 사회가 될 수 있도록 성매매방지법을 개정해야 한다"고 주장했다.

민주사회를위한변호사모임 여성인권위원회 소속 조윤희 변호사는 "최근 경제적 이유로 사채를 쓴 이후 불어나는 빚을 감당하지 못해 성매매로 유입된 여성이 탈성매매를 희망해 그동안 있었던 사채업자에 의한 협박과 성폭력 등 피해를 신고하자 수사기관이 피해 여성을 피의자로 인지해 수사에 착수한 일이 있었다"며 "성 산업 포주와 구매자들은 이와 같은 처벌 위험성을 이용해 성매매 피해 여성들을 협박하고, 목줄을 옭아매 이득을 취한다"고 말했다.

주요 참가자들의 발언이 끝난 뒤 이들은 '성매매 후기 공유', '성매매알선 포털사이트', '성매수 문화', '성매매 여성 처벌 조항' 등이 적힌 벽 모양 플래카드 위에 '성매수 후기 처벌', '성구매 수요 차단' 등 문구가 적힌 스티커를 붙이는 퍼포먼스를 벌였다.

출처 : 뉴스1(2024. 9. 23) 기사에서 발췌.

생각해 보기

- 성매매가 성 구매자와 성 구매 대상자 모두에게 끼치는 해악과 문제점에 대하여 생각해 보자.
- 성매매 수요를 줄이기 위한 여러 가지 방안에 대하여 생각해 보자.
- 최근 증가하고 있는 청소년을 대상으로 한 성매매는 성인 대상 성매매와 어떤 차이와 특성을 지니고 있는지 생각해 보자.

함께 보기

소니아 로시(2009). **퍼킹 베를린**. 황현숙 역. 프로네시스.

신박진영(2020). **성매매, 상식의 블랙홀**. 봄알람.

트레이드(Trade, 2007). 마르코 크레르페인트너 감독. 독일·미국.

참고문헌

김기태·하어영(2012). **은밀한 호황**. 이후.

김자영·김지혜(2011). 성매매피해여성의 정신건강 및 지원욕구 조사. 한국여성인권진흥원.

김지선 외(2022). 2022 성매매 실태 및 대응방안 연구. 여성가족부.

뉴스1(2024. 9. 23). “20년간 더 교묘해진 착취구조… 성매매 여성 처벌조항 삭제해야”.

반성매매인권행동 이룸 기획(2022). **불처벌**. 휴머니스트출판그룹.

성매매문제해결을위한전국연대(2025). 국경을 넘는 성착취, 해외로 성구매하러 가는 남자들. 2025 전국연대 정책포럼 자료집.

성매매처벌법개정연대 외(2023). 이제는 성평등 모델(성매매처벌법 전면 개정 국회 토론회 자료집).

여성가족부(2023). 2022년 성매매 실태조사.

여성신문(2025. 8. 14). “K-성매매, 라오스로 번졌다”.

프레시안(2023. 5. 26). “벗방, 성매매, AV... 성산업은 성착취를 양산한다”.

한국여성인권진흥원(2025). 성착취 피해 아동·청소년 지원센터 2024년 연차보고서.

CATW(2025). Failed Promises : the history of legal prostitution and sex trafficking in the Kingdom of the Netherlands.

Havocscope(2015). Prostitution : Prices and Statistics of the Global Sex Trade.

Hyunjung Choi, Carolin Klein, Min−Sup Shin & Hoon−Jin Lee(2009). Posttraumatic Stress Disorder and Disorders of Extreme Stress Symptoms Following Prostitution and Childhood Abuse. *Violence Against Women, 15*(www.sagepub.com/cgi/con−tent/refs/15/8/933).

MBN 뉴스(2016. 3. 31). “헌법재판소, 현행 성매매특별법 ‘합헌’ 결정”.

UNODC(2024). Global Report on Trafficking in Persons 2024.

제 8 장

소비자본주의와 외모

1. 외모관리를 강요하는 한국사회
2. 외모관리와 젠더
3. 소비자본주의와 여성의 몸
4. 외모에 대한 다른 상상과 실천

제8장 소비자본주의와 외모

주걱턱, 돌출된 광대뼈, 작은 눈, 작은 가슴, 다크 서클, 통통한 팔다리… 모두 바꿔주겠다고 한다. 이것을 보고 누군가는 수술을 결심할 것이고, 누군가는 자기혐오를 더 크게 키울 것이며, 누군가는 다른 이들의 외모를 이 잣대로 평가하고 있을 것이다. 성형 열풍, 성형 광고 속에서 상처받을 수많은 사람들, 광고를 보며 이 사람들이 떠올랐다.

-정엽. <뚱뚱해서 죄송합니까> 중에서-

1. 외모관리를 강요하는 한국사회

한국사회의 '외모관리' 열풍은 여전히 거세며, 그 양상은 인스타그램, 유튜브 같은 디지털 플랫폼과 소셜 미디어(SNS)를 중심으로 더욱 확장되고 있다. 외모 관련 상품과 정보는 이제 거리의 광고판 대신 알고리즘, 인플루언서, 숏폼 콘텐츠가 결합된 온라인 환경 속에서 유통된다. '조금 더 나은 외모'에 대한 메시지는 무한히 재생산되고, 외모 개선이 하나의 자기계발 서사로 자리 잡고 있다.

패션, 화장품, 헤어, 헬스, 다이어트, 성형・시술에 이르기까지 외모관리에 관한 대화는 일상적 담론이 되었고, 사람들은 외모 변화에 더 많은 시간・노력・비용을 투자한다. 특히 외모가 개인의 매력, 능력, 더 나아가 사회적 가치와 직결된다는 인식이 확산되면서, 자신의 몸을 '관리해야 할 대상'이자 '개선

해야 할 과제'로 바라보는 태도가 강화되고, 자신과 타인의 외모를 품평하는 문화는 더욱 공고해지고 있다.

물론 외모로 사람을 판단하는 것이 부당하다는 상식은 존재한다. 그러나 외모가 취업, 인간관계, 일상적 대우에서 실제적인 이익과 불이익을 좌우할 수 있다는 불안감과 사회적 믿음 또한 존재한다. 이는 외모관리가 개인의 선택 차원이 아니라 강제된 사회적 규범(social norm)으로 작동하고 있음을 보여준다. 미국 저널리스트 윌리엄 새파이어(William Safire)는 이러한 현상을 '루키즘(lookism)'이라고 명명하며, 외모를 기준으로 한 차별이 인종차별(racism)이나 성차별(sexism)처럼 구조적으로 존재함을 지적했다.

오늘날 많은 사람들은 외모 차별의 부당함을 인식하면서 그것을 문제 삼기보다는 이상화된 외모 규범에 자신을 맞추려 한다. 광고와 미디어는 결혼, 취업, 자기계발 등 삶의 중요한 국면에서 겪는 불안을 '외모 개선'으로 해결할 수 있다는 메시지로 소비를 자극한다. 사회가 '더 나은 외모'를 지속적으로 요구하는 한, 개인의 현재의 몸에 만족하기 어렵고, 그 불안은 소비로 이어진다.

따라서 외모차별주의 문제를 해결하기 위해서는 단순히 개인의 사고 전환을 요구하기보다, 개인의 사고와 실천을 형성하는 사회의 외모관리 문화와 소비자본주의의 연결 지점을 세심하게 살펴볼 필요가 있다.

▌외모지상주의, 한국을 낯설게 보다

방송인 타일러 라쉬는 한국에서 어떤 자리에서든 외모 이야기를 쉽게 꺼내는 문화가 낯설고 불편하다고 말한다. 미국 문화에서는 상대의 겉모습에 관심이 없거나 외모를 그 자체로 존중하는 경향이 있다고 한다. 타일러는 일상 대화가 외모로 채워지는 한국사회는 결국 내가 원하는 대로 살 권리와 외모를 가꿀 선택지를 제약하는 것은

아닌지 질문한다. 이 외부자의 낯선 시선은 우리가 무심코 행하는 일상적 대화 이면에 한국 사회에 작동하는 강제적인 외모 관리 규범의 존재를 성찰하게 해 준다.

출처 : 타일러 라쉬(2024. 5. 22). '외모 강박주의' 대한민국 사회. 타일러볼까요? 유튜브 채널.

2. 외모관리와 젠더

1) 여성의 외모관리와 성애화(Sexualization)

외모를 가꾸고 관리하는 데 가장 기본적으로 작동하는 기준은 젠더(gender)이다. 사람들은 그 사회에서 보편적으로 통용되는 성별화된 이미지(gendered body image)에 맞게 자신의 외모를 가꾸려고 노력하며 이를 통해서 사회적 인정을 받을 수 있다고 생각한다. 여성 혹은 남성이라고 예상할 수 있는 성별화된 몸 이미지에서 벗어날 때 그 사람의 성별은 '알 수 없는 것'으로 의심받게 되거나 '여자답게', '남자답게' 외모를 가꾸고 행동하라는 간섭을 받는다.

젠더에 기반한 규범들은 여성과 남성 몸의 유사성보다는 차이를 강조하면서 외모관리에 영향력을 행사한다. 이러한 젠더 규범화는 출생 직후부터 시작된다. 여자아이에게는 분홍색 옷을, 남자아이에게는 파란색 옷을 입히는 유행이나, 여자아이의 연약함에는 허용적인 반면 남자아이에게는 '사내다운' 강함을 요구하는 훈육과정 등이 그것이다. 청소년기에 이르면 젠더 규범은 소녀의 신체발달을 제약하고 소년은 강화하는 상황을 초래한다. 부모나 학교, 대중매체는 남자아이들에게 신체를 강하게 개발할 것을 적극적으로 독려하는 한편 여자아이들에게는 이를 소홀히 하기 때문이다. 남자아이들은 신체 활동을 통하여 남자다운 몸을 만들어 가는 데 익숙해지는 반면, 여자아이들은 화장이나 다이어트와 같은 외모 가꾸기 조언에 둘러싸여 '여자 되기'를 학습해 간다(쉴링, 2011).

여성의 외모에 대한 간섭은 남성에 비해 매우 세밀하고도 구체적이다. 눈, 코, 입 등 얼굴의 생김새뿐만 아니라 유방, 겨드랑이 털, 배, 다리, 발목에 이르기까지 그 범위가 몸 전반에 이르며, 성장하면서 몸을 관리하는 방법에 대한 '조언'을 주변 사람들로부터 끊임없이 듣는다. 여성들은 이 기준에 맞추어 몸과 몸가짐을 통제할 때 사회적인 지지와 인정을 받는다. 따라서 여성들은 누가 강요해서가 아니라 자신의 의도 혹은 계산에 의해 자신의 몸을 변화시키는 것이므로 이 과정을 자발적인 것으로 이해한다.

그러므로 '자발적인' 외모 가꾸기는 여성 개인의 의지나 선택이기보다 사회적이고 문화적인 기대와 강제에 의한 경우가 많다. 또한 잘 가꾼 외모에 대한 긍정적인 피드백은 여성들에게 사회적 기대를 자기 삶의 이상으로 삼고 자신의 몸을 통제하게 만든다.

하우그(Haug)는 외모관리의 이중적인 측면을 '성애화(sexualization)'와 '주체적 종속(subjective subordination)'이라는 개념으로 설명한다. 성애화는 여성들은 '여성답게 되어가는 사회화' 과정이다. 여성이 성장하면서 자신이 성적인 매력을 가지고 있음을 인식하고, 이 매력을 위해 능동적으로 몸을 가꾸고 단련하는 상태를 말한다. 여성들의 스스로의 의지로 자신을 아름답게 만들려고 노력하는 것이다. 주체적 종속은 이러한 여성들의 주체적인 행동이 역설적으로 사회적 요구에 종속하게 만드는 모순을 지적한 개념이다. 즉, 여성은 외모를 가꾸는 행위를 스스로 선택하고 노력하는 것이라고 믿지만, 그들이 선택하고 노력하는 외모의 기준과 틀은 이미 사회가 정한 성차별적인 외모 규범에 의해 만들어져 있다. 즉, 여성은 자율적으로 행동하는 듯 보이지만, 사실상 사회가 요구하는 미의 기준에 종속되는 상태에 놓이게 되는 것이다.

여성이 자신의 몸을 어떻게 생각하고 어떠한 노력을 통해 몸을 다듬고 가꾸는지의 문제는 그 여성이 세상을 어떻게 보는지, 어떠한 사회 구성원이 되는지의 문제와 깊은 연관을 가진다. 여성들로 하여금 외모 가꾸기에 더 많은 관심과 노력, 비용을 투자하게 하는 사회에서 여성은 '보이는 몸'으로 대상화되기 쉽고 주체로서 자신의 몸을 느끼고 단련시킬 수 있는 자유를 제약받는다.

▌청소년 여학생의 '신체이미지 왜곡'과 '섭식장애'가 남학생보다 심각

2023년 기준 만 13세부터 만 18세 사이 여성 중 섭식장애로 진료를 받은 이(849명)들은 같은 나이 또래 남성(63명)보다 약 13배로 나타났다. 연도별 추이를 보면 여학생 중에서도 만 13~15세에 해당하는 중학생의 섭식장애 진료자 증가세가 두드러졌다.

전국 800개 학교의 중1~고3 학생 5만 7,346명을 대상으로 수행한 조사에 따르면, 비만율은 남학생(14.9%)이 여학생(8.9%)보다 높았으며, 체중감소 시도율은 여학생(43.8%)이 남학생(25.6%)보다 높았으며, 남학생은 중·고등학생이 큰 차이가 없었지만(중 25.4%, 고 25.8%), 여학생의 경우 중학생이 고등학생보다 더 높았다(중 44.8%, 고 42.7%). 2022년(남 24.7%, 여 39.2%)에 비해 여학생에게서 증가 폭이 컸다.

정상 체중 학생 중 자신의 체형을 살이 찐 편이라고 인지한 '신체이미지 왜곡 인지율'은 여학생(26.1%)이 남학생(17.1%)보다 높았다. 남학생은 중학생(18.6%)이 고등학생(15.5%)에 비해 높았지만, 여학생은 고등학생(27.1%)이 중학생(25.2%)에 비해 높았다.

출처 : M메디소비자뉴스(2024. 10. 3) 기사에서 발췌.

2) 남성의 외모관리와 성별 고정관념

남성다운 몸을 가져야 한다는 피로감과 강박 또한 커지고 있다. 큰 키와 근육질 몸매, 넓은 어깨는 강인한 힘과 보호 능력, 우월함 등 남성성을 상징하며 이러한 몸매 기준은 남성들에게 억압으로 작용한다. 근육의 힘과 크기를 키우는 운동뿐만 아니라 성장주사와 근육강화제, 복근을 만드는 성형수술 등 몸관리 기술이 유포되는 동시에 '키 높이 깔창의 개수'나 '어좁이(어깨가 좁은 사람) 탈출' 등 남성의 외모를 비하하는 단어들도 늘어가기 때문이다. 남성들 역시 외모를 기준으로 한 서열화와 박탈감을 경험할 수밖에 없는 현실이다(김연주, 2010).

최근에는 남성적인 강인함을 다양하게 변주한 미의 기준들이 확산되고 있다. 과거 메트로섹슈얼, 꽃미남, 그루밍족과 같은 트렌드를 넘어, 미소년 같은 얼굴과 근육질 몸매를 가진 남성 연예인의 '맨즈 뷰티'는 대중매체에서 주요 볼거리로 자리 잡았다. 패션뷰티산업과 대중매체는 이러한 사회 분위기를 조장하고 또 확장시켜 나가는 주요한 주체이다. 시장은 패션뷰티산업 소비자의 성별 경계를 허물고 남성들을 새로운 고객으로 포섭하고 있다. 남성들 사이에서도 뷰티, 패션, 시술 정보가 활발히 공유되는 일상이 펼쳐진다.

남성들이 외모관리에 열중하기 시작했다는 점이 외모를 판단하는 기준에서 성별의 차이가 사라진 것을 의미하지는 않는다. 오히려 성별을 불문한 외모관리의 강조 속에 여성성과 남성성에 관한 성별 고정관념은 더욱 강화되고 있다.

최근 유행하는 남성상은 부드러움과 자상함, 아름다움, 그리고 섹시한 카리스마 등을 갖춘 외모를 강조한다. 남성성을 내세워 여성을 지배하려 했던 과거의 남성상과는 차별화되기에 여성들은 이러한 변화에 호의적인 시선을 보낸다. 그러나 그 호의적인 시선은 남성이 자신의 얼굴과 몸 관리에 적극적일 수 있는 세련된 감각과 경제적인 능력 사이의 균형을 유지할 때만이다. 즉, 새로운 남성상의 인기는 결국 남성의 경제력을 중요한 요소로 강조하면서 기존의 남성성을 강화하는 방식으로 작동한다.

그동안 외모관리 산업에 대한 주요한 비판은 여성의 몸을 부위별로 분할하여 관찰하고 기술 개입이 필요한 물건처럼 대상화(objectification)한다는 점이었다. 이 과정에서 남성은 '보여지는 대상'이기보다 '보는 주체'의 위치에 있었지만 이제 남성의 몸 역시 '보여지는 대상'이 되고 부위별로 절개되어 각종 평가의 대상이 된다. 남성들 역시 외모관리 시장의 유혹으로부터 더 이상 자유롭지 않게 되었다.

3. 소비자본주의와 여성의 몸

1) 미용 · 성형 산업과 디지털 매스미디어

현대사회에서 외모는 단순한 미적 요소를 넘어, 개인의 능력과 가치, 심지어 사회적 성공과 연결되는 필수적인 '스펙'으로 인식된다. 한국의 뷰티 · 화장품 시장은 전통적인 여성 소비를 넘어 남성과 10대 청소년층으로까지 확대되며, 외모관리의 사회적 규범은 특정 성별이나 연령을 넘어 '모두가 관리해야 하는 몸'이라는 형태로 자리 잡았다.

국제미용성형외과의사협회(ISAPS) 조사에 따르면 한국은 매년 "인구 대비 성형수술을 가장 많이 하는 나라"로 꼽히며, 성형 관광을 위해 한국을 찾는 외국인도 꾸준히 증가하고 있다. 의료 시술과 성형은 이제 화장품을 구입하듯 쉽게 접근할 수 있는 선택지가 되었으며, 이는 외모관리가 시장 논리 속에 깊이 편입되고 일상화되었음을 보여준다.

2010년대 초반 <렛미인>, <도전 신데렐라>와 같은 TV 성형 메이크오버 쇼는 외모지상주의 확산에 중요한 역할을 했다. 힘든 사연을 가진 출연자에게 전신 성형을 제공하고, '새로운 외모를 얻으면 더 나은 삶을 살 수 있다'는 메시지를 전면에 내세웠다. 특히 '비포 앤 애프터' 연출은 외모가 인생을 바꾸는 핵심 자산이며, 성형수술이 그 해결책이 될 수 있다는 인식을 강하게 심어주었다.

언뜻 보기에 이들 프로그램에서 성형수술은 외모 때문에 겪어야 했던 고통을 치료해 주는 '호혜적인' 기술로 나타난다. 하지만 자신의 정신적인 고통이 얼마나 큰가를 다른 지원자들과 겨루는 상황에서 주체로서 여성의 모습은 발견하기 어렵다. 자신의 몸과 정신을 최대한 병리화하여 방송 작가와 PD, 그리고 출연한 의사들의 공감을 얻어야 무료로 수술을 받을 수 있는 자격을 얻게 되기 때문이다. 무료 성형 이벤트는 방송 프로그램과 실제 성형외과 마케팅으로 이어져, 여성의 몸은 미용 · 성형 산업의 대상이 됨과 동시에 다른 여성들의 소비를 유인하는 광고의 전시물이 되는 구조를 형성했다.

매회 화제와 논란을 낳았던 TV 성형 프로그램은 외모지상주의를 강화하고 성형 부작용을 외면한다는 비판과 함께 종영했지만, 이제 메이크오버와 변신 담론은 디지털 플랫폼으로 그 무대를 옮겼고 외모관리 문화를 더욱 일상화하고 있다. 유튜브, 틱톡, 인스타그램 등에서는 성형 후기, 다이어트 브이로그, 비포 앤 애프터 영상이 끊임없이 재생산된다. 숏폼 콘텐츠에서 등장하는 '변신 과정', '동안 루틴', '뷰티 챌린지' 등은 외모 관리와 관련된 소비를 '자기 관리'로 받아들이도록 하여 그 확산을 가속한다.

[여성건강] 〈렛미인〉 방송 중단 발표에 이르기까지

한국여성민우회, 서울YWCA, 언니네트워크, 여성환경연대, 한국성폭력상담소, 한국여성단체연합, 한국여성의 전화 등은 TV 성형 프로그램이 여성의 건강권을 침해하며, 사실상 1시간짜리 의료광고와 다름없다고 비판하며 방송 중단을 촉구하는 운동을 펼쳤다. 2015년 9월 17일 〈렛미인〉 제작사와 제작팀은 앞으로 미용성형 포맷의 방송을 만들지 않겠다고 공식 발표했다. 이는 CJ E&M 본사 앞 기자회견, 방송통신위원회에 방송 협찬 문제 제기, 모니터링, 서명운동, 방송금지가처분 신청 등 오랜 기간의 시민 행동과 연대의 성과였다. 이 과정은 외모지상주의 콘텐츠에 제동을 건 대표적 사례로 평가된다.

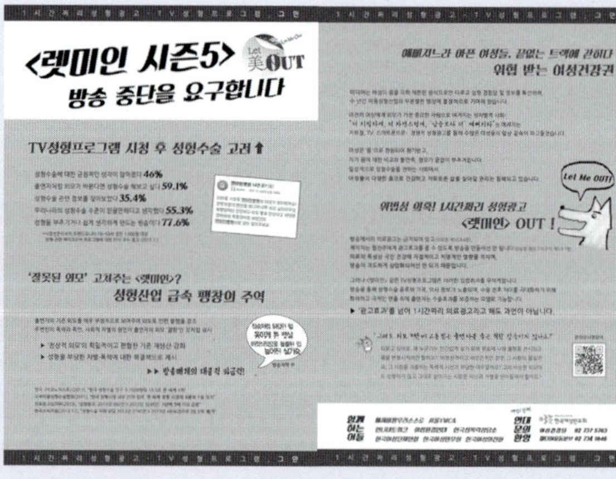

출처 : 한국여성민우회 홈페이지(2015. 9. 19)에서 발췌.

2) 자기 계발로서의 외모관리

미용·성형 산업과 대중매체는 '외모가 곧 경쟁력'이라는 등식을 사회 전반에 확산한다. 외모는 마치 필수적인 스펙처럼 철저히 관리해야 할 요소로 자리 잡았고, 화장품, 다이어트 보조제, 성형수술 등은 문제를 해결할 수 있는 수단으로 포장된다. 예를 들어, 주름 개선 크림이나 피부 톤 보정 세럼은 "이 제품을 쓰면 젊어 보이고 자신감 있는 삶을 살 수 있다"는 메시지와 함께 광고된다. 다이어트 보조제 광고는 체중 감량을 통해 취업이나 연애 등 사회적 성공을 얻을 수 있다는 암묵적 서사를 담고 있으며, 성형수술 홍보 역시 '외모 변화를 통한 인생 업그레이드'를 전면에 내세운다. 외모 변화는 단순한 미적 만족을 넘어, 개인의 성공, 취업, 나아가 궁극적인 행복까지 연결되는 길로 제시된다.

이들 광고가 여성을 설득하는 전략은 '여성의 선택', '여성중심주의' 등 기존 페미니즘의 가치를 왜곡하여 차용하는 것이다. 능력, 자신감, 성적인 주체성이 부각되는 가운데 외모관리의 일상화가 확산된다. '꾸준함', '루틴', '셀프케어', '투자'라는 말은 원래 학업이나 자격증 준비, 직업 역량 강화 등에 사용되었지만, 이제 뷰티·성형 콘텐츠에 가장 빈번하게 등장한다. 예를 들어, SNS에서 유행하는 '아침·저녁 스킨케어 루틴', '7일 동안 피부 변화 기록 챌린지', '셀럽 따라하기 메이크업 루틴' 등은 외모관리가 자기 계발이라는 메시지를 강화한다. 외모를 꾸미는 행동은 공부나 운동처럼 목표 달성을 위한 꾸준한 노력으로 의미화되며, 여성은 이를 스스로 선택하고 실천하는 주체적인 경험으로 받아들이게 된다.

디지털 플랫폼의 뷰티 인플루언서와 셀러브리티는 단순 광고 모델을 넘어, 외모 규범을 실천하고 전파하는 '규범 생산자' 역할을 한다. 이들이 강조하는 것은 '더 나은 외모'를 향한 세밀한 기준들뿐만 아니라, '꾸준함', '루틴', '셀프케어', '투자'와 같은 외모관리 실천이다. 외모를 관리하는 행위는 사회적 인정과 기회를 얻기 위한 '합리적 선택'으로 인식되며, 자연스럽게 자기 계발의 영역으로 자리 잡는다. 그러나 실제 선택지는 작은 얼굴, 매끈한 피부, 마른 몸 등 제한된 기준 안에 갇혀 있어, 과연 자유로운 선택인지에 대한 의문을 남긴다. 화장을 하지 않고 외출하기 어렵다는 여성들의 경험에서 드러나듯, 외모관리 선택지에 화장을 하는 선택은 있지만, 화장을 하지 않을 수 있는 선택은 존재하지 않기 때문이다. 따라서 외모 관리는 미용·성형 산업과 외모 차별주의가 결합한 사회 구조 속에서 이루어지는 '주체적 종속'에 가깝다. 여성이 외모 관리를 통해 자신이 주체적이라고 느낄수록, 역설적으로 외모지상주의라는 권력 시스템에 더 깊이 묶이는 모순적인 상태가 되는 것이다. 여성은 '꾸미지 않으면 부족한 사람'이 되고, '꾸미면 또 더 꾸며야 하는 사람'이라는 사회적 기준 속에서 스스로를 점검하게 된다. 산업은 더 나은 삶을 위해 외모 투자가 당연하다는 메시지를 소비와 시술의 동력으로 활용한다.

외모차별주의와 결합한 자기계발 신화는 여성에게 "성공해야 하고, 동시에 아름다워야 하는" 이중 부담을 지운다. 외모를 개선하면 인생이 달라진다는 서사는 여성을 끝없는 비교와 관리, 자기 검열의 순환 회로에 가두며, 신체적·정서적 건강권을 위협한다.

▌K-엔터 산업의 어두운 이면, 굶어 쓰러지던 가수들이 여성의 몸에 대해 말하다

2024년 방송된 'SBS 스페셜 – 바디멘터리'에서 김완선, 소유, 한승연, 전효성, 화사 등 5명의 여성 가수는 여성의 몸에 대한 사회의 비뚤어진 시선으로 인해 자신들이 겪었던 섭식장애 등을 고백했다.

그룹 마마무의 화사(29)는 과거 다이어트 중 너무나 먹고 싶던 흑임자 인절미 한 개를 숨어서 먹었다. 하지만 곧 죄책감과 분노에 휩싸여 울면서 토했고, 이후 거식증과 우울증까지 앓았다.

그룹 카라 출신 한승연(36)은 다이어트로 귀에 살이 빠져 귀 안의 압력이 조절되지 않는 질환(이관개방증)에 걸렸다. 의사의 처방은 살을 7kg 찌우라는 것이었다.
방송엔 미디어에 대한 비판이 강하게 담겼다. 특히 외모에 대한 평가가 점점 세분화되고 분절화되고 있다는 지적이 나왔다. 가수 화사는 "미디어의 태도가 나아졌다고 생각하느냐"는 제작진 질문에 "아니다. 평가가 더욱더 구체적으로 되고 있다고 느낀다"고 답했다. 관련해 정 PD는 "스타일리스트나 연예인 당사자 이야기를 들어보면 예전엔 '그냥 좀 마르고 예뻐 보이면 된다'는 식으로 이야기했다면, 지금은 굉장히 분절해서 외모를 평가한다고 말한다. '코나 입은 어떻고, 두상과 턱 모양은 이렇고, 가슴과 허리는 어떻게 해야 된다'는 식"이라며 "외모에 대한 평가가 완화된 게 아니라 훨씬 분절돼서 들어가다 보니 더욱더 많은 압박감을 받게 된다. 미디어가 이런 것들을 좀 부추기는 것 같다"고 지적했다. 또한 "이렇게까지 기준이 점점 구름 위로 올라간 거는 자꾸 외모에 대한 이야기를 하고 평가하기 때문"이라며 "제작할 때 외모에 대한 평가나 농담들의 이야기가 담기지 않게 노력할 것"이라고 했다.

출처 : 한국일보(2025. 1. 15) 기사에서 발췌.

4. 외모에 대한 다른 상상과 실천

외모를 차별하는 사회에서 제시하는 획일화된 외모 기준, 즉 '섹시하고 날씬한 몸', '젊은 몸'이 이상적인 몸 기준으로 제시될 때 그 기준을 충족하지 못하는 여성들은 상대적인 박탈감을 경험한다. 반복되는 외모관리의 트랙에서 벗어날 수 없다는 점은 그 자체로 여성을 무기력한 위치에 둔다. 이상적인 몸 기준을 열망하며 외모를 가꾸고 변형하는 노력은 보편적이거나 불가피한 것이 아니다. 이 사회가 외모지상주의 사회이기 때문에 순응할 수밖에 없다고 생각하기보다 규범이 제시하는 기준을 다르게 볼 필요가 있다.

외모지상주의의 확산에 맞서, 한국사회에서는 외모 규범에 저항하고 자신의 몸을 주체적으로 재구성하려는 다양한 움직임들이 포착되고 있다. 한국의 외모차별문화에 '딴지'를 거는 다양한 실천들이 이루어져 왔다. 한국여성민우회는 "다르니까 아름답다 : Diversity, now!" 캠페인을 통해 "있는 그대로의 나를 인정하고 사랑하는 개인적인 비법들을 공유"하고 "해보면—외모에 대해 말하지 않는 일주일 살기"는 우리의 일상에 외모가 중심이 되는 언어들이 얼마나 만연해 있는지 자각하게 했다.

특히 2018년 무렵 한국사회에 등장한 '탈코르셋' 운동은 외모 규범에 정면으로 저항하는 선언이었다. 십 대, 이십 대 여성을 중심으로 온라인에서 확산된 이 운동을 통해 더 이상 외모를 꾸미는 '노력'을 하지 않겠다는 선언들이 이어졌으며, 긴 머리를 짧게 자른 사진이나 그동안 모은 화장품을 부순 영상들이 SNS에 공유되었다. 기존 바디 포지티브(body positive) 운동이 자신의 몸을 긍정하고 아름다움의 다양성을 강조했다면, 탈코르셋은 아름다워질 필요를 거부하는 선언이라는 점에서 차별화되었다. 이는 여성을 이중적 잣대로 평가하며 외모를 포함한 여성스러움을 강조하는 사회의 '코르셋'을 거부하겠다는 명확한 선언이었으며, 현대 여성들이 느끼는 외모 불안, 관리 의무와 피로감, 그리고 이를 '선택'으로 포장하는 담론에 대한 비판적 지형을 확장시켰다.

우리나라뿐만 아니라 여러 국가에서도 외모지상주의 사회에 '제동'을 거는 움직임이 있다. 영국은 여성의 신체이미지를 왜곡하는 광고를 심의하는 제도를 두고 있으며, 스페인 마드리드 시는 거식증 예방을 위해 WHO 기준 저체중 모델의 패션쇼 출연을 제한하는 조치를 하고 있다. 프랑스는 패션 · 광고 업계의 '건강한 몸' 권장 협약을 마련했고 아르헨티나는 「옷 사이즈 다양화 법」을 통해 극단적인 다이어트 문화를 개선해 여성 건강권을 확보하는 정책을 시행하고 있다.

▮ 몸을 긍정하는 문장 완성해 보기 : 몸의 대상화 vs 몸의 기능

① 자신의 몸이 어떻게 보이는가?

- 내 몸 가운데 가장 매력적인 부분은 (　　　　　　　　)다.
- 내 몸 가운데 가장 섹시한 부분은 (　　　　　　　　)다.

- 내 신체 부위 가운데 ( )의 모양에 대해 칭찬을 듣는다.
- 나는 옷을 입었을 때 내 ( )가 돋보이면 기분이 좋다.
- 내 몸 전체에서 가장 보기 좋은 부위는 ( )다.

② 자신의 몸으로 무엇을 할 수 있는가?

- 나는 ( )을 하기 위해 내 팔을 쓴다.
- 나는 몸으로 ( )을 할 수 있다.
- 나는 내 몸으로 ( )을 할 수 있어서 좋다.
- 나는 내 다리로 ( )을 할 수 있다.
- 내 몸은 ( )할 때 가장 강하게 느껴진다.

러네이 엥겔른의 연구에서 참여자들은 몸이 어떻게 보일지에 대한 문장은 나의 몸 곳곳을 칭찬하는 내용이지만, 신체 부위에 대한 관심과 모니터링을 강화하고 신체 자신감을 높이는 데 도움이 되지 않았다. 반면에, 몸으로 무엇을 할 수 있는지에 관한 문장은 외모 강박에 거리를 두고 신체 자신감을 높여주는 효과가 있었다.

출처 : 러네이 엥겔른(2017). 거울 앞에서 너무 많은 시간을 보냈다에서 발췌.

외모차별주의에 대처하는 일상적 실천들

- 한국여성민우회 '다르니까 아름답다'(womenlink1987.tistory.com/539)
  외모 때문에 경험하는 다양한 불만들을 수집하는 활동, 『뚱뚱해서 불편합니까』 책 발간, 다르니까 아름답다 캠페인, 스티커 제작 등 다양한 활동을 펼치고 있다. (아래는 외모 관리를 상기시키는 상대와의 쿨한 대화법을 위한 카톡 이미지들)

• **한국의 대표적인 외모차별주의 비판 운동 '탈코르셋 운동'**

2018년 한국사회에 처음 등장한 '탈코르셋'은 과거 여성의 건강까지 해쳤던 체형 보정속옷 '코르셋'으로 상징되는 여성을 억압하는 사회적 규범으로부터 벗어나겠다는 의미를 가진다. 10대와 20대 페미니스트 여성들을 중심으로 시작된 탈코르셋 운동은 화장품 등을 부순 사진을 소셜네트워크 서비스(SNS)에 올려 인증하며 널리 알려졌다. 탈코르셋 운동에 동참하는 여성들은 서로 격려하며 긴 머리를 짧게 자르고 몸을 옥죄는 옷과 브래지어로부터 벗어났다. 해외의 바디 포지티브(Body positive) 운동과 한국의 탈코르셋 운동은 차이가 있다. 바디 포지티브가 추구하는 것은 '아름다움의 다양성 확장'에 있지만 탈코르셋은 '아름다울 필요의 거부'라는 것이다.

출처 : [나는 강남역 세대입니다②] "나는 아름다울 필요가 없다" 탈코르셋의 등장 (여성신문, 2020. 3. 20) 기사에서 발췌.

생각해 보기

- 친구들과 나누는 외모 이야기(body talk)를 멈춰보고, 그 경험을 공유해 보자.
- 본문을 참고하여, '자신이 어떻게 보이는가'와 '자신의 몸으로 무엇을 할 수 있는가' 문장을 완성해 보자.

함께 보기

SBS 스페셜 바디멘터리 : '살'에 관한 고백(2024). 정재원 감독. 한국.

서브스턴스(The Substance, 2024). 코랄리 파르자 감독. 프랑스 · 영국 · 미국.

참고문헌

김연주(2010). '나 주식회사'와 외모관리. 친밀한 적. 이후.

김지효(2023). 인생샷 뒤의 여자들. 오월의 봄.

러네이 엥겔른(2017). 거울 앞에서 너무 많은 시간을 보냈다. 웅진지식하우스.

여성신문(2020. 3. 20). [나는 강남역 세대입니다②] "나는 아름다울 필요가 없다" 탈코르셋의 등장. https://www.womennews.co.kr/news/articleView.html?idxno=197276

크리스 쉴링(2011). 몸의 사회학. 임인숙 역. 나남출판.

타일러 라쉬(2024. 5. 22). '외모 강박주의' 대한민국 사회. 타일러볼까요?. https://www.youtube.com/watch?v=CkUHcZLTYpo.

프리가 하우그 외(1997). 마돈나의 이중적 의미. 박영옥 역. 인간사랑.

한국여성민우회(2013). 뚱뚱해서 죄송합니까. 후마니타스.

__________(2015. 9. 19). [여성건강]<렛미인> 방송 중단 발표에 이르기까지. 한국여성민우회 홈페이지. https://womenlink.or.kr/minwoo_actions/?bmode=view&idx=28806963.

한국일보(2025. 1. 15). 굶어쓰러지던 가수들이 여성의 몸에 대해 말하자... "용기내줘 고맙다". https://www.hankookilbo.com/News/Read/A2025011414590001014

M메디소비자뉴스(2024. 10. 3). "중고 여학생들, '신체이미지 왜곡'에 남학생보다 '섭식장애' 심각". http://www.medisobizanews.com/news/articleView.html?idxno=119806.

제 9 장

여성과 일

1. 여성과 '일'의 의미
2. 여성노동의 현실
3. 성별화된 노동
4. 성 평등한 노동을 향하여

제9장 여성과 일

일한 만큼만 받았으면 좋겠어요. 일한 만큼도 못 받고 있어요. 임금이 높아지면 고용원이 줄어들지 않겠어요? 정규직 한 명 쓸 거를 두세 명 쓰려고 하는데 그러니 수당이나 제대로 줬으면 좋겠어요.

-한국여성노동자회.
<2013 평등의 전화 상담사례집> 중에서-

1. 여성과 '일'의 의미

한국사회 여성의 교육수준의 향상 및 직업에 대한 인식의 변화로 경제적 필요에 의해서뿐만 아니라 다양한 이유로 '일자리', '직업'에 대한 욕구는 점점 높아지고 있다. 또한 한편에서는 여성 CEO, 여성 지점장, 대기업 부장 등 여성의 경제적 성공신화들이 등장하면서 여성의 미래에 희망 메시지를 던지는 것 같다.

그러나 여성의 일에 대한 사회적 인식 및 평가, 노동시장에서 여성노동의 현실은 여전히 많은 구조적 문제를 안고 있다. 무엇보다 여성들이 노동시장에서 수행하는 생산노동은 물론이고 출산과 양육, 자녀교육에서부터 가사 및 가족성원 대상의 감정노동 등 많은 일들을 하고 있음에도 불구하고 가치로 측정이 불가능하거나 평가가치가 절하되는 경우가 많다. 따라서 다양한 여성의 일에 대한 재평가가 필요하다.

인간에게 노동이란 생계유지와 자립을 위해 돈을 번다는 의미 외에 사회적 관계 형성, 정보의 획득, 다양한 사회적 욕구를 충족하는 과정에서 자신감을 채우며 삶의 발전을 추구하는 등 여러 가지의 의미가 있다. 그러나 여성의 일을 바라보는 가장 근본적인 문제는 여성을 노동자라는 범주에서 배제하는 '노동' 개념이다. 즉, 근대사회의 '노동' 개념은 공적 영역(사회)에서 구체적으로 화폐로 교환될 수 있는 '임금노동', '직업'을 의미한다. 이처럼 돈을 버는 '직업'으로 정의하는 기준에 따르면 여성이 주로 하는 가사노동, 육아, 봉사활동과 같은 일은 경제적 보상을 받지 않기 때문에 노동으로 평가되지 않는다. 또한 공적 영역 외에서 이루어지는 노동, 즉 집에서 가족들의 먹거리를 위해 텃밭에 채소를 기르는 것과 같은 노동은 실질적인 생산노동임에도 불구하고 화폐로 교환되지 않기 때문에 가치평가의 대상에서 제외된다. 또한 자영업을 하는 가족의 일을 돕거나 부업이라는 이름으로 수행되는 일들도 일로 인정받지 못할 뿐만 아니라 비록 화폐를 받고 하는 일임에도 '직업'으로 인식 · 평가되지 못한다.

남성은 사회에서 생산을 담당하는 생계책임자로, 여성은 가정에서 소비를 담당하는 재생산(가사와 육아)의 일차적 책임자로 보는 근대사회의 성별 분업 논리는 일하는 여성의 노동시장에서의 위치를 약화시키는 데 결정적 역할을 한다. 즉, 같은 직장에서 일하는 부부 중에서 한 명이 그만두어야 하는 선택을 해야만 한다면 어떤 결과가 나올 것인가. 남성이 여성보다는 우선 가족부양의 책임이 있기 때문에 직장을 다녀야 한다는 논리가 능력이나 가능성 등의 객관적 비교와 평가보다 우선한다.

이처럼 노동시장은 성별 분업 논리를 기반으로 끊임없이 여성들에게 직장으로 나오라고 유인하면서도 필요 없을 때에는 '가정이야말로 여성이 있어야 할 곳', '그래도 아이는 엄마가 키우는 것이 낫다'라는 통념들을 앞세워 여성노동의 상태를 불안정하게 유지 · 관리한다.

2. 여성노동의 현실

1) 여성의 경제활동과 경력단절

여성의 경제활동인구는 2006년 1,000만 명 시대를 연후 이후 지속적으로 증가하여 2023년 15~64세 여성 고용률은 61.4%로 2010년 대비 8.7%p 상승했다. 특히 여성의 고용률은 결혼・임신・출산・육아 등의 시기인 30대 초반을 기점으로 M커브 곡선을 심하게 보였었는데, 2023년 30~34세 여성 고용률이 71.3%로 2010년 53.0% 대비 18.3%p 상승해 M커브 곡선이 완화되었다.

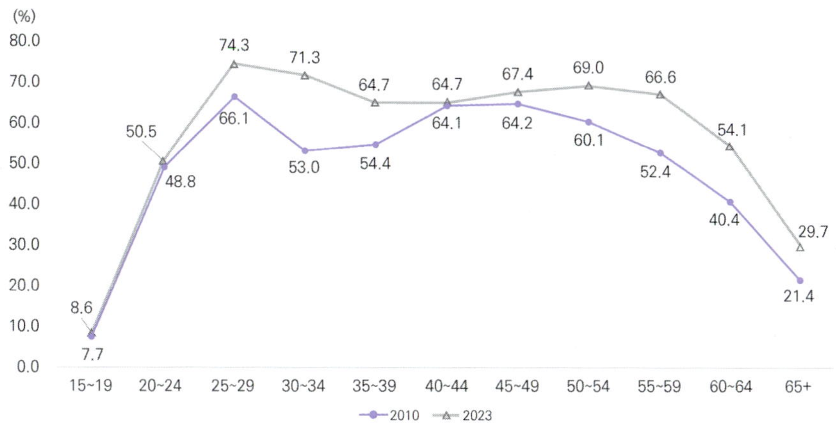

| 그림 9-1 | 연령대별 여성 고용률

출처 : 여성가족부(2024). 2023 통계로 보는 남녀의 삶.

이는 육아휴직을 비롯한 육아기 근로시간 단축, 유연근무제 등 일・생활 균형제도의 확대로 인한 노동시장의 변화로도 해석될 수 있다. 특히 2023년 남성 육아휴직급여 수급자는 약 3만 5천 명으로 2015년 대비 7.3배 증가했다. 즉, 2015년 여성 82,464명, 남성 4,872명에서 2023년 여성 90,672명, 남성 35,336명으로 남성 육아휴직 사용자가 큰 폭으로 증가한 것을 볼 수 있다. 사업장 규모별로는 남성(55.4%)과 여성(37.2%) 모두 300인 이상 규모 사업장에서 사용 비율이 높게 나타났다.

〈표 9-1〉 사업장 규모별 육아휴직급여 수급 현황(2023년) (단위 : 명, %)

구분	계	10인 미만	10인~29인	30인~100인	100인~299인	300인 이상
여성	90,672	20.4	15.5	14.2	12.7	37.2
남성	35,336	11.0	7.5	11.3	14.8	55.4

자료 : 한국고용정보원. 고용행정통계.
주 : 1) 초회수급자 수의 연간 통계 기준임
2) 비율은 소수 둘째 자리에서 반올림한 값임
출처 : 여성가족부(2024). 2023 통계로 보는 남녀의 삶.

또한 육아기 근로시간 단축급여 수급자는 2023년 2만 3천 명으로 2015년 대비 11.3배 증가, 유연근무제 활용은 남성(17.1%)과 여성(13.9%) 모두 2015년 대비 각 12.4%p, 9.3%p 증가했다. 그중에서도 여성은 시차출퇴근제(36.1%), 남성은 탄력근무제(34.2%) 활용률이 가장 높게 나타났다.

그러나 여전히 남성의 연령별 경제활동 참여율이 역 U자 모양인 것과 달리 여성의 경우 M커브 곡선을 보이는 현상은 여성노동의 특성과 문제를 드러내는 매우 중요한 지표이다. 남성과 달리 출산과 양육, 자녀교육 등의 이유로 여성의 고용에서 단절이 일어나는 현상을 경력단절이라고 한다. 2023년 15~54세 기혼 여성 중 경력단절여성 비율이 17.0%로 2015년 대비 4.7%p 감소했으나, 여전히 여성들이 고용단절을 선택할 수밖에 없는 상황은 지속되고 있으며 노동시장에 재진입할 때 고용상태 및 임금, 직종 등 모든 면에서 고용단절 이전의 지위보다 불리한 상황으로 이끌고 있는 것도 사실이다.

특히 주목해야 할 점은 경력단절의 원인이 주로 결혼, 임신, 출산, 양육, 가사 등의 역할로 인해 나타나는 것으로 설명되고 있으나 '직장 그만두기'를 선택하는 근본적인 원인은 대부분의 여성이 현재 종사하는 일자리가 그만두기에 아까운 직장이 아니라는 점이다.

▌경력단절, 제도보다는 인식이 문제… 남성육아휴직 성공사례 키워야

정부가 지난 2022년부터 여성의 경제활동을 촉진하고 경력단절을 예방하고자 '여성경제활동법'을 시행해 온 가운데, 지난 19일 여성정책연구원이 여성가족부의 의뢰를 받아 수행한 여성경제활동법 정책마련 연구 결과 발표 정책 토론회가 진행됐다.

토론회에서 여성의 경력단절이 제도보다는 인식의 문제라는 지적이 나왔다. 특히 남성의 경우 육아휴직제도가 갖춰져 있어도 인사상의 불이익이 있을 것이란 인식에 사용을 꺼린다는 것으로, 이러한 부정적 인식을 바꾸기 위해 성공사례를 늘려야 한다는 주장이다.

…중략…

여성의 경력단절 예방 차원에서는 '늘봄학교' 정책이 높은 평가를 받았다. 한국교육개발원이 주관한 2024년 2학기 늘봄학교 운영 258학교의 온라인 조사에서 학부모 85.7%가 만족해했으며, 86.1%의 학부모가 이를 통해 자녀 양육과 돌봄 부담이 경감됐다고 응답했다. …중략…

또 "여성의 경력 단절이 줄고는 있지만 여전히 10년가량 된다"며 "이들이 다시 기업 조직으로 돌아올 가능성은 매우 낮기 때문에 경력단절을 예방하는 것이 중요하다"고 말했다.

여성의 경력단절의 주된 원인으로 육아를, 근본적인 해결책으로는 "남성 근로자의 육아 참여"를 말했다.

그러면서 "남성의 육아휴직 사용이 사회 보편적인 현상이 아니라는 점에서 여전히 이 제도 확산에 힘써야 한다"며 "남성 근로자의 육아휴직 비중 상승은 100인 이상 사업장에서 확인되는 정도이며 이 외 사업장이 80~90%기 때문에 이러한 사각지대 해소 노력이 필요하다"고 말했다.

출처 : 여성신문(2024. 12. 20) 기사에서 발췌.

즉, '아이를 맡기는 비용과 버는 돈의 액수'의 차이, 즉 임금수준, 노동조건 등의 일자리의 질에 따라 여성의 선택은 달라진다. 따라서 여성의 경력단절 현상은 여성이 가사와 육아의 일차적 책임자라는 성역할 고정관념과 노동시장에서의 여성노동의 낮은 질이라는 현실과 결합되어 나타나는 현상이라고 볼 수 있다.

2) 성별 직업분리와 임금격차

한국사회 노동시장에서 여성의 지위를 낮게 하는 특성 중의 또 하나는 성별 직업분리 현상이다. 성별 직업분리 현상이란 노동시장에서 여성들이 주로 종사하는 직업과 남성 중심의 직업이 확연히 분리되는 것을 말한다. 주로 남성들은 전문, 기술, 행정 관리직, 고위 사무직 등 고용이 안정적이고 수입이 높은 직업에 몰려 있는 반면, 여성은 서비스 · 판매직, 단순노무 등의 직업에 몰려 있다. 또한 제조업 분야라도 의복 산업에는 여성이, 자동차 산업에는 남성들이 주로 종사하는가 하면, 사무직의 경우 관리 · 영업 부문은 주로 남성이, 사무보조 및 고객응대 부문은 여성이 전담하는 등의 직업 내에서의 분리현상이 있다. 주로 여성비율이 높은 직종은 고용안정성이 낮고, 임금이나 승진 · 승급 및 교육 · 훈련 등의 기회 등에서 열악하다.

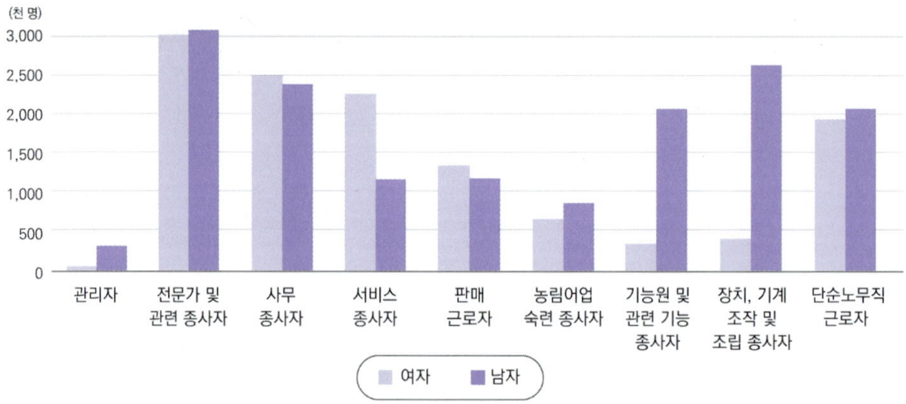

| 그림 9-2 | 성별 취업자의 직업분포(2023년)

출처 : 성인지통계 시스템.

또한 같은 직장 내에서도 여성과 남성의 성별 격차가 존재한다. 비정규직, 낮은 임금, 비숙련 노동, 교육이나 훈련기회가 배제되는 하위직이나 역할에 여성들이 주로 몰려 있다. 반면 관리 감독 및 높은 임금, 해외연수 등의 교육기회 등은 주로 남성들이 차지한다. 특히 남성의 평균임금 대비 여성의 평균임금 비율은 한국사회의 여성노동 현실을 보여주는 중요한 지표이다.

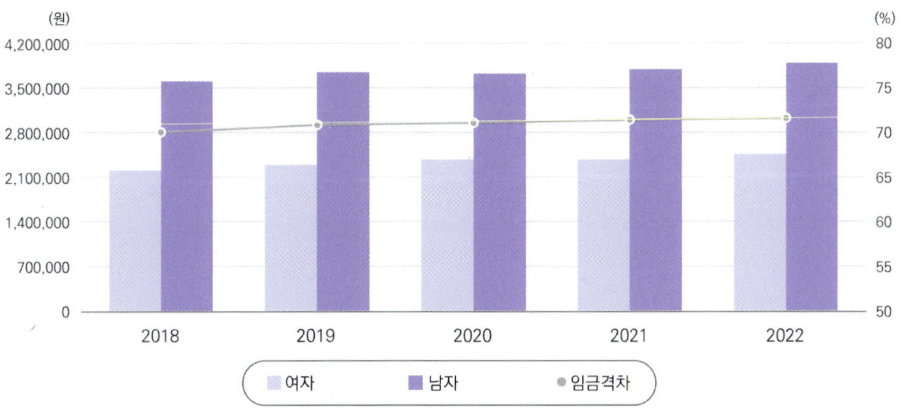

| 그림 9-3 | 성별 월 임금 총액 추이

출처 : 여성가족부(2025). 2025년 성별 임금 격차 조사 결과.

2023년 여성 임금근로자의 시간당 임금은 18,502원으로 남성(26,042원)의 71.%의 수준으로 2010년 대비 6.4%p 개선되었으나 여전히 성별 임금격차가 심각하다.

여성가족부의 '2025년 성별 임금 격차 조사' 결과에 따르면, 2024년 성별 임금 현황을 공시한 2,980개 공시대상회사를 분석한 결과 남성 1인당 평균임금은 9,780만 원, 여성 1인당 평균임금은 6,773만 원으로 성별 임금 격차는 전년(26.3%) 대비 4.4%p 증가한 30.7%로 나타났다. 이러한 성별 임금 격차는 직무의 내용·승진·휴직 등 임금 결정의 요인뿐 아니라 산업·직종 분리와 같은 구조적 요인 등의 복합적인 영향을 받는다.

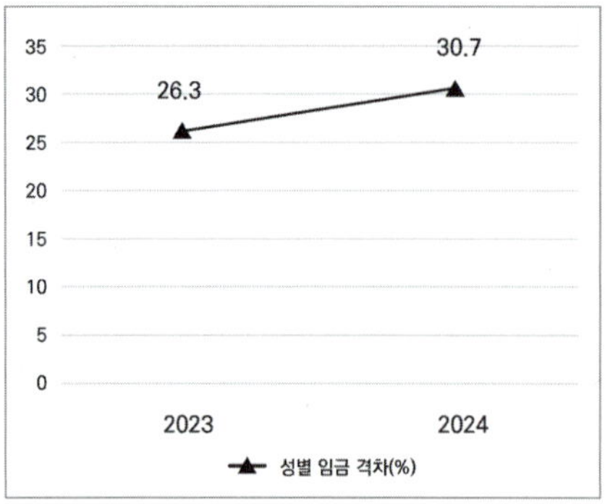

| 그림 9-4 | 공시대상회사 성별 임금 격차

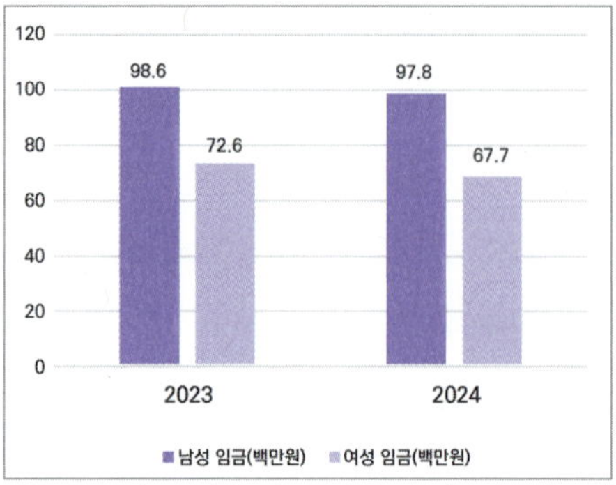

| 그림 9-5 | 공시대상회사 성별 평균임금

또한 여성의 고위직 진출을 가로막는 직장 내 보이지 않는 장벽, 즉 유리천장의 존재와 업무배치와 순환 등에서 성차별 구조가 여성의 노동시장에서의 지위를 낮추는 주요 원인으로 작용한다.

▮ 일하는 여성이 되기에 가장 좋은 나라와 가장 안 좋은 나라, 이코노미스트의 유리천장 지수는 노동시장에서의 성평등을 측정한다

'유리천장'이란 여성들의 고위직 진출을 가로막는 회사 내에 보이지 않는 장벽을 뜻하는 말로, 『다양성의 실현』의 저자인 마릴린 로덴이 만든 신조어로, 위를 보면 끝없이 올라갈 수 있을 것처럼 투명해 보이지만 어느 정도 이상 높은 곳으로 올라갈 수 없도록 막는다는 의미가 있다. 겉보기에 남녀평등이 실현된 것처럼 보이지만 실제는 전혀 그렇지 않은 현실을 비유하기 위해 사용하고 있다.

영국 〈이코노미스트〉가 세계 여성의 날(2025. 3. 8)을 맞아 '유리천장 지수(glass-ceiling index)'를 추정했다. 경제협력개발기구(OECD) 29개 나라를 대상으로, 5개 항목(남성과 여성의 고등교육 이수율, 여성 노동참가율, 남녀 임금 격차, 여성 고위직 비율, 임금 대비 순 육아비용)을 조사했다. 한국은 28위로 2025년 12년 만에 꼴찌를 탈출했다.

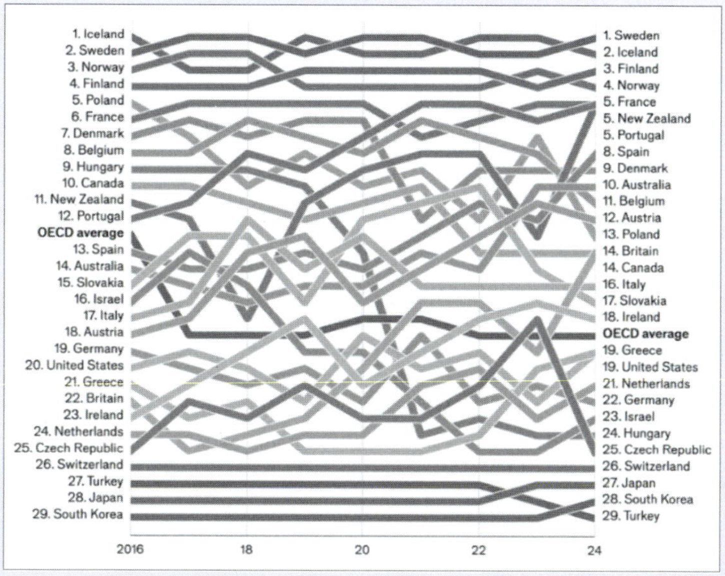

출처 : The Economist(2025)에서 발췌.

3) 여성노동의 비정규직화

2024년 취업자 중 여성 비정규직 비율은 47.3%로 남성 30.4%에 비해 16.9%p가 높다.

〈표 9-2〉 성별 근로형태별 근로자 (단위 : 천 명, %, %p)

구 분		2018	2019	2020	2021	2022	2023	2024	전년 대비 증감률
여성	임금근로자	8,874	9,163	9,085	9,476	9,788	10,027	10,235	2.07
	정규직	5,195	5,038	4,994	4,985	5,285	5,462	5,392	−1.28
	비정규직	3,678	4,125	4,091	4,491	4,503	4,565	4,844	6.11
	구성비	41.4	45.0	45.0	47.4	46.0	45.5	47.3	3.96

남성	임금근로자	11,171	11,396	11,361	11,517	11,936	11,927	11,908	-0.16
	정규직	8,236	8,040	8,026	7,941	8,283	8,370	8,293	-0.92
	비정규직	2,936	3,356	3,335	3,575	3,653	3,557	3,615	1.63
	구성비	26.3	29.4	29.4	31.0	30.6	29.8	30.4	2.01

출처 : 통계청. 경제활동인구조사 근로형태별 부가조사 원자료 분석.

또한 여성의 연령대별 비정규직 근로자 비중은 60세 이상이 32.5%로 가장 높고 50대 21.6%, 20대 16.7%, 40대 16.3%의 순으로 높고, 남성은 60세 이상이 34.3%로 가장 높고 20대가 18.0%, 50대가 17.0%, 30대가 14.7% 순으로 높다.

〈표 9-3〉 연령대별 비정규직 근로자 구성비(2024) (단위 : %)

구분	계	15~19세	20~29세	30~39세	40~49세	50~59세	60세 이상
여성	100.0	1.8	16.7	11.2	16.3	21.6	32.5
남성	100.0	1.6	18.0	14.7	14.4	17.0	34.3

출처 : 통계청. 경제활동인구조사 근로형태별 부가조사 원자료 분석.

정규직 대비 비정규직 임금은 여성은 74.0%, 남성은 73.4%의 수준으로 나타났다.

〈표 9-4〉 근로형태별 시간당 임금 수준 (단위 : 원, %, %p)

구분	여 성				남 성				남성임금 대비 여성임금 수준
	임금 근로자	정규직	비정규직	정규직 대비 비정규직 임금수준	임금 근로자	정규직	비정규직	정규직 대비 비정규직 임금수준	
2010	9,300	10,480	6,857	65.4	15,095	16,418	9,658	58.8	61.6
2023	18,502	20,205	14,944	74.0	26,042	27,695	20,337	73.4	71.0
'10년 대비	9,202	9,725	8,087	8.6	10,947	11,277	10,679	14.6	9.4

출처 : 고용노동부. 고용형태별 근로실태조사.

이와 같은 남성과 여성의 임금격차는 성별에 따른 임금격차에 더해진 여성 근로자의 고용형태에서 오는 임금격차가 이중적으로 중첩된 결과이다.

3. 성별화된 노동

가정 속에서 무보수로 이루어지는 가사와 돌봄 및 감정노동과 같은 재생산 노동이 여성의 역할이라는 성별 분업 논리는 노동시장으로 고스란히 전가되어 여성노동의 문제를 증폭시킨다. 같은 '요리'를 해도 여성은 식당에서 아줌마로, 남성은 호텔의 쉐프로 불리는 현실은, 같은 일을 해도 여성이 하기 때문에 낮은 평가를 하는 뿌리 깊은 성차별의 결과이다.

1) 가사노동의 의미와 '가사노동자'

자신을 포함하여 가족의 일상생활을 유지하기 위해서는 매일매일 반복되는 밥하기, 청소, 빨래 등에서부터 육아 및 자녀 교육, 가계관리 등 화폐로 환산되지 않는 무급의 일들을 누군가 수행해야만 한다. 이러한 일은 주로 여성의 역할로 당연시되어 왔으며 1960년대까지는 노동으로 논의조차 되지 못했다. 그동안 노동으로 평가되지 않았던 여성의 집안일이 여성운동을 통해 재평가·재개념화되었다. 가사노동(domestic work)이란 '인간의 삶의 재생산 및 생계유지를 목적으로 하는 필요노동'이며, '가정 내에서 이루어지는 모든 생산활동과 인간 상호적 관계, 즉 가족관계를 위한 활동을 포함하는 관계적 재생산을 가능케 하는 노동'이다(박홍주, 2013 : 218).

그러나 현대의 가사노동은 보다 정교화되거나 새로운 형태의 가정 일들이 추가되면서 노동의 성격이 복잡해졌을 뿐만 아니라 여전히 반복적이며, 가족 구성원의 시간에 맞춰 준비해야 하거나, 가족 구성원의 보이지 않는 통제가 있는 노동이다.

한편 가족 속에서 무보수로 이루어지는 집안일이 공적 영역에서는 또 하나의 여성 일자리로 아줌마, 도우미, 이모 등으로 불리며 여성 '임금노동' 층을 차지하고 있다. 또한 과거와 달리 가사서비스 플랫폼이 성장하면서 온라인으로 고객을 매칭하고 오프라인으로 서비스를 제공하는 O2O(Online to Offline) 형태가 확대되고 있다. 플랫폼 노동뿐만 아니라 가사노동의 비공식성으로 인해 정확한 규모는 파악하기 어려우나, 고용노동부가 2023년 가사노동자의 수를 11만 4천 명으로 집계했지만 실질적으로는 60만 명에 이를 것으로 추정하고 있다.

2022년 6월 「가사근로자의 고용개선 등에 관한 법률(가사근로자법)」이 시행되면서, 가사노동자도 근로자로서 정식 법적 보호를 받게 되었다. 그러나 기존 개별적으로 직접 계약한 경우는 여전히 개인 간 계약으로 간주되어 근로기준법 적용이 불가하며, 가사서비스 제공기관과 근로계약을 체결해야만 근로기준법 및 최저임금법, 4대 보험 적용을 받도록 되어있다. 또한 한국노동연구원의 '2024년 정부 인증 가사서비스 활성화를 위한 실태조사' 결과, 국내 가사근로자는 총 30만 명으로 추정돼 1.3%만이 정부 인증기관에 속해 있는 것으로 나타나 가사서비스 시장을 제도화하고 가사노동자의 최소한의 근로조건 및 사회보장을 위한 법률 제정에도 불구하고 그 실효성이 크지 않다는 지적이다.

▌타인을 돌보는 귀한 노동, 가사노동자 감정노동 보호를 위해

- 가사근로자 고용개선 등에 관한 법률(가사근로자법) 제정에 따라 가사서비스를 △가정 내에서 이뤄지는 세탁, 청소, 주방일 △가구 구성원의 보호와 양육 등 가정생활의 유지와 관리에 필요한 업무로 정의내리고 있다.
  가사노동자의 노동은 노동 강도가 높은 육체노동뿐만 아니라 고객과의 관계 등에서 정신적인 직무스트레스와 감정노동을 수반하고 있으며, 괴롭힘 문제 등의 인권침해에 노출돼 있는 상황이기에 예방부터 사후 조치까지 포괄하는 지원책 마련이 필요한 상황이다.

- 가사노동자의 감정노동 특성 : 가사서비스는 육체노동과 함께 주로 돌봄노동과 관련된 감정적인 일과 직무스트레스 등의 감정노동, 그림자 노동을 수반한다. …중략… 플랫폼 가사노동이 확대되면서 가사노동자는 모일 기회도 줄어들고 모일 공간도 부족해 고립도 심화되고 있다. 고객의 평가가 자신의 업무 배정에 영향을 끼치지만, 여기에 항의하기 어려운 구조이다.
- 가사노동자 감정노동 보호를 위한 개선방향 : 가사근로자법의 테두리를 벗어나 있어 산업안전보건제도의 사각지대에 놓여 있기 때문에 법 적용대상이 확대돼야 한다. 휴게시간과 직장 내 괴롭힘 문제를 해결하기 위한 제도개선도 필요하다. 가사서비스 이용 고객 응대 매뉴얼 마련, 상담과 교육 등 다양한 감정노동자 지원 프로그램 운영·연계 등과 같은 가사노동자 지원을 위한 가사서비스 종합지원센터의 역할을 확대하고 강화해 나갈 필요가 있다.

출처 : 매일노동뉴스(2025. 8. 1) 기사에서 발췌.

2) 감정노동

1990년대 이후 서비스 산업이 급속하게 성장하면서 '웃다가 병든' 감정노동자들이 우리 사회에도 2023년 기준 전국 약 1,200만 명에 이르고 있다. 서비스 분야 종사자들의 노동은 육체노동과 정신노동뿐만 아니라 이와 차별화될 수 있는 또 다른 형태의 노동에 대한 설명이 필요하다. 즉, 타인을 대상으로 자신의 감정을 관리하고 적절한 감정을 표출하는 형태의 노동, 즉 감정노동(emotional labor)으로 혹실드(Hochschild)에 의해 처음으로 사용되었다. 감정노동은 '다른 사람의 기분을 좋게 하려고 자신의 감정을 고무시키거나 억제'하는 것이다(Hochschild, 2009 : 21). 감정노동자는 배우가 연기를 하듯 고객을 기분 좋게 하려고 자신의 감정을 통제하고 연출해야 하는 근로자로, 전화상담원, 승무원, 대형유통업체 점원, 판매원 등 대인서비스 업종에 종사하는 노동자로서 주로 여성 종사비율이 높은 직종이다.

감정노동 종사자들은 극심한 정신적 스트레스에 시달리고 있다. 이들이 겪는 정신적 장애 중 가장 쉽게 찾아볼 수 있는 것이 '스마일 마스크 증후군'이다. 스마일 마스크 증후군은 숨겨진 우울증이라고도 하는데, 속으로는 우울하지만 일을 위해 억지로 웃음을 강요당하는 일이 반복되어 나타난다. 이 증후군에 걸린 사람들은 식욕이 감퇴하고 매사에 재미가 없으며 의욕을 잃는 것은 물론 불면증, 대인 기피증 등 정신장애에 걸릴 수도 있다.

감정노동자들의 감정노동 부담도 성별에 따라 양극화된다. 한국고용정보원의 '고용동향브리프'(2024년 3호)에 실린 '감정노동자 고용과 근로환경 현황' 보고서에 따르면, 감정노동자는 전체 노동자의 31.7%로 추정되며, 여성이 66.4%, 남성이 33.6%로 여성이 많으며, 남성 단순노무직 감정노동자는 40.8%가 월 소득 200만 원 이하였다면 여성의 경우 이 비율이 74.5%에 달해 여성 노동자의 열악함을 보여준다. 즉, 남성 감정노동자는 전문직이나 고임금 세일즈업에 종사하지만 여성은 판매와 음식서비스업이 많아 성별에 따른 감정노동자의 소득 계층화 양상이 나타난다.

▌1200만 감정노동자 시대… 서로가 서로의 지옥이다 : 죽음을 부르는 갑질 사회

국민일보의 '갑질-감정노동 실태조사'에 응한 한 간호사는 이런 말을 남겼다. 고객의 무리한 요구를 거절했다는 이유로 모멸감을 느껴야 하고, 관리자의 잘못된 대처 속에서 외로이 고통을 키우는 감정노동은 특정 직역에만 국한된 것이 아니라 모든 일터에서 호소하는 일이 돼 있다.

감정노동자들의 잦은 퇴직과 이직은 비정규직화, 비전문화, 외주화의 문제로 이어지고, 또다시 감정노동과 퇴직 또는 자살 문제로 악순환한다.

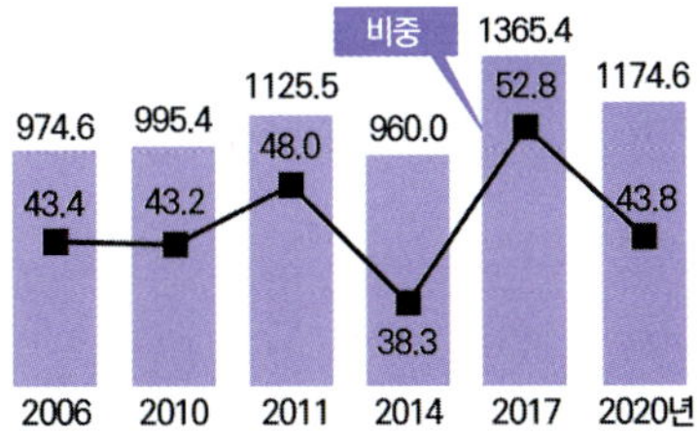

| 그림 9-6 | 전국 감정노동자 숫자 및 비중(단위 : 만 명, %)

* 직장동료가 아닌 고객, 승객, 학생, 환자와 같은 사람을 상대하는 시간이 50%를 넘는 노동자
* 비중은 해당연도 1월 취업자 숫자 대비
출처 : 서울시 감정노동 종사자 권리보호센터.

20세기 이후 세계적으로 개인주의 가치관이 확대됐고 서비스업 중심의 산업구조 개편이 이뤄졌다. 한국에서도 서비스업의 비중이 커져 직무상 고객을 응대하는 감정노동자는 1,200만 명가량으로 추산되고 있다.

감정노동자 관련법령 및 내용

법 령	내 용
산업안전보건법 제41조 제1항 및 같은 법 시행규칙 제41조	고객의 폭언 등으로 인한 건강장해 예방 조치 등
산업안전보건법 제41조 제2항 및 같은 법 시행령 제41조	고객의 폭언 등으로 인한 건강장해 발생 등에 대한 조치
산업재해보상보험법 제32조 제1항 제2호 다목	고객의 폭언 등으로 인한 업무상 정신적 스트레스가 원인이 되어 발생한 질병
남녀고용평등과 일·가정 양립 지원에 관한 법률 제14조	고객 등에 의한 성희롱 방지

이들의 정신건강과 극단적 선택 문제가 표면화할 때마다 법과 매뉴얼 마련이 강조되지만, 제도적 개선만으로는 한계가 있다는 시각도 있다. 모두 예외 없이 갑질-감정노동을 주고받는다는 인식하에 배려하고 물러서는 자세가 필요하다는 얘기다.

출처 : 국민일보(2023. 9. 25) 기사에서 발췌.

감정노동자들의 어려움은 더 이상 개인적인 문제가 아닌 사회적인 문제로 보아야 한다. 억지 감정을 지어내 고객을 응대하는 서비스는 수량화가 불가능하다. 그렇기 때문에 사회와 직장에서는 이를 힘들지 않은 일이라고 간주하고 육체노동, 전문직보다 훨씬 더 적은 임금을 배당한다. 그래서 감정노동을 요구하는 직종의 대부분이 비정규직 혹은 저임금 서비스직으로 정당한 수입을 올리지 못하는 것이 현실이다. 증가하는 감정노동 종사자들을 위한 보호정책의 마련과 '손님은 왕이다'라고 생각하고 행동해 왔던 사회문화적 관행에 대한 변화가 필요하다.

4. 성 평등한 노동을 향하여

여성이 경제적 활동을 통하여 자립할 수 있는 권리와 지속적인 노동권의 보장은 성 평등한 사회로 나아가기 위해서 가장 중요한 전제조건이다. 따라서 현재 여성노동을 바라보는 사회적 인식과 노동시장에서의 성 불평등한 구조의 변화가 필요하다.

우선 성별 분업 이데올로기의 해체와 성별 분업 논리를 지탱하고 있는 남성의 가족부양 이데올로기에서 벗어나 여성을 독립된 노동주체로 보는 전면적인 인식의 변화가 필요하다. '여자가 벌어 봤자지', '남편 밥이 제일 편해'라는 생각은 남성을 평생 생계 책임자라는 부담으로부터 자유롭지 못하게 하거나 여성을 생계 보조를 위해 일하는 것에 머무르게 하고 노동주체로 삶을 추구하기 어렵게 한다. 그래서 생계 책임을 위해 노동시장으로 진입한 여성들의 경우에는 설 자리가 없거나 가장자리로 몰아버린다.

'아무것도 하지 않아', '그냥 집에 있어', 심지어는 '집에서 놀아'라는 식의 가족 내에서 여성의 일을 폄하하는 인식은 노동시장에서 성별화된 여성 중심의 일들에 대하여 최악의 가치 평가를 하도록 한다. 만약 이러한 인식의 변화 없이 노동시장정책이 추진된다면 정책적 실효성에서도 의도하지 않은 결과를 초래할 수 있다.

따라서 여성의 일에 대한 선택이 강요되지 않고 자유롭게 수용될 수 있는 여건이 마련될 때야말로 성 평등한 사회가 실현될 수 있을 것이다.

생각해 보기

- 나에게 판매나 서비스를 제공하는 사람들에게 무리한 요구를 하거나 함부로 대한 경험은 없는지 생각해 보자.
- 육아휴직이나 자녀돌봄시간 등 일·생활균형제도를 활용하는 직원으로 인해 발생한 업무공백이 내가 속한 팀에 발생했다면 어떻게 할지 생각해 보자.

함께 보기

EBS(2010). 지식채널 e. 감정, 노동자.

EBS(2013). EBS 다큐프라임. 행복의 조건, 복지국가를 가다 제1부 노동.

참고문헌

고용노동부(2024). 정부인증 가사서비스 활성화를 위한 실태조사.

국민일보(2023. 9. 25).

김미주(2012). 여성과 일. 새로 쓰는 여성복지론. 양서원.

김원정(2010). 식당여성노동자 정책 및 실천제안, 2011 식당여성노동자 노동인권 실태조사. 한국여성민우회.

김주희(2012). 맞벌이 부부의 시간배분을 통해 본 일-생활 유형 연구. 서울대학교 대학원 박사학위논문.

매일노동뉴스(2025. 8. 1).

박준식(2001). 노동과 노동과정. 사회학. 한울아카데미.

박홍주(2013). 여성의 눈으로 '노동' 다시보기. 여성학. 미래인.

서울시 감정노동 종사자 권리보호센터.

성인지통계 시스템. https://gsis.kwdi.re.kr.

앨리 러셀 혹실드(2009). 감정노동 : 노동은 우리의 감정을 어떻게 상품으로 만드는가. 이가람 역. 이매진.

여성가족부(2024). 2024 통계로 보는 남녀의 삶.

________(2025). 2025 통계로 보는 남녀의 삶.

__________(2025). 2025년 성별 임금격차 조사.

__________(2025). 2025년 성별 임금격차 조사 결과.

__________(2024). 2024 통계로 보는 남녀의 삶.

여성신문(2024. 12. 20).

통계청. 경제활동인구조사 근로형태별 부가조사.

한국고용정보원(2024). 감정노동자 고용과 근로환경 현황. 고용동향브리프 2024년 3호.

제 10 장

여성과 돌봄

1. 돌봄의 이해
2. 돌봄노동의 현실
3. 돌봄의 제도화
4. 돌봄과 성평등 사회

제10장 여성과 돌봄

"어느 날 60세 이상 여성들이 사라진다면 어떻게 될까. … 6만여 명의 가사 및 육아 도우미가 출근하던 가정에서, 22만여 명의 돌봄 및 보건 서비스 종사자가 일하던 요양병원과 복지시설에서, 55만여 명의 청소원 및 환경미화원이 오가던 사무실과 길거리에서 분주히 움직이던 손과 발이 없어진다는 뜻이다. … 그 공백은 사회를 멈춰 세우고도 남을 만큼 크지만, 그만큼 중요한 그 노동은 너무도 값싼 비용으로 유지돼 왔다." (107~109쪽)

-전수경, 우리가 명함이 없지 일을 안 했냐.
경향신문. 젠더 기획팀.
2022. 12. 20. 내용 중에서-

1. 돌봄의 이해

1) 돌봄의 개념

돌봄을 어떻게 정의할 수 있을까? 모든 사람은 살아가면서 한 순간은 돌봄이 필요한 순간에 처한다. 장애가 있든 없든, 질병에 걸리든 걸리지 않든 간에 성인이든 아동이든 어느 상황이 되면 모든 사람은 돌봄을 필요로 한다. 이에 대해 키테이(Kittay, 2011 : 50)는 장애가 없는 인간조차도 '일시적으로 능력 있는 존재(temporarily abled)'에 불과하다고 지적하며, 돌봄이 특정 집단만의 필요가 아님을 강조한다. 인간의 상호의존성과 취약성이 보편적 조건이라면, 돌봄은 특정 대상에게만 요구되는 예외적 행위가 아니라, 모든 인간이 수행해야 하는 윤리적 책무로 이해될 수 있다.

댈리와 루이스(Daly & Lewis)는 돌봄노동(care work)을 '스스로 자신을 돌볼 수 없는 사람을 돌보는 행위로서, 병자, 노약자, 어린 자녀들을 그 대상으로 하는 노동'으로 정의하였다. 돌봄노동의 대상은 타인의 돌봄을 필요로 하는 사람들이며, 돌봄노동은 곧 사회 구성원들의 유지 및 재생산을 위해 요구되는 사회적 활동이자 필수적인 노동이다(Daly & Lewis, 2000). 그러나 돌봄노동은 사회적으로 필수적인 노동임에도 불구하고 가족 내에서 이루어질 경우 시장 가치로 측정하기 어렵기 때문에 생산활동으로 인정받지 못한다.

돌봄에 대한 이러한 인식은 여성의 모성 역할과 가족 내 성역할 등과 연결되어 여성에게 적합한 영역이라고 규정되어 왔다. 그러나 왜 돌봄을 여성에게 적합한 영역으로 규정하는지, 돌봄이 사회적으로 필수적이고 중요한 부분임에도 불구하고 사회적으로 저평가되는 이유는 무엇인지에 대하여 생각해 볼 필요가 있다.

그동안 한국사회에서 돌봄의 가족화는 고유한 산업화 경로와 복지정책의 형성과정 속에서 강화되었다. 특히 압축적 성장으로 대표되는 경제개발 우선주의 '선성장 후분배' 원칙이 지배적인 기조로 작동하면서, 국가가 일상적인 생계부양이나 돌봄에 직접 개입하기보다 가족이 돌봄의 책임을 지는 구조가 형성되었다. 이 시기 경제개발 담론 속에서는 핵가족 중심의 가족구조가 이상적인 형태로 제시되었고, 동시에 여성에게는 어머니, 며느리, 아내 등 전통적인 가족 내 역할을 유지할 것이 요구되었다(김혜경, 2004). 따라서 한국사회에서도 가족임금을 전제로 한 부양자 체제를 갖추게 되었으며, 이 체제하에서 남성은 생계책임자로, 여성은 가족 내부의 피부양자로 전제되었다(마경희, 2004). 이로 인해 여성은 공적 제도에서 주변적인 위치에 머물렀으며, 사회적 권리의 주요 기반을 남성에게 의존하는 구조가 고착화되었다. 이러한 제도적 배치는 돌봄을 여성에게 집중되도록 만들었을 뿐 아니라, 돌봄의 책임을 가족 내부에 전가하는 가족주의적 돌봄 체계를 지속시키는 요인으로 작용하였다. 이처럼 돌봄이 여성에게 고정되어 온 배경에는 전통적 성역할이나 문화적 규범을 넘어서, 자본주의 체제와 복지국가 제도가 결합된 구조적 조건이 작용하고 있었다(송민이, 2025).

이러한 구조는 돌봄의 성별화된 분업을 고정시키면서, 돌봄이 여성에게 과도하게 집중됨으로써 발생하는 불평등의 사회구조적 배경을 작동시키게 되었다.

▌돌봄은 선의가 아닌 정의다

이제까지 돌봄은 주로 여성이 전담해 왔다. 육아는 물론 노인이나 환자의 수발도 어머니, 딸, 며느리들이 도맡았다. 여성의 사회 진출이 늘고 돌봄노동이 사회화된 이후에도 이 일을 직업으로 삼는 것은 대부분 여성이었다. 성차별이 온존한 사회에서 이는 돌봄노동의 폄하로 이어졌다. 많은 이들이 아동양육, 간호, 간병, 노인요양 같은 돌봄노동을 여전히 하나의 전문 직업이 아닌 '여자가 하는 집안일' 정도로 여기며 저임금과 차별을 정당화한다.

키테이는 성평등을 주장하는 것만으로는 이러한 차별을 시정할 수 없다고 지적한다. 그의 말처럼 성평등을 내세운 여성운동으로 서구 사회에서 형식적인 차별의 장벽은 상당 부분 철폐됐지만 실질적인 평등은 아직도 미흡하며 무엇보다 여성 내부의 불평등은 여전하다. 아니 오히려 전 지구적으로 확산되고 있다. 선진국 중상층 여성의 사회 진출은 그로 인한 돌봄 공백을 자국 내 빈곤 여성과 개발도상국 빈곤 여성들의 값싼 돌봄노동이 메웠기에 가능했다. (한국에 조선족 여성들이 없었다면 어땠을까?) 즉, 중상층 여성이 누리는 평등과 자유는 성평등의 결과라기보다 (인종적·민족적 차별을 동반한) 빈곤 여성에 대한 불평등의 결과라 할 수 있다.

키테이는 '인간은 독립적이고 자율적 존재'라는 전제 아래 개인의 평등과 자유를 주장하는 자유주의 정치사상을 고수하는 한 이 같은 불평등과 차별은 계속될 수밖에 없다고 주장한다. 전제 자체가 틀렸기 때문이다. '자유롭고 자립적인' 인간은 비현실적이고 불가능한 허구이며 사회는 이런 개인들의 자발적 결사체가 아니다. 실제 인간은 의존적 존재다. 근 20년간 의존기를 거쳐야 한 사회의 성원으로 독립할 수 있고, 키테이의 딸처럼 날 때부터 타인의 도움 없이는 살 수 없는 중증 장애인이 있는가 하면 사고로 그런 상태가 되기도 한다. 설령 장애 없이 건강하다 해도 노년이 되면 또다시 긴 시간 남의 도움을 필요로 한다.
그리고 이 사실이 만인의 평등이라는 또 다른 사실의 근거가 된다. 저자(키테이)는 그것을 "우리 모두는 엄마의 아이다"라는 말로 표현한다. 자율성, 합리성 같은 개인의 속성이 아니라 '엄마의 아이'라는 모든 사람의 유사성이 인간을 평등한 존재로 만든다. 따라서 '엄마 품 같은 돌봄'은 인간 사회의 당연한 요구요 권리이며 정의로운 사회의 조건이다.
키테이는 이러한 정의를 실현하기 위해 둘리아에 근간을 둔 복지정책을 제안한다. 둘리아란 산모가 아이를 돌볼 때 산모를 돌보던 그리스 시대 둘라(doula)에서 나온 개념으로, "우리가 생존과 성장을 위해 돌봄이 필요했듯이, 돌봄노동자를 포함한 다른 사람의 생존과 성장을 위해 필요한 돌봄을 제공해야 한다"는 것이다. 이는 의존을 비정상적인 것으로 보는 시혜적 복지 관념과는 다르다. 돌봄의 공공윤리에 기반한 복지는 의존을 사회적 조건으로 인정하며, 의존인과 돌봄노동자에 대한 사회적 책임을 기꺼이 받아들인다.
태어나서 죽을 때까지 남에게 의존하지 않고 사는 사람은 없다. 따라서 "우리는 우리 자신을 의존인과 의존노동자로 인정"해야 한다. 당신이 누구든, 성별이 무엇이든, 얼마나 똑똑하고 대단한 인물이든, 돌봄의 책임과 권리에서 자유로울 수 없다.

출처 : 키테이(2016). '돌봄 : 사랑의 온도'. 시사IN(2021. 10. 8) 기사에서 발췌.

2) 돌봄의 성격

돌봄노동을 발보(Balbo, 1987)는 '조각보 이불(patchwork quilting)'과 같이 비유하면서, 즉 "여러 가지 요인이 합쳐진 복합적 구성물이다(Balbo, 1987, 이기숙 외, 2011 : 98 재인용)"라고 언급하였다. 돌봄노동은 이처럼 단순하게 정의할 수 없는 다양한 의미를 포함하고 있다.

토마스(Thomas, 1993)는 돌봄의 개념을 이해하기 위하여 다음과 같이 7가지 성격을 제시한다(김민주, 2012 : 7−8 재구성).

첫째, 돌봄노동자의 사회적 정체성이다. 돌봄의 차원은 돌봄노동자를 정의하는 사회적 성격과 관련이 있다. 돌봄노동자는 가족 역할의 측면에서 정의될 수 있다. 즉, 아내, 어머니, 딸, 혹은 직업적이거나 전문적, 부문적 역할로도 정의된다(가사방문서비스, 자원봉사자 등). 많은 학자들이 주목하는 것은 대부분의 돌봄노동자가 여성이라는 사실이다. 한국노동연구원(2022)의 '필수노동자 실태와 정책과제'에 따르면, 우리나라 돌봄서비스 종사자는 130만 명가량이고, 이 중 여성의 비중은 꾸준히 90%를 넘기고 있는 것으로 나타났다.

둘째, 돌봄 이용자의 사회적 정체성이다. 이는 돌봄을 제공받는 자를 정의하는 사회적 성격과 관련되어 있다. 대부분 이용자는 집단 일원의 자격과 관련되어 정의된다. 이 집단은 의존 집단으로 노약자, 장애인, 어린이 등으로 정의된다.

셋째, 돌봄노동자와 돌봄이용자 간의 대인관계이다. 이러한 관계는 개인적 친밀도나 의무의 정도를 나타내는 유대감으로 정의된다. 돌봄을 통하여 함께 하게 된 낯선 사람들 간의 관계를 바탕으로 '조건적 돌봄 관계(일반적으로 서로를 잘 모르는 개인 간의 관계로서 특정한 목적을 위해 돌봄 조건이 구성됨)'로 언급된다.

넷째, 돌봄은 '돌보다(care)'라는 내용보다는 '감정'을 의미하거나 '육체적인 일 또는 노동'을 의미할 수도 있다.

다섯째, 돌봄 관계가 형성되는 사회적 영역이다. 돌봄은 공적 영역과 사적 영역(가정)으로 나누어진다. 이 영역에 따른 돌봄 관계의 발생 장소에 따라서 돌봄의 개념은 근본적으로 달라질 수 있다. 예를 들어, 사적 영역은 가정 내에서 돌봄 관계가 형성되는 것이다.

여섯째, 돌봄 관계의 경제적 특성이다. 돌봄 행위의 유급 혹은 무급 여부와 관련된다. 즉, 가정적 영역 내에서의 돌봄은 무급이며, 공적인 영역 내에서의 돌봄은 유급이다. 그러나 유·무급 노동을 불문하고 모든 돌봄노동을 수행하는 이는 대부분 여성이다. 여성이 가정에서 돌봄의 책임을 짊어지고 있다는 점, 노동시장 돌봄 일자리의 대부분을 여성이 채우고 있다는 사실로부터 파생되는 여러 가지 문제점이 있다. 가정 내 무급 돌봄노동을 수행하느라 유급 노동시장에 참여하지 못하는 여성은 유급 노동을 통해서만 접근할 수 있는 각종 사회적 권리로부터 배제된다(장지연 외, 2020).

일곱째, 돌봄이 제공되는 제도적 환경이다. 돌봄의 마지막 차원은 돌봄활동의 물리적 위치와 관련되어 있다. 돌봄의 가정적인 환경을 강조한 일부 학자들은 제도적 환경으로서 '가정'에 초점을 맞춘다. 또 다른 학자들은 좀 더 넓은 범위의 제도적이고 조직적인 환경을 식별하는데, 여기에는 병원, 사회복지시설, 지역사회 등이 있다.

2. 돌봄노동의 현실

1) 돌봄노동의 실태

여성가족부의 '2025 통계로 보는 남녀의 삶'에 따르면, 맞벌이 가구는 지속적으로 증가세를 보였다. 2024년 18세 미만 자녀가 있는 맞벌이 가구 비율은 58.5%로 2015년(47.2%)보다 11.3% 증가했다. 맞벌이 부부의 가사노동시간(가사관리 · 가족돌봄 포함)은 여성 2시간 51분, 남성 59분으로 조사됐다. 맞벌이 부부라도 여성이 남성보다 112분 더 가사노동을 담당하는 실정이다. 여성만 취업한 외벌이 가구의 경우에도 여성의 가사노동시간은 2시간 40분으로 남성(1시간 46분)보다 54분 더 길었다. 즉, 취업 여부와 상관없이 여성에게 더 많은 가사 부담이 전가되고 있다(표 10-1).

〈표 10-1〉 맞벌이 여부별 일 · 가사시간 (단위 : 시간 : 분)

구 분		2019		2024		2019년 대비	
		여성	남성	여성	남성	여성	남성
맞벌이 가구	일(구직활동 포함)	4:37	5:50	4:37	5:34	0:00	-0:16
	가사시간	3:07	0:54	2:51	0:59	-0:16	0:05
	가정관리	2:31	0:39	2:22	0:44	-0:09	0:05
	가족 및 가구원 돌보기	0:36	0:15	0:29	0:15	-0:07	0:00

남편 외벌이	일(구직활동 포함)	0:08	5:46	0:05	5:24	−0:03	−0:22
	가사시간	5:41	0:53	5:17	0:57	−0:24	0:04
	가정관리	4:05	0:33	3:58	0:36	−0:07	0:03
	가족 및 가구원 돌보기	1:36	0:20	1:19	0:21	−0:17	0:01
아내 외벌이	일(구직활동 포함)	4:39	0:18	4:04	0:14	−0:35	−0:04
	가사시간	2:36	1:59	2:40	1:46	0:04	−0:13
	가정관리	2:19	1:43	2:23	1:35	0:04	−0:08
	가족 및 가구원 돌보기	0:17	0:16	0:17	0:11	0:00	−0:05

출처 : 통계청. 생활시간조사.

구체적으로 돌봄노동의 현실에 대하여 여성가족부(2023)에서 실시한 '2023년 가족실태조사'를 보면 다음과 같다.

첫 번째, 가사 수행은 전반적으로 '여성 중심'인 것으로 나타났다. 시장보기, 식사준비, 청소 등 '가사노동을 여성이 한다'는 응답은 2020년 70.5%에서 73.3%로 오히려 늘어났다. '남성과 여성이 똑같이 한다'는 비율은 25.3%, '남성이 한다'는 비율은 1.4%로 나타났다. 가사노동의 경우 연령대를 살펴보면, 30세 미만과 30대에서는 '남성과 여성이 똑같이 가사노동을 수행'한다는 응답이 각각 56.4%와 44.1%였다. 30대는 전 연령대에서 유일하게 2020년에 비해 남성과 여성이 동등하게 가사노동을 한다는 비율이 늘었다. 그러나 이 비율은 40대에서 25.7%, 70대에서는 18.6%로 급격히 낮았다.

두 번째, 자녀돌봄으로 12세 미만 자녀 돌봄은 남성과 여성이 똑같이 하는 비율이 증가했지만, 여전히 여성이 더 많은 시간을 육아에 할애하고 있는 것으로 나타났다. 12세 미만 자녀 돌봄을 '9개 항목'으로 나누어 물었더니 자녀 학습관리(17.3%→26.9%), 함께 놀아주기(32.7%→44.8%), 훈육(40.5%→58.8%) 등에서 '남성과 여성이 똑같이' 비율이 3년 전에 비해 증가했다. 그러나 여전히 식사・취침・외출 준비・위생관리 등 일상생활 돌봄이나 학교, 보육시설 등의 준비물 챙기기 등은 '여성이' 하는 비율이 78.3%로 나타나, 2020년(77.3%)과도 큰 차이가 없었다. '남성과 여성이 똑같이' 자녀의 일상생활 돌봄을 분담한다는 비율은 2020년 19.9%에서 20.6%로 소폭 증가했다. '주로 여성이'(43.1%→24.1%)보다 '대체로 여성이'(34.2%→54.2%) 자녀의 일상생활 돌봄을 맡는다는 비율이 늘어났다는 것은 여성이 자녀의 일상생활 돌봄을 대부분 부담한다는 점에서는 변함이 없다는 것을 알 수 있다. 또한 아플 때 돌봐주기 · 병원 데려가기 또한 '여성이' 한다는 답변이 65.7%였다. '남성과 여성이 똑같이'라고 답한 비율은 2020년 27.3%에서 지난해 28.9%로 소폭 개선됐다.

세 번째, 일 · 생활 균형과 관련하여 남성과 여성, 모든 연령대에서 '직장일 때문에 개인생활이 부족하다'는 응답이 24.5%로 가장 많았다. 또한 '직장일 때문에 가족과의 약속을 지키지 못한다'는 응답도 21.2%로 높은 편이었다. 이어 '직장일 때문에 가족행사에 참여하지 못한다'(17.7%), '현재 내 삶에서 일과 생활의 균형이 제대로 이뤄지고 있지 않다'(17.3%), '직장일을 집에 가지고 가는 경우가 있다'(14.4%) 순이었다. 응답자 10명 중 1명은 돌봄으로 직장에서 곤란을 겪은 적이 있다고 답했다. 가사 · 자녀 양육 등 돌봄 때문에 직장에 지각 · 조퇴 · 결근을 한다고 답한 이는 전체 10.7%였으며, 여성(11.4%)이 남성(10.1%)보다 높았다. '가사 · 자녀 양육 · 가족 돌봄 때문에 불성실하다는 비난을 받아 본 적이 있다'는 질문에는 9.6%에 동의한다고 답했다. 일과 생활의 균형을 위해 우선 추진할 정책으로는 '일하는 여성을 위한 보육지원 확대'(25.1%)를 선호하는 이들이 가장 많았고, '인식 확산'(17.1%), '유연근무제 확산'(15.7%) 순으로 나타났다.

▮ 그림책(돼지책. 앤서니 브라운)으로 본 공기처럼 보이지 않는 여성 돌봄노동

어느 날 엄마는 쪽지 한 장만 달랑 남겨두고 집을 나간다. 남편과 두 아들에게 전하는 쪽지에는 이렇게 한 문장만 쓰여 있었다.
'너희들은 돼지야'

> 엄마 혼자서 집안일을 하는 것을 당연하게 여기는 아빠와 아이들은 엄마에게 끊임없이 요구한다. 게다가 엄마는 집안일을 마친 뒤에 일하러 밖에 나간다.
> 그런데 아빠와 두 아들이 하루아침에 돼지로 변한 것이 아니라는 것이 중요한 점이다. 그들의 모습이 돼지로 온전히 변하기 전에 악천후의 징조는 집안 구석구석에서 발견된다. 엄마가 집안일을 하는 동안에 소파에 앉아 TV 보는 것에만 골몰한 아빠와 아이들 앞의 테이블 위에 놓인 돼지 저금통을 비롯해서 전기 콘센트도, 문손잡이도, 벽지의 꽃무늬도 돼지로 변해가고 있는 것이다.
> 이러한 장면들은 우리 안의 만성화된 가부장적인 통념을 보여주는 것으로 해석된다. 에코 페미니스트 마리아 미즈(Maria Mies)는 가정에서 여성의 노동이 공기처럼 사용할 수 있는 자연자원으로 환원되는 현실을 비판했다.
>
> 출처 : 여성신문(2019. 4. 17) 기사에서 발췌.

김영란 등(2023)의 '젠더 관점의 사회적 돌봄 재편방안 연구 보고서'를 보면, 맞벌이 가구 아동(0~7살) 여성의 하루 평균 돌봄 시간은 11.69시간으로 나타났다. 반면 남성은 4.71시간, 돌봄 기관에서는 7.76시간, 조부모는 3.87시간 순이였다. 또한 오전 6시부터 오전 8시까지 여성의 돌봄 비율은 60~80% 수준이었으나, 같은 시간대 남성은 10%대에 그쳤다. 오후 6시 이후 여성의 돌봄 비중은 꾸준히 증가하다 자정 무렵에는 70%를 넘어선다. 이 시간대 남성의 돌봄 비율은 20~30%로 나타나, 여성의 돌봄노동은 출근 전과 퇴근 이후에 지속되고 있음을 알 수 있다. 비맞벌이 가구에서 여성과 남성의 하루 평균 아이 돌봄 시간이 각각 15.63시간, 4.40시간이었다. 여전히 모든 일상생활의 전반적인 돌봄영역과 가사노동은 여성들이 분담하는 비율이 높다는 것을 알 수 있다. 이러한 결과는 우리 사회에서 전통적 성별 분업 인식이 약화되고 있지만 실질적으로 자녀양육이나 가사노동 방식에서는 여전히 성별 분업이 존재한다는 것을 시사한다.

따라서 맞벌이 가족의 경우 여성들에게 집중된 가사노동과 돌봄 부담을 해소하기 위해 일·가정 양립에서의 균형이 필요하며 무엇보다 공적 돌봄에 대한 다양한 시도와 정책이 반드시 뒷받침되어야 한다.

특히 가사노동의 젠더 불평등은 누구나 인정하지만 세부적으로 들어가면 그 실상을 정확하게 보여주지 못하고 있다. 그동안 가사노동은 요리, 청소, 세탁 등 매우 협소하게 정의되어 왔다. 그러나 가족생활을 유지하는 데 필요한 생활 전반에 대한 기획과 가족관계를 유지하는 데 필요한 정서적 활동까지 가사노동의 범주에 해당되어야 한다. 이를 반영한 김영란 등(2019)의 보고서를 살펴보면, 가사노동 특정 방식에 대한 재검토가 필요하다는 주장이 제시되었다. 즉, 실제 가사노동을 실행하기 전에 가시적으로 드러나는 '행위'뿐만 아니라 그 행위가 이루어지기까지 수반되는 '기획 활동'을 포함해야 한다는 것이다. 예를 들면, 식사준비를 하기 위하여 음식을 만드는 행위만이 아니라 그 전에 음식에 대한 결정, 장보기 등뿐 아니라 개인적 업무로 인해 식사준비로 들어가는 시간을 내기 힘든 상황에서 식사준비하는 행위를 해야 한다면 그에 따른 감정까지 포함되는 확장된 영역으로 다루어야 한다.

가사노동 측정항목

분 류	기 획	실 행
의생활	• 의류 구매 계획 짜기	• 세탁하기 • 가정용 섬유 · 신발 손질 및 제작 • 가정용 섬유 · 신발 서비스 받기 • 의류 정리 · 정돈
식생활	• 식단 등 전반적인 식사방식 결정 • 장보기 계획 및 구매 리스트 작성	• 식사 준비 및 만들기 • 김장, 저장식품 등 비일상적 음식 만들기 • 설거지, 식후정리/ 식재료 정리 · 정돈 • 음식 관련 서비스 받기(배달 음식 받기)

주생활	• 청소 횟수 및 청소방식 정하기 • 가전제품, 주거용품 등 구매 계획(정보수집 및 비교, 리스트 작성 등) • 집수리, 가전제품수리 등 주거관리계획 및 정보수집 • 가정관리 및 유지 비용 관리(생활비 관리) • 이사 등 주거 관련 계획 및 정보수집 • 전반적인 가정관리 및 유지 관련 정보수집	• 일상적 청소 • 대청소/ 화장실 청소 • 쓰레기 및 재활용품 분리, 버리기 • 가정용품 관리・제작 • 주거 관련 서비스 받기(전기수도 배관 등 주택 관련 유지보수 서비스) • 가정용품 관련 서비스 받기(가전제품 등 유지보수 서비스) • 주거관리(형광등 교체 등 집 관련 직접 관리)
가계 운영 및 기타	• 가계 재무 설계(연간 지출 계획, 재테크 계획 등)	• 가계 운영 관련 금융 업무보기 • 관공서 관련 업무보기 • 차량 관리하기/ 차량 서비스 받기 • 반려동물(식물) 돌보기 • 반려동・식물 서비스 받기 • 상품매장/ 온라인매장 쇼핑
가족 교류 및 행사	• 본인(배우자)가족 경조사 및 생일 등 일정관리 및 행사 기획 • 경조사 및 생일 등 선물 선정 • 명절 및 제사 장보기 리스트 작성 및 계획 • 부모 또는 친인척 동반 가족모임 여행 기획	• 명절 및 제사 준비(음식준비 등) • 본인(배우자) 부모와의 교류(안부 전화, 방문 등)

출처 : 김영란(2019). 가사노동시간 측정도구 재구성안 제안 및 가사노동 수행의 젠더불평등 실태. 한국여성정책연구원. 이슈페이퍼.

다음으로 통계청의 '2024년 사회조사'에 따르면, 부모부양에 대한 조사 결과 부모님의 노후는 가족・정부・사회가 함께 돌보아야 한다는 견해가 60.3%로 가장 많고, 다음은 가족(18.2%), 부모님 스스로 해결(16.4%) 순으로 나타났다. 또한 부모님의 노후를 가족이 돌보아야 한다는 견해는 2년 전보다 지속적으로 감소(19.7→18.2%)하고 있으며, 부모님의 노후는 부모님 스스로 해결해야 한다는 생각은 16.4%로 2년 전보다 3.8% 증가하였다.

이와 같이 평균수명의 증가로 고령인구는 지속적으로 증가하는 데 비해 소가족화 및 핵가족화, 맞벌이 부부 증가와 가족 해체는 가족 돌봄을 담당할 주체가 급속도로 감소하고 있음을 보인다. 따라서 더 이상은 '선 가정 · 후 보호'의 패러다임을 유지할 수 없음을 의미하므로, 정부의 적극적인 노인돌봄 정책이 필요함을 시사한다.

▮ 영화(말임씨를 부탁해)를 통해 본 가족과 부모 부양에 대한 새로운 패러다임

영화 〈말임씨를 부탁해〉는 홀로 남겨진 85세 할머니의 부양을 놓고 가족 구성원 사이에서 벌어지는 이야기다. 어머니의 병구완을 위해 요양보호사를 고용하는 아들 내외. 각자 자신의 자리에서 최선을 다해 보지만 노부모의 부양만큼은 뾰족한 해결책이 없는 상황. 영화는 어느 누구도 피해 갈 수 없는 '나이 듦'이라는 현실 앞에서 빠른 속도로 초고령화되어가는 우리 사회의 현 주소를 들여다보게 한다. 폭증하는 노인 인구 추세로 볼 때 노인 부양 문제가 시급히 해결되지 않고선 수명 연장은 말 그대로 재앙이 되고 말 것이다. 사회 시스템이 이를 책임져야 하는 시대가 도래한 것이다.

영화 〈말임씨를 부탁해〉는 언젠간 모두 노인이 되고, 또 그 전에 누구나 반드시 겪게 될 노인부양 문제를 한 가정의 가족 구성원을 통해 들여다 본다. 이 영화는 단순히 나이듦이나 돌봄에 대한 내용이 아니라 인간의 존엄에 대한 내용을 다루고 있으며, 마지막 대사를 통해 대안적 가족을 생각해 본다.

"그럼 네가 나랑 살자" 과연 누구를 말하는가?

출처 : 오마이뉴스(2022. 5. 13) 기사에서 발췌, 재구성.

그렇다면 앞으로 우리 사회에서 '돌봄'과 관련하여 어떠한 관점으로 접근해야 할지 논의되어야 할 것이다. 김은지(2025)의 '생애 전망의 유연성 증대와 가족정책의 미래 전망' 보고서(한국여성정책연구원)를 살펴보면, '일은 여성이 독립적인 삶을 살 수 있는 가장 좋은 방법'이라고 생각한다고 답한 청년 비율은 2019년 남성 44.2%에서 올해 63.5%로 크게 증가했고, 여성 또한 69.3%에서

80.7%로 동의 비율이 커졌다. 이는 청년세대 내에서 성별 생애전망 변화가 두드러지는 가운데 청년 여성들은 가족형성보다 노동경력을 우선시하는 방향으로 생애과업을 조정하고 있으며, 여성의 노동시장 참여에 대한 남녀 모두의 동의도가 매우 높게 나타났으므로, 가족을 돌보는 역할 역시 전통적인 성역할 가치관으로 접근할 수 없음을 설명한다. 또한 보고서의 설문 항목 중 '이제는 가족을 돌보기 위해 남성도 시간을 내야 한다'고 응답한 남성과 여성은 각각 68.8%, 83.9%였다. 이는 여성의 노동시장 참여가 높아지면서 남성 역시 돌봄에 대해 주체적인 역할을 수행해야 함을 시사한다.

이를 통해 가족원의 누군가가 돌봄을 전담할 수는 없기에 일·가정 양립은 물론, 특히 남성의 가족역할 지원을 통해 돌봄 정책에 대한 균형이 필요함을 알 수 있다.

2) 돌봄노동의 특성

구체적으로 돌봄노동의 특성을 살펴보면 다음과 같다.

첫째, 돌봄노동은 엄연한 노동임에도 불구하고 '노동'으로 대접받지 못한다(김송이, 2012). 아이와 노인, 환자 등에게 제공하는 돌봄의 행위는 소중한 가치를 창조하는 노동이지만 이는 노동으로 인정받기보다는 자발적인 사랑, 헌신의 행위로 미화하거나 가볍게 보는 경향이 강하기 때문이다. 이처럼 돌봄노동은 역설적이게도, 문화적으로는 숭고하고 헌신적인 것으로 존중받는 반면 그것에 대한 적절한 비용지불은 부정된다(England, et al., 2002). 그 이유는 전통적으로 돌봄이 가족 내에서 수행되어 왔고 여성이 하는 비공식 노동으로 자연스럽게 인식되어 왔기 때문이다. 본래 가정 내에서 여성이 해 온 일을 '당연한 역할'로 간주해 온 성차별적 사회통념은 가치절하를 초래해 왔으며, 이것이 결국 저임금에 반영되었음을 시사한다(England, et al., 2002).

둘째, 돌봄노동은 남성보다는 여성의 몫으로 인식되어 '돌봄의 여성화(feminization)' 성향을 보이고 있다(권수현, 2013). 스테이시(Stacey)는 대부분의 돌봄노동자들이 가족 내에서 자녀, 노인, 환자, 장애인을 돌보았던 경험, 즉 무급 돌봄의 경험을 가지고 유급 돌봄에 진입한다는 점에 주목했다(Stacey, 2011). 현재 우리 사회에서 성인 환자, 장애인, 노인을 가장 가까이에서 직접적으로 돌보는 유급 돌봄은 주로 중장년층 여성들이 수행하고 있다. 따라서 돌봄이 상품화된 이후에도 여전히 여성이 수행하는 일이라는 전통적 고정관념이 지속되고 있다.

셋째, 돌봄노동의 특성은 '관계 지향적'이라는 점이다(김민주, 2012). 돌봄노동은 제공자와 수혜자 간의 상호작용 속에서 주고받는 사람들 간의 감정적 · 정서적 관계 속에서 이루어지기 때문에 대부분의 다른 노동처럼 기계로 대체할 수 없는 노동 이상의 특성을 가지고 있다. 즉, 다른 사람을 보살펴 주고, 놀아주기도 하고, 대소변을 치우고, 목욕을 시키는 일 등의 다양한 상황에 직면하게 된다(표 10-2).

〈표 10-2〉 돌봄노동(direct care work)의 예

구 분	아 동	노 인	환자, 장애인
비임금 가족노동	어머니나 할머니 (수유, 말하기 또는 놀아주기, 학습 등)	딸이나 며느리 (식사, 목욕, 편안함, 의료적 관리)	가족원(주로 여성) 식사, 목욕, 편안함, 의료적 관리
비공식 시장노동	가사도우미, 아이돌보미	돌봄도우미	간병인
임금고용 (사회서비스 바우처 포함)	보육교사, 가정보육사, 유치원교사, 가사간병서비스	노인요양보호사, 가사간병서비스	장애인활동보조인, 간병인, 가사간병서비스, 간호사, 간호보조, 의사

출처 : 이숙진(2011). 돌봄노동의 제도화와 여성들의 차이. 페미니즘연구, 11(2), 67.

넷째, 돌봄노동은 육체 노동·감정 노동·정신 노동이 중첩된 '복합적 노동'의 성격을 가지고 있다(권수현, 2013). 돌봄이 적절하게 제공되기 위해서는 돌봄노동자가 수혜자의 신체적·정서적 상태와 욕구를 이해하는 작업이 선행되어야 하기에 돌봄의 기간이 장기화되면 될수록 여러 가지 심리 정서적 스트레스뿐만 아니라 육체적으로 피로가 쌓이게 된다.

이처럼 모든 돌봄의 영역은 무급이든 유급이든 전통적으로 여성들의 영역으로 지속되었으나, 이제 우리 사회는 돌봄에 대한 인식변화를 통하여 인간이라면 누구든 필요한 돌봄 중심 사회로 전환되어야 할 것이다.

돌봄의 필요성에 대해 구체적으로 살펴보면, 한국여성민우회(2024)의 '돌봄 인식'에 대한 설문조사 결과에서 '돌봄에 대해 어떻게 생각하느냐'는 질문에 55.6%가 '꼭 필요하고 의미 있는 일'이라고 응답했으며, '모두의 권리'라는 응답도 29.6%, '모두의 의무'라는 응답 또한 28.3%였다. '돌봄 중심 사회로 전환되어야 한다'는 생각에는 88.4%(매우 동의 46.0%, 대체로 동의 42.4%)가 동의하는 것으로 나타났다. 이를 통해 우리 삶에 절대적 가치인 돌봄은 우리 모두에게 권리이자 의무임을 알 수 있고, 이를 실현하는 사회가 정의로운 사회일 것이다.

누스바움(Nussbaum, 2002)에 따르면 정의로운 사회란 돌봄을 필요로 하는 사람에게 돌봄을 제공하고 돌봄제공자들은 착취당하지 않는 사회를 말한다. 이는 돌봄을 수행할 수 있는 능력과 구조적 책임이 정부와 사회에 있음을 전제한다. 돌봄제공자들이 경험하는 '파생된 의존'은 개인의 특성이 아닌 사회구조적 맥락에서 비롯된다는 점에서, 그 부담을 국가가 책임져야 할 필요가 있다는 주장(Kittay, 2016)도 지속적으로 제기된다. 이제 우리 사회의 돌봄은 사적 영역의 문제가 아니라 정부가 제도적 책임을 통해 해결해야 할 공적 사안으로 전환해야 할 것이다.

3. 돌봄의 제도화

'돌봄의 사회화'는 가족 내에서 주로 여성이 무보수로 수행하던 돌봄노동을 공적인 영역으로 끌어내는 것이라고 볼 수 있다. 돌봄의 사회화는 돌봄에 대한 사회적 분담 및 국가의 책임을 의미한다. 가족돌봄을 책임져 온 여성을 돌봄의 무에서 자유롭게 하여 여성의 자율성을 높이고 고용유지를 가능하게 한다(권수현 외, 2025). 돌봄의 사회화는 두 가지 측면에서 접근이 가능하다. 개인이 자신의 소득수준에 따라 개별적으로 돌봄서비스를 시장에서 구매하는 방식으로 '돌봄의 상품화'가 있을 수 있으며, 다른 한 가지로 국가의 개입을 통해 제도적으로 해결하는 방식으로 '돌봄의 제도화'가 있을 수 있다.

다음에서는 돌봄의 문제에 대한 국가의 직접적인 개입과 역할을 통한 '돌봄의 제도화' 부분에 대해 다루고자 한다. 이를 위해 최근 우리 사회의 일 · 가정 양립 관련 제도와 제도화의 사례들에 대하여 살펴보겠다.

1) 일 · 가정 양립

여성들의 사회 참여, 맞벌이 가정의 증가와 고령화 사회로의 진입은 오랜 기간 여성과 가족에게만 맡겨져 있던 보살핌 노동의 사회화를 가속화시켰다. 그 과정에서 사회 전반의 성평등 가치의 확산과 가족 · 여성친화적인 직장문화로의 변화를 위한 일 · 가정 양립 정책이 실현되어 왔다. 일 · 가정 양립 정책은 삶의 질 향상을 목적으로 남녀 근로자의 일 · 생활 균형을 지원하는 시간적 · 경제적 · 서비스적 지원으로 정의된다.

최근 발표된 여성가족부(2024)의 '2023년 가족실태조사' 결과를 통하여 우리 사회의 일 · 생활 균형의 어려움에 대한 실태를 살펴보면 남성과 여성, 모든 연령대에서 '직장일 때문에 개인생활이 부족하다'에 대한 동의 비율(24.5%)이 제일 높았다. 연령대별로는 40대 응답자 5명 중 1명은 '현재 내 삶에서 일과 생활의 균형이 제대로 이루어지지 않고 있다'(40대 20.5%, 30대 18.3%)고 여기는 것으로 나타났다.

▍일 · 생활 균형에 대한 인식

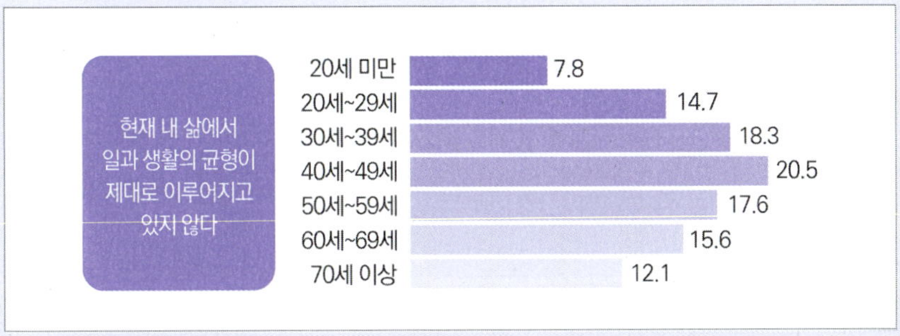

주: '대체로 그렇다'와 '매우 그렇다' 응답률의 합임

| 그림 10-1 | 현재 내 삶에서 일 · 생활 균형이 이루어지고 있지 않음 : 동의 비율(연령별)(%)

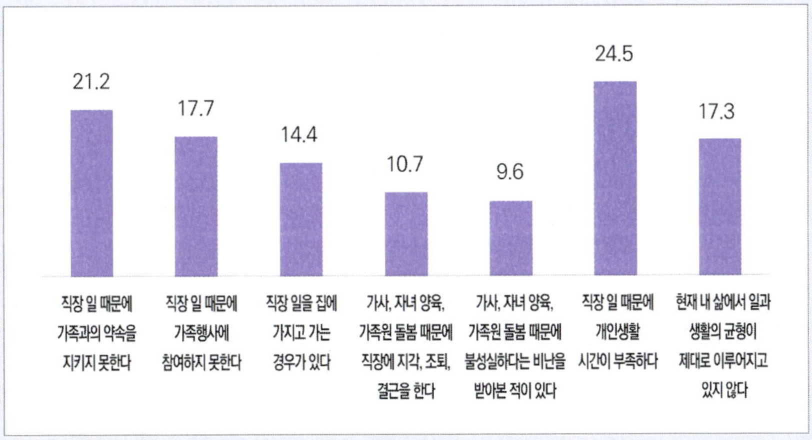

주: '대체로 그렇다'와 '매우 그렇다' 응답률의 합임

| 그림 10-2 | 일 · 생활 균형의 어려움 : 동의 비율(%)

출처 : 여성가족부(2024). 2023년 가족실태조사.

고용노동부는 2007년 「남녀고용평등법」을 「남녀고용평등과 일·가정 양립 지원에 관한 법률」로 변경하고 관련 제도들을 추진한 바 있다. 개정된 법률에서는 일·가정 양립의 정책범주를 육아기 근로자의 근로시간단축제, 배우자 출산휴가, 육아휴직 분할사용제 등 노동시간정책과 휴가정책으로 접근했다.

또한 보건복지부는 2005년 「저출산·고령사회기본법」의 제정과 「저출산·고령사회기본계획(새로마지플랜 2010, 2015)」을 수립하여 관련 사업들을 추진한 바 있다. 이 정책들은 출산·양육의 사회적 책임 강화와 결혼·출산·양육 부담의 경감을 목적으로 하였다.

현재 성평등가족부는 모성의 보호, 직장생활과 가정생활의 병행을 명시한 「양성평등기본법」과 2007년 제정한 「가족친화 사회환경의 조성 촉진에 관한 법률」에 따라 가족친화적인 사회환경 조성 사업을 추진하고 있다.

최근 들어 여성 인적자원의 충분한 활용을 위해 재직여성의 경력 형성과 일·가정 양립 지원으로 경력단절을 사전 예방하는 정책이 본격화되고 있다. 이는 양질의 보육 서비스 제공은 물론 양육 책임의 사회화를 전제로 한다. 자녀양육과 보육에 대한 돌봄과 가족에 대한 돌봄 등은 일·가정 양립을 위해 반드시 전제되어야 하는 정책으로 기업의 가족친화 기업문화 조성, 근로시간 유연화 등에 대한 사업을 통해 시행하고 있다.

가족친화적인 환경 조성을 위한 제도를 살펴보면, 탄력적 근무제도, 자녀 출산·양육 및 교육 지원제도, 부양가족 지원제도, 근로자 지원제도, 가족관계 증진제도, 가족여가문화 촉진제도, 가족친화 사회공헌제도 등이 있다. 이러한 가족친화제도는 남녀 모두 자녀양육의 책임을 가지고 일과 가정을 균형 있게 영위할 수 있도록 지원하는 제도라고 볼 수 있다.

〈표 10-3〉 가족친화제도

탄력적 근무제도	시차출퇴근제, 재택근무제, 시간제 근무 등
자녀 출산·양육 및 교육 지원제도	배우자 출산휴가제, 육아휴직제, 직장보육 지원, 자녀교육 지원 프로그램 등
부양가족 지원제도	부모 돌봄 서비스, 가족간호휴직제 등
근로자 지원제도	근로자 건강, 교육, 상담 프로그램 등
가족관계 증진제도	자녀 방학 중 휴가제, 근로자가족 초청행사, '가족사랑의 날' 정시퇴근 등
가족여가문화 촉진제도	가족단위 문화체험 지원
가족친화 사회공헌제도	한부모가족, 조손가족, 다문화가족, 독거노인, 장애인가족 등 소외계층지원제도

출처 : 가족친화인증지원사업. https://ffsb.kr.

탄력적 근무제도는 장시간 근로관행 개선 및 근로시간 단축을 통한 근로시간문화 개선으로 다양한 근무형태 발굴 및 활성화를 내용으로 한다. 자녀 출산·양육 및 교육 지원제도는 육아휴직제와 직장보육 지원 등이 포함된다. 육아휴직 활성화 및 남성의 육아참여 지원 강화를 위해 육아휴직 대체인력 활용, 남성의 육아휴직 및 배우자 출산휴가 활용, 아버지의 학부모회 참여, 아버지교육 등을 확대하고 있다. 그 밖에 일 중심 직장문화 개선을 위하여 '가족사랑의 날' 정시퇴근 캠페인을 실시하고 있다. 이 캠페인은 매주 수요일 정시퇴근 후 가족과 함께하자는 날로, 바쁜 주중에 하루라도 가족과 함께 시간을 보내는 작은 실천이 가족사랑의 첫걸음이 된다는 의미에서 시작되었다.

이 외에도 가족친화기업 인증을 통하여 일·가정 양립을 위한 기업의 사회적 책임도 강화하는 제도를 운영하고 있다. 가족친화기업 인증은 가족친화제도를 모범적으로 운영하고 있는 기업, 공공기관, 중앙행정기관, 지방자치단체, 대학 등에 대하여 심사를 통해 성평등가족부의 인증을 부여하는 제도이다.

2024 가족친화우수사례

대통령 표창 사례 : 국가과학기술인력개발원

시행 중인 주요 가족친화제도	
• 자녀출산 및 양육지원제도	- 임신기 근로시간 단축제도 - 불임 · 난임치료 지원제도 육아휴직제도 3년으로 확대 - 사내 패밀리오피스 운영 - 태아검진 유급휴가 지원 - 단축근무제 플렉서블 20% - 육아기 특별유급휴가 지원 - 자녀돌봄휴가 지원
• 일 · 생활 균형을 위한 조직문화 혁신	- 전 직원 100% 유연근무제 활용 - 시간 단위 연차휴가 제도 - 가정의 날 정시퇴근제 - 연차사용 활성화 위한 안물안궁(사유 안 물어보고 안 궁금해하는) 제도 운영

자랑할 만한 가족친화제도 및 사례	
사례 ① 자녀와 등 · 하원을 함께하는 "자녀 돌봄 육아시간 특별휴가제도"	2023년 최초 시행한 자녀 돌봄 육아시간 특별휴가제도는 8세 이하 자녀가 있는 직원에게 36개월 기간 범위 내 하루 2시간씩 특별유급휴가 사용이 가능합니다. 유연한 근무형태를 바탕으로 자녀 양육 · 돌봄이 가능하여 일 · 가정 양립에 가장 효율적인 제도로 자리매김했습니다.

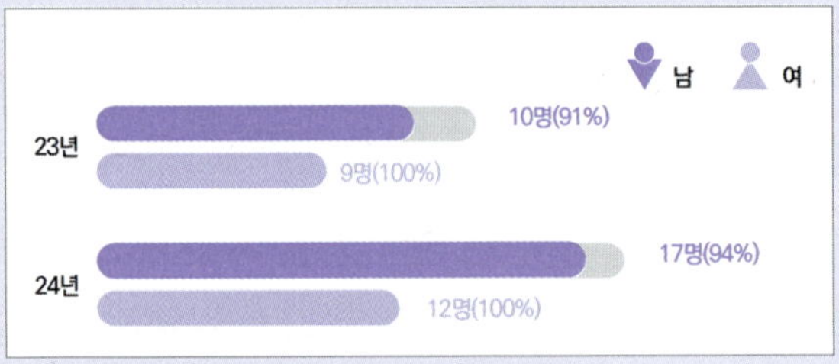

사례 ② 법정기준에 유연함을 더한 육아기 단축근무제도 "플렉서블 20%"	12세 이하 자녀가 있는 직원을 대상으로 단시간 근로에 해당하는 플렉서블 20%를 운영하고 있습니다. 주 4일형(4일 동안, 일일 8시간 근무)과 주 5일형(5일 동안, 일일 6시간 근무)으로 구분하여 운영하고 있어 자녀 양육과 업무 수행을 조화롭게 병행할 수 있습니다.

출처 : 여성가족부(2024). 2024년 가족친화우수사례집, pp. 14-15.

2) 돌봄의 제도화 사례

돌봄노동의 인정과 가치화에 관한 정책은 현금급여(수당), 현물급여(서비스) 그리고 시간 지원(휴가)으로 분류할 수 있다. 돌봄 제도화 방식에 있어 노인을 대상으로 하는 경우 현금급여로는 기초연금이 있으며 그 밖에 '돌봄이 필요한 취약 노인'에게 맞춤형 돌봄 강화를 제공함으로써 그들의 안정적 노후생활을 보장하고, 신체·정신 기능 유지 및 악화 예방을 지원한다. 한편 장애인이 겪는 추가적인 비용 부담을 완화하고 생활 안정을 돕기 위해 지급되는 장애수당이 있으며, 신체적·정신적 장애 때문에 혼자서 일상생활 또는 사회생활을 수행하기 어려운 장애인에게 활동보조, 방문목욕, 방문간호 등의 서비스를 제공하여 자립 생활과 사회참여를 돕는 장애인 활동지원급여제도가 있다.

〈표 10-4〉 주요 대상별 돌봄 제도화 방식

구 분	제도명	주요 대상	지원 형태	담당 부처	비 고
아동돌봄	아동수당	만 8세 미만 아동	현금	보건복지부	보편 지급
	아이돌봄서비스	만 12세 이하	서비스 (바우처)	성평등 가족부	소득연계형
노인돌봄	기초연금	65세 이상 노인	현금	보건복지부	소득연계
	노인맞춤돌봄	취약노인	서비스	보건복지부	생활지원사 방문
장애인돌봄	활동지원급여	중증 장애인	서비스	보건복지부	요양보호형
	장애수당	저소득 경증장애인	현금	보건복지부	생계보조형
임금노동자 모·부성 보호	배우자 출산휴가 육아휴직	부모	시간	고용노동부	–

출처 : 보건복지부, 고용노동부, 성평등가족부, 지방자치단체 등 돌봄 지원체계 구성(2025년 기준).

아동에게는 보육시설을 이용하는 경우 보육료를 지원하는 서비스를 제공하고 있으며, 현금급여인 아동수당도 제공된다. 이는 보육시설을 이용하지 않는 경우에 지급하는 수당의 형식이다. 최근 우리 사회의 '보육'은 취업 여부에 관계없이 양육의 물리적·경제적 부담을 적극적으로 사회가 지원할 수 있는 방안을 모색하고 있다.

그 밖에도 자녀의 임신, 출산과 양육을 위한 '부모휴가제도'의 사례로 '배우자 출산휴가', '육아휴직' 등이 있다. '배우자 출산휴가'는 배우자가 출산한 경우 남성근로자가 청구하면 출산일로부터 일정 기간(20일)의 근로의무를 면제해 주는 제도로 근로자가 신청하면 사용자는 반드시 휴가를 부여해야 하며 배우자 출산휴가 급여 지원도 의무이다. 지급 대상은 배우자 출산휴가를 사용한 우선 지원 대상기업 소속 근로자로서 지급 기간은 배우자 출산휴가 기간(20일)이며 지급 금액은 배우자 출산휴가 기간에 대하여 통상임금의 100%이다.

육아휴직은 1987년 「남녀고용평등법」 제정 당시 모성보호 차원에서 처음으로 도입되었다. 그 도입 배경을 살펴보면, 양육은 여성의 책임이라는 인식 수준에서 규정되었는데, 1995년 개정에 와서야 여성만을 대상으로 하던 것을 '여성근로자뿐만 아니라 그 배우자인 남성근로자'도 선택적으로 육아휴직을 사용할 수 있도록 확대되었다.

이는 보육이 여성만의 책임이 아니라 남성의 책임이기도 함을 시사하며, 자녀에 대한 공평한 책임 분담을 통해 성평등을 고취시킨다. 따라서 여성의 부담을 덜어주기 위한 정책을 넘어서 남성의 육아참여 독려를 통해 성별 분업의 변화를 유도하는 제도로서의 의미가 크다.

아버지의 육아휴직 사용을 장려하는 정책적 인센티브를 추진한 여러 국가에서 아버지의 육아 참여가 성평등 효과를 가져올 수 있다는 사실을 밝힌 바 있다(Lee, 2023). 남성의 육아휴직 사용 장려 정책을 통하여 아버지들이 돌봄노동에 더 많이 참여할 수 있게 되었으며, 이는 가족 내 성별 분업을 공평하게 만들 수 있다는 전망이 가능하게 되었다.

한편 우리 사회의 일·가정 양립 여건 조성의 가속화를 위하여 기업의 성차별적인 인식 개선 등 정부 차원에서의 법·제도적인 다양한 시도가 요구된다. 이때 사업장의 규모와 상관없이 관련 제도가 제대로 안착되도록 하는 문제에도 주목할 필요가 있다. 특히 여성들이 주로 많이 근무하는 중소 규모 사업장에서 관련 제도를 적극적으로 도입·활용할 수 있도록 중소기업의 부담을 덜어주기 위한 정부 지원의 확대는 선결과제라 할 수 있다.

육아휴직 이용률 정부기관 79% vs 대기업 56% vs 소기업 29%

보건사회연구원 제39회 인구포럼… "일 가정 양립엔 기업 협조 필수"

정부 기관과 대기업·중소기업 사이 육아휴직 등 일 가정 양립을 위한 제도 이용률 차이가 크게 벌어지는 것으로 나타났다. 우리 사회에 일 가정 양립을 위한 정책이 정착되기 위해서는 무엇보다 기업의 협조가 필수적이며, 기업을 유인할 실효성 있는 정책이 필요하다는 제언도 나왔다.

박종서 한국보건사회연구원(보사연) 연구위원은 25일 보사연이 서울 서초구 엘타워에서 연 '제39회 인구포럼'에서 국내 육아휴직 활용 실태 등에 대해 발표했다. 이번 발표는 보사연이 19~49세 성인과 1만4천372명을 상대로 조사한 '2024년도 가족과 출산' 자료를 토대로, 출산 경험이 있는 여성 5천294명의 출산 전후 휴가와 육아휴직 사용 현황을 분석한 결과다.

어머니 직장 유형에 따른 육아휴직 이용률을 보면 정부 기관은 78.6%, 정부 외 공공기관 61.7%, 민간 대기업 56.1%, 민간 중기업 44.7%, 민간 소기업 29.0%, 5인 미만 개인사업체 10.2% 순이었다. 육아휴직 후 같은 직장으로 복직하는 비율은 정부 기관 85.1%, 공공기관 77.5%, 민간 대기업 76.3%, 민간 중기업 69.3%, 민간 소기업 65.6% 순이었다. 개인 사업체 근로자의 육아휴직 후 동일한 직장 복직 비율은 74.3%였다. 다른 외부 요인을 배제할 경우 육아휴직 이용과 복직에 가장 큰 영향을 미치는 건 임금이라고 박 위원은 밝혔다.

박 위원은 "임금 수준이 높아질수록 육아휴직을 이용할 확률이 뚜렷하게 상승했고, 육아휴직 종료 후 복직에 영향을 미치는 요인도 마찬가지였다"며 "육아휴직 급여 소득 대체율 제고를 검토할 필요가 있다"고 말했다. 이어 "임금 근로자의 육아휴직 제도 활용률을 높이고, 노동시장 복귀율을 높이는 정책 방향이 중요하다"며 "청년 출산의 기회비용을 감내하지 않는 시대가 됐다. 결혼과 출산을 경제활동과 병행할 수 없다면 청년 세대는 새로운 생애 경로를 선택할 수도 있을 것"이라고 덧붙였다.

이어진 토론에서도 직장 유형에 따른 육아휴직 등 이용률 차이가 여전하다는 사실을 지적하며 제도를 재설계할 필요가 있다고 봤다. 김은지 한국여성정책연구원 선임연구위원은 "임금이 낮고 소기업에 근무하는 경우 육아휴직 활용도가 낮고 육아휴직을 사용해도 복직 비율이 낮았다"며 "사회안전망이 필요한 집단은 육아휴직 제도에서 배제되고, 임금이 높고 일자리가 안정적인 사람에게 더 접근성이 좋게 돼 있는 것"이라고 지적했다. 김은정 보사연 부연구위원 역시 "개인사업체나 중소기업에 근무할수록 육아휴직 이용률이 유의미하게 낮았는데, 익히 알려진 대로 중소기업 근로자의 경우 조직 문화 및 대체인력 확보의 어려움 때문으로 보인다"고 짚었다. 이어 "일 가정 균형 정책이 실제로 정착되기 위해서는 기업의 적극적인 협조가 필수적이므로, 실효성 있는 대책이 있어야 한다"며 "직무 경력의 연속성을 제고하고 기업의 부담을 줄이기 위해 육아기 근로 시간 단축제도를 활성화하는 것도 중요하다"고 말했다.

출처 : 연합뉴스(2025. 9. 25) 기사에서 발췌.

최근 육아휴직 기간 확대 등을 골자로 하는 '모성보호 3법'이 시행되었다. 모성보호 3법은 근로기준법, 남녀고용평등법, 고용보험법을 개정해 임신·출산·육아 등 모성보호와 일·가정 양립을 지원하는 제도로, 2025년 2월부터 시행되었다. 육아휴직 관련 법 개정에는 육아휴직 기간을 부모 합산 3년으로 늘리는 핵심적인 내용이 담겼다. 그리고 육아휴직을 4회(기존 3회)까지 나누어 쓸 수 있다. 배우자 출산 휴가도 출산일로부터 120일 이내에 총 20일을 최대 4번까지 분할하여 사용할 수 있게 되었다. 이 법안은 저출생 문제 해결과 여성 경력단절 예방, 일·가정 양립 지원을 목표로 한다. 제도의 실효성 확보 노력과 사회적 인식 개선이 함께 이루어져야 할 과제라 할 수 있다.

▌ 육아휴직 관련 법령(모성보호 3법) 개정 내용

육아휴직 관련 법령 개정안

2024년 10월 10일~11월 19일 입법예고, 2025년 1월 시행

	현행	개정
육아휴직급여 인상	월 150만원 (25%는 복귀 6개월 후 지급), 1년 육아휴직 기간 전체 급여액 **1,800만원**	**월 최대 250만원**· 사후지급 폐지, 1년 육아휴직 기간 전체 급여액 **2,310만원**
*6+6 부모 육아휴직제	첫 달 상한액 **200만원**	**250만원**
한부모 근로자	1~3개월 상한액 **250만원**, 이후 **150만원**	1~3개월 **300만원**, 4~6개월 **200만원**, 이후 **160만원**

*자녀 생후 18개월 내 부모 모두 육아휴직 시 첫 6개월 동안 육아휴직급여 상향 지원

육아휴직 통합신청·서면허용	• 출산휴가·배우자 출산휴가 사용 시 **육아휴직 통합신청 가능** • 신청 후 14일 이내 **사업주가 서면으로 허용**, 기간 내 미허용 시 근로자가 신청한 대로 사용 가능
중소기업 지원	• 출산 휴가, 육아기 근로시간 단축, 육아휴직 활용 시에도 대체인력 지원금 지원, 현행 월 80만원 → **월 120만원** • 육아휴직 업무분담 지원금 신설, **월 최대 20만원**

출처 : 연합뉴스(2024. 10. 13) 기사에서 발췌(자료 : 고용노동부).

4. 돌봄과 성평등 사회

인구 고령화와 저출생, 여성의 경제활동 증가, 그리고 가족 구성 방식의 변화 등으로 가족 내 돌봄 제공 자원은 점차 감소하고 있다. 이에 따라 우리 사회의 돌봄 지원 정책에 대한 수요층은 증가하는 추세이다. 자녀출산과 양육을 개별 개인이 아닌 사회가 함께 책임지는 돌봄의 사회화 실현 과정이 요구된다.

향후 우리 사회는 보다 더 다양한 돌봄 정책을 발굴함으로써 각 개인은 직장생활과 가족생활 간의 선택을 강요받지 않도록 지원할 수 있을 것이다. 여성과 남성에게 평등한 기회와 대우를 보장하는 핀란드, 스웨덴, 노르웨이 등 북유럽 국가와 프랑스, 독일 등 그 밖의 선진국에서는 돌봄과 관련된 정책의 우선순위로 여성노동권 강화 및 지원과 성평등 실현을 지속적으로 고려해 왔다. 이때 해당 국가는 관련 정책이 저출산 해결을 위한 정책적 도구라는 시각에서 벗어나 노동정책과 가족정책을 모두 고려하는 포괄적인 방식으로 접근하였다. 동시에 일·가정 양립에 대한 공감대와 성평등 가치를 넓히는 적극적인 주체가 되어 왔다. 이는 우리 사회가 과연 어떠한 방향으로 관련 정책을 수립해 나가야 하는지에 대해 많은 시사점을 제공하고 있다.

앞서 살펴본 바와 같이 최근 우리나라에서는 육아휴직 관련 법령(모성보호 3법) 개정 등을 통하여 남성의 육아휴직 사용을 촉진하기 위한 적극적인 노력을 기울이고 있다. 실제로 남성들의 육아휴직 참여율은 꾸준히 증가하는 추세이다. 2025년 상반기 기준으로 남성 육아휴직자 비중은 36.4%로 역대 최고치를 기록했다. 이는 지난 2020년 24.5%(연간 기준)에 비해 약 12%p 높아진 수치다. 남성들의 돌봄 참여를 적극적으로 지원하는 정책 추진은 성역할 고정관념의 변화를 가져올 수 있다. 나아가 한국사회의 성별에 따른 가사 및 돌봄 노동 분담의 불평등 실태의 개선에 기여할 것이다.

가족 내 불평등한 성별 분업 구조의 개선과 일·가정 양립의 가치 실현을 위한 직장문화의 변화 없이는 돌봄노동을 사회적 영역으로 가져오기 어렵다. 따라서 돌봄의 역할을 여성에게만 일임하지 않고, 그 책임이 남성과 여성, 기업, 지역사회 우리 모두에게 해당됨을 인식할 필요가 있다. 이를 통해 성별에 관계없이 누구나 일과 가정을 병행할 수 있는 성평등한 사회를 전망할 수 있을 것이다. 이는 돌봄노동의 사회화를 통해 우리가 도달하고자 하는 지향점이기도 하다.

생각해 보기

- 그림책(돼지책)을 읽고 엄마가 집을 나간 이유와 그 이후 어떤 변화가 필요한지 생각해 보자.
- 영화(말임씨를 부탁해)에서 드러난 노인부양의 문제를 해결하기 위한 대안적 돌봄정책에 대하여 논의해 보자.

함께 보기

돼지책(2022). 앤서니 브라운. 허은미 역. 웅진주니어.

우리가 명함이 없지 일을 안했냐(2022). 경향신문 젠더기획팀.

여성가족부. 2024 가족친화인증 홍보 영상.

참고문헌

가족친화지원사업. https://ffsb.kr.

권수현(2013). 제도화과정에서 나타난 돌봄노동의 성격에 관한 연구. 연세대학교 대학원 박사학위논문.

권수현 외(2025). 내 삶을 바꾸는 젠더정책. 공동체. pp 193-194.

김민주(2012). 돌봄노동의 특성이 돌봄 여성 노동자의 직무연속성에 미치는 영향. 계명대학교 대학원 박사학위논문.

김송이(2012). 돌봄서비스 노동자들의 노동경험연구 : 감정노동과 관계적 노동속성을 중심으로. 여성연구, 82(1), 103-136.

김영란(2019). 가사노동시간 측정도구 재구성안 제안 및 가사노동 수행의 젠더불평등 실태. 한국여성정책연구원. 이슈페이퍼.

______(2023). 젠더 관점의 사회적 돌봄 재편방안 연구 보고서. 한국여성정책연구원. 연구보고서 12.

김은지(2025). 저출생・고령화 시대, 가족변화에 따라 가족정책도 달라져야 : 생애 전망의 유연성 증대와 가족정책의 미래 전망. 개원 42주년 기념 세미나 자료집. 한국여성정책연구원.

김혜경(2004). 보살핌노동의 정책화를 둘러싼 여성주의적 쟁점. 한국여성학, 20(2), 75-104.

손연정 외(2022). 필수노동자 실태와 정책과제. 한국노동연구원.

________(2025). 육아휴직급여 소득대체율 상향의 효과 및 재정 부담 증가에 대한 대응 보고서. 한국노동연구원.

송민이(2025). 젠더화된 돌봄담론 속 남성돌봄의 배제와 서사화의 가능조건 : 텍스트마이닝을 활용한 담론 분석. 연세대학교 대학원 박사학위논문.

시사IN(2021.10. 8).

여성가족부(2013a). 2013 가족친화인증기업 사례집.

________(2013b). 2013~2017 제4차 여성정책기본계획.

________(2023). 2023년 가족실태조사.

________(2024). 2024년 가족친화 우수사례집.

________(2025). 2025 통계로 보는 남녀의 삶.

________. www.mogef.go.kr

여성신문(2019. 4. 17).

연합뉴스(2024. 10. 13). [그래픽] 육아휴직 관련 법령 개정안. https://www.yna.co.kr/view/GYH20241217000700044

________(2025. 9. 25). "육아휴직 이용률 정부기관 79% vs 대기업 56% vs 소기업 29%". https://www.yna.co.kr/view/AKR20250924138500530

오마이뉴스(2022. 5. 13).

우에노 지즈코(2024). 조승미・이혜진・공영주 공역. 돌봄의 사회학. 오월의봄.

이기숙 외(2011). 가족과 젠더. 창지사.

이숙진(2011). 돌봄노동의 제도화와 여성들의 차이. 페미니즘연구, 11(2), 49-83.

______(2024). '돌봄할 권리'에 관하여. 인권연구, 7(1), 223-244.

장지연 외(2020). 돌봄노동의 경제적 가치와 사회적 의미. 한국노동연구원. 정책연구 2020-10.

통계청(2024). 2024년 사회조사.

______(2024). 2024년 생활시간조사.

한국여성민우회(2024. 11. 13). 혁명적 사랑 : 우리의 돌봄이 세상을 바꾸고 있어-1,030명의 돌봄 경험과 대안 토론회. 발표 자료.

황선자 외(2024). 돌봄경제 활성화와 고용・노동 의제 개발을 위한 기초연구. 한국노총 중앙연구원.

Daly, M., & Lewis, J.(2000). The concept of social care and the analysis of contemporary welfare states. *British Journal of Sociology, 51*(2), 281－298.

England, P., Budig, M., & Folbre, N.(2002). Wages of Virtue : The Relative Pay of Care Work. *Social Problems, 49*(4), 455－473.

Kittay, E.(1999)(2016). 돌봄 : 사랑의 노동–여성, 평등, 그리고 의존에 관한 에세이. 김희강 · 나상원 공역. 박영사.

________(2011). The Ethics of Care, Dependence, and Disability. *Ratio Juris, 24*(1), 49–58.

Nussbaum, M.(2002). Capabilities and Social Justice. *International Studies Review, 4*(2), 123–135.

Stacey, C. L.(2011). *The Caring Self : The Work Experiences of Home Care Aides.* ILR Press.

Twigg, J.(2000). *Bathing : the body in community care.* London : Routeledge.

Youngcho Lee(2023). 'Undoing gender' or selection effects? : fathers' uptake of leave and involvement in housework and childcare in South Korea. *Journal of Family Studies, 29,* 2430－2458.

제 11 장

이주여성과 젠더

1. 글로벌라이제이션과 여성 이주
2. 한국사회의 결혼이주여성
3. 한국사회의 여성 이주노동자
4. 성평등 관점에서의 다문화 사회통합의 과제

제11장 이주여성과 젠더

"백날 배운다고 남의 나라 글자가 호락호락 알아질 것 같으냐? 귓구녕이 터져야 사람 구실을 하지. 틈만 나면 밖으로 싸돌아 댕길 궁리만 하지 말고 어서 밥값이나 해." 시모는 마당까지 따라 나오면서 목청을 높였다.
오토바이를 타고 도망치듯 마당을 빠져나온 츄엔은 논과 밭 사이로 난 길을 정신없이 달렸다. 산자락으로 이어진 경사진 길을 달리면서 츄엔은 허기를 느꼈다. 몇 공기의 밥을 먹어도 덜어질 것 같지 않은 허기는 겹겹이 껴입은 옷 속으로 날카롭게 파고드는 세찬 바람처럼 어찌해 볼 도리가 없었다.

-서성란. <파프리카> 중에서-

1. 글로벌라이제이션과 여성 이주

글로벌라이제이션(Globalization)은 교통·통신기술을 비롯한 과학기술의 발달로 촉발되어 전 세계 지역 간의 상호 연결이 강화되고 있는 현상을 의미한다. 글로벌라이제이션이 심화되면서 국가의 경계를 넘어서는 경제·문화적 교류가 더욱 확대되고, 그 과정에서 지역 간 인구이동도 눈에 띄게 증가해 왔다.

그러나 한편으로 이 글로벌라이제이션의 과정은 자본주의의 세계적 확산과 맞물리면서 지역적으로 불평등한 발전을 심화시킨 결과를 낳기도 하였다. 국제적인 인구이동의 상당 부분은 제3세계에서 제1세계로의 이동이라는 특성을 보인다. 그 배경에는 불평등한 글로벌라이제이션의 진전 속에서 후진국 내의 빈부격차가 커지고 전반적으로 생활 여건이 악화되는 현상이 자리하고 있다. 많은 후진국의 사람들이 새로운 일자리와 삶의 기회를 찾아 선진국 혹은 개발도상국으로 이주한 것이다.

국제이주이구(IOM)에 따르면, 2020년 전 세계의 이주 인구는 약 2억 8천 1백만 명으로 세계 총인구의 3.6%에 해당되는 규모이다. 이 중 여성 이주자는 1억 3천 5백만 명으로 전체 이주 인구 중 절반에 가까운 48%를 차지하고 있으며 서비스 노동 분야에서는 여성 이주자의 비율이 80%에 육박한다(IOM, 2024).

1970년대 이전 여성 이주자들은 주로 남편이나 가족 동반 이주자로서 이주를 하였으나 점차 '새로운 일'을 찾아 단신 이주자로서 이주를 하는 숫자가 증가해 왔다.

이주 인구의 여성 비율이 증가하면서 이 같은 새로운 이주 현상은 '이주의 여성화(feminization of migration)'로 지칭되고, 관련 학자, NGO, 국제기구 등에서는 점차 남성 이주와는 다른 여성 이주의 특성들에 대하여 보다 많은 관심을 가지게 되었다.

여성 이주의 특성으로는 첫째, 여성 이주자들의 고용조건과 처우가 남성 이주자들에 비하여 열악하고 낮은 사회적 위계를 점하고 있다는 것이다.

현재 아시아, 아프리카, 동유럽 등에서 이주자를 받아들이고 있는 서유럽의 경우 이주 노동자 중 절반을 여성이 차지하고 있으며, 이들은 가사노동, 엔터테이너, 간호사, 공장 노동자 등으로 일하고 있다. 그러나 일부 전문직종을 제외하고는 대다수의 여성 이주자들은 남성 이주자 및 여성 선주민보다 임시직, 파트타임 등 질 낮은 일자리를 차지하는 비중이 훨씬 높다.

여성 노동이주는 돌봄, 서비스 노동 중심의 이주가 주를 이루는 특성을 보인다. 여성 이주자들은 선진국에서 가사도우미나 노인들을 돌보는 홈 헬퍼와 같은 돌봄노동, 엔터테이너와 같은 서비스 노동을 담당하고 있다. 일례로 국제노동기구(ILO)는 전 세계적으로 가사노동에 약 7,560만 명이 고용되어 있으며 이

중 대부분은 여성이고 많은 이주자가 이 부문에 종사하고 있다고 밝히고 있다(ILO, www.ilo.org).

이주의 여성화와 함께 특히 이주여성의 돌봄노동 증가가 나타나게 된 배경에는 선진국의 돌봄노동에 대한 수요의 증가와 그로 인한 국제적인 성별 분업의 심화가 있다. 혹실드(Hochschild)는 '글로벌 케어 체인(global care chain)'이라는 개념을 통해 선진국과 개발도상국 간의 여성 이주의 연결고리를 설명한다(Hochschild, 2000, 황정미, 2009 : 11 재인용). 이주자를 수용하는 선진국에서는 산업구조의 변화와 함께 고숙련, 전문직 일자리가 늘어나고 여기에 자국 여성들의 진출이 확대되면서, 가정 내에서의 가사일과 가족원의 돌봄에 대하여 공백이 생기게 되었다는 것이다.

결과적으로 선진국 내에서 돌봄을 둘러싼 성별 분업이 약화되지 않고, 기존의 돌봄 담당자인 자국의 여성이 이주여성으로 대체되는 방식으로 변화하게 되었다고 볼 수 있다.

둘째, 여성 이주자들이 남성 이주자들과는 다른 다양한 위험에 노출되어 있다는 것이다. 돌봄노동이나 기타 서비스 노동을 담당하고 있는 이주여성들은 착취, 폭력, 학대 등의 위험에 노출되어 있다. 특히 이 중에는 성적 착취의 목적으로 인신매매와 연결되어 있는 경우도 많다

가사노동자를 비롯한 여성 이주 노동자들은 고용주로부터 성희롱, 강간, 언어·신체적 폭력 등의 피해를 입는 경우가 종종 일어난다. 그러나 이러한 폭력은 가정과 같은 개인의 생활영역인 사적 공간에서 이루어지기 때문에 행정 당국의 관리 감독이나 통제가 미치기 어렵다(UNFPA, 2014).

셋째, 남성에게는 거의 없는 결혼이주가 이주의 주요 방식으로 이루어지고 있다. 남성 이주자의 경우에도 노동이주의 방식으로 이주를 한 이후 이주국의 여성과 결혼을 하여 결혼이주자가 되는 경우가 있다. 그러나 이주를 전제로 한 '국제결혼'의 경우는 거의 여성에 의해 이루어진다. 이들은 대부분 제3세계 출신의 여성들로서 새로운 삶을 기획하고 선택하는 하나의 방식으로 '결혼'이주

를 감행한다.

물론 여성에게 있어 노동이주와 결혼이주의 경계가 항상 명확한 것은 아니다. 일자리를 찾아 이주한 후 결혼을 통하여 결혼이주자가 되기도 하고, 반대로 결혼으로 이주한 후 취업을 하면서 노동이주자로서의 생활도 병행할 수 있기 때문이다.

무엇보다 결혼이주가 주로 여성에 의해 이루어진다는 점에서 젠더의 관점에서 생각해 보아야 할 부분은, 이들이 이주국에서 자녀의 출산과 양육이라는 재생산과 돌봄의 새로운 담당자가 된다는 점에 있다.

그런 점에서 여성의 노동이주가 '취업'의 형태를 띠는 노동시장에서의 돌봄노동의 국제적 이동이라고 한다면, 결혼이주는 가정 내에서의 돌봄과 재생산이 주가 되는 또 다른 돌봄노동의 국제적 이동이라고 볼 수 있다.

2. 한국사회의 결혼이주여성

1) 국제결혼 현황

한국에서 국제결혼이 가시적으로 증가하기 시작한 시점은 2000년 이후부터이다. 지난 20여 년 동안 국제결혼은 더 이상 희귀하거나 낯선 모습이 아니라 한국사회에서 결혼의 한 방식으로 자리 잡았다고 볼 수 있다.

참고로, 2024년 조사결과에 따르면, '외국인과 결혼할 수 있다'는 문항에 대하여 76.1%가 긍정적으로 응답하였는데(통계청, 2024), 이러한 수치는 한국사회가 과거에 비하여 국제결혼에 대하여 수용적으로 변화했음을 보여준다.

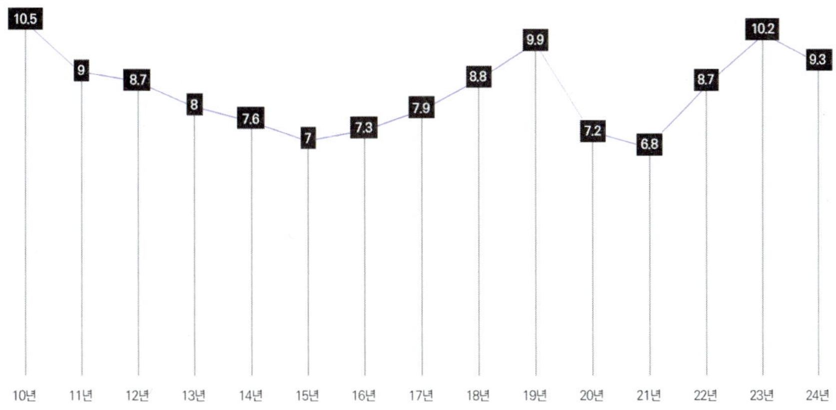

| 그림 11-1 | 국제결혼 추이(%)

출처 : 통계청(2010~2025). 인구동향조사.

한편 국제결혼 배우자의 출신국은 성별에 따라 다른 특성을 보이고 있다. 2024년도 통계를 보면, 한국남성과 결혼한 외국인 배우자의 출신국은 베트남이 32.1%, 중국(한국계 중국인 포함) 16.7%, 태국 13.7%의 순으로 많았고, 반대로 한국여성과 결혼한 외국인 배우자의 출신국은 미국 28.8%, 중국 17.6%, 베트남 15%의 순으로 나타났다.

다음으로 국제결혼 당시 부부의 연령 차이는 한국인(출생기준) 간의 혼인에 비하여 연령 차이가 비교적 큰 것으로 나타난다. 2023년 국제결혼 부부의 경우 남성 연상이 76.2%로 절대 다수를 차지하고, 남편이 10세 이상 연상인 부부는 38.1%로 나타났으나 여성 연상은 17.9%, 동갑은 6%에 불과하다. 반면에 한국인 간 결혼의 경우 남성 연상이 63.3%, 동갑 15.9%, 여성 연상이 20.7%로 여성이 연상인 비율이 상대적으로 높다.

〈표 11-1〉 다문화 혼인의 부부 연령차별 비중차

유 형		전 체	다문화 혼인	한국인(출생기준) 간 혼인
계		100.0	100.0	100.0
남성 연상	5세 이하	46.9	25.2	49.5
	6~9세	10.7	12.9	10.4
	10세 이상	7.1	38.1	3.4
동 갑	–	14.9	6.0	15.9
여성 연상	5세 이하	18.1	13.4	18.6
	6~9세	1.9	3.1	1.7
	10세 이상	0.5	1.4	0.4

* 다문화 혼인은 남녀 어느 한쪽이 외국인 또는 귀화자인 경우, 또는 남녀 모두 귀화자인 경우를 의미함
출처 : 통계청(2024). 2023년 다문화인구동태통계.

즉, 한국남성이 국제결혼을 하는 경우 약 38% 정도가 10세 이상 나이가 어린 배우자를 맞이하고 있음을 보여준다. 최근 한국인 간 결혼에서 여성 연상의 비율이 증가하고 있는 추세와 비교하여 본다면, 상반되는 모습을 보이고 있다.

사실 이러한 현황은 '나이 많은 한국남성과 나이 어린 동남아시아 여성의 결혼'이라는 국제결혼에 대한 전형적인 이미지를 강화하는 데 일조하고 있다. 특히 상업적인 결혼중개를 통하여 부부간의 연령 차이가 많은 국제결혼에 대해서는 일각에서 문제적인 시선으로 바라보고 있다. 연령에 따른 수직적 위계가 강한 우리나라에서 나이 많은 남성과 나이 어린 여성의 결혼이 과연 평등한 부부관계를 형성할 수 있는가에 대하여 우려하는 것이다.

짧은 기간 동안의 맞선을 통하여 이루어지는 국제결혼의 경우 결혼 당사자들 간의 문화적 차이와 의사소통의 어려움이 배가된다는 점에서 부부간의 상호 이해와 평등한 관계 형성을 위한 지원과 정책이 요구된다.

아직도 많은 국제결혼 중개업체에서는 가족에 대한 헌신, 강한 생활력, 남편과 시부모에 대한 순종을 이주여성이 가지고 있는 혹은 갖추어야 할 덕목으로 내세우면서, 이주여성을 통하여 '가족에 대한 헌신과 인내'라는 과거 한국사회

의 전통적인 여성상이 구현될 수 있다는 믿음과 인식을 강화시킨다.

이는 한국사회의 지향점이 성평등한 가족관계를 형성하고 가족문화를 만들어 가야 한다는 점에서 시대에 역행하는 것이자 사회적으로 평등과 다양성의 가치가 확산되는 것을 더욱 어렵게 만든다.

▮ 전통적인 여성상을 강조하는 중개업체의 홍보

국제결혼 중개업체들 홈페이지에는 베트남, 캄보디아, 필리핀, 라오스, 몽골 등 특정 국가 여성들과 결혼 시 좋은 점에 대한 광고 내용을 게시하고 있는데, 이 내용들을 살펴보면, 여성들이 전통적인 여성상을 갖추고 있다는 것을 강조하는 것이 많다.
특히 베트남 여성과의 국제결혼 시 외모와 생김새가 한국인과 같다는 점을 강조하고, 부모공경과 남편에 대한 헌신, 날씬한 몸매, 체형, 생활력이 강하다는 점 등을 들고 있다. 이는 "착하고 예쁘며 순종적인 아내이사 며느리로서의 가능성"에 대하여 강조하는 것이다.

2) 한국의 가족문화와 결혼이주여성에 대한 차별

국제결혼이 증가하면서 정부는 몇 년 전부터 국제결혼을 통하여 형성된 가족을 '다문화가족(multicultural family)'으로 지칭하고, 이들에 대한 지원정책을 확대해 왔다.

다문화가족에 대한 사회적 관심과 정책 수요가 크게 증가하면서 결국 2008년에 다문화가족에 대한 다양한 지원의 법적 근거와 체계적 추진을 위하여 다문화가족지원법이 제정되었고, 그 이후 수차례 개정되어 오늘에 이르고 있다.

▮ 다문화가족지원법

제2조(정의)

이 법에서 사용하는 용어의 뜻은 다음과 같다. 〈개정 2011. 4. 4., 2015. 12. 1〉

1. "다문화가족"이란 다음 각 목의 어느 하나에 해당하는 가족을 말한다.

   가. 「재한외국인 처우 기본법」 제2조 제3호의 결혼이민자와 「국적법」 제2조부터 제4조까지의 규정에 따라 대한민국 국적을 취득한 자로 이루어진 가족

나. 「국적법」 제3조 및 제4조에 따라 대한민국 국적을 취득한 자와 같은 법 제2조부터 제4조까지의 규정에 따라 대한민국 국적을 취득한 자로 이루어진 가족

2. "결혼이민자 등"이란 다문화가족의 구성원으로서 다음 각 목의 어느 하나에 해당하는 자를 말한다.

가. 「재한외국인 처우 기본법」 제2조 제3호의 결혼이민자

나. 「국적법」 제4조에 따라 귀화허가를 받은 자

3. "아동 · 청소년"이란 24세 이하인 사람을 말한다.

제7조(평등한 가족관계의 유지를 위한 조치)

국가와 지방자치단체는 다문화가족이 민주적이고 양성평등한 가족관계를 누릴 수 있도록 가족상담, 부부교육, 부모교육, 가족생활교육 등을 추진하여야 한다. 이 경우 문화의 차이 등을 고려한 전문적인 서비스가 제공될 수 있도록 노력하여야 한다.

국적법

제2조(출생에 의한 국적 취득)

① 다음 각 호의 어느 하나에 해당하는 자는 출생과 동시에 대한민국 국적을 취득한다.

1. 출생 당시에 부 또는 모가 대한민국의 국민인 자
2. 출생하기 전에 부가 사망한 경우에는 그 사망 당시에 부가 대한민국의 국민이었던 자
3. 부모가 모두 분명하지 아니한 경우나 국적이 없는 경우에는 대한민국에서 출생한 자

② 대한민국에서 발견된 기아는 대한민국에서 출생한 것으로 추정한다.

제3조(인지에 의한 국적 취득)

① 대한민국의 국민이 아닌 자(이하 "외국인"이라 한다)로서 대한민국의 국민인 부 또는 모에 의하여 인지된 자가 다음 각 호의 요건을 모두 갖추면 법무부장관에게 신고함으로써 대한민국 국적을 취득할 수 있다.

1. 대한민국의 「민법」상 미성년일 것
2. 출생 당시에 부 또는 모가 대한민국의 국민이었을 것

제4조(귀화에 의한 국적 취득)

① 대한민국 국적을 취득한 사실이 없는 외국인은 법무부장관의 귀화허가를 받아 대한민국 국적을 취득할 수 있다.

② 법무부장관은 귀화허가 신청을 받으면 제5조부터 제7조까지의 귀화 요건을 갖추었는지를 심사한 후 그 요건을 갖춘 자에게만 귀화를 허가한다.

제6조(간이귀화 요건)

① 다음 각 호의 어느 하나에 해당하는 외국인으로서 대한민국에 3년 이상 계속하여 주소가 있는 사람은 제5조 제1호의 요건을 갖추지 아니하여도 귀화허가를 받을 수 있다.

1. 부 또는 모가 대한민국의 국민이었던 사람
2. 대한민국에서 출생한 자로서 부 또는 모가 대한민국에서 출생한 사람
3. 대한민국 국민의 양자로서 입양 당시 대한민국의 민법상 성년이었던 자

② 배우자가 대한민국의 국민인 외국인으로서 다음 각 호의 어느 하나에 해당하는 사람은 제5조 제1호의 요건을 갖추지 아니하여도 귀화허가를 받을 수 있다.

1. 그 배우자와 혼인한 상태로 대한민국에 2년 이상 계속하여 주소가 있는 사람
2. 그 배우자와 혼인한 후 3년이 지나고 혼인한 상태로 대한민국에 1년 이상 계속하여 주소가 있는 사람
3. 제1호나 제2호의 기간을 채우지 못하였으나, 그 배우자와 혼인한 상태로 대한민국에 주소를 두고 있던 중 그 배우자의 사망이나 실종 또는 그 밖에 자신에게 책임이 없는 사유로 정상적인 혼인생활을 할 수 없었던 사람으로서 제1호나 제2호의 잔여 기간을 채웠고 법무부장관이 상당하다고 인정하는 사람
4. 제1호나 제2호의 요건을 충족하지 못하였으나, 그 배우자와의 혼인에 따라 출생한 미성년의 자를 양육하고 있거나 양육하여야 할 사람으로서 제1호나 제2호의 기간을 채웠고 법무부장관이 상당하다고 인정하는 사람

이 법에서 '다문화가족'은 출생 및 인지에 의하여 한국 국적을 취득한 사람과 결혼이민자(한국 국적을 새로 취득한 사람도 포함)로 이루어진 가족이 해당된다. '다문화가족'이 공식적으로 행정과 정책 용어로 사용되기 시작한 것은 정책의 대상과 범위가 이주여성과 같은 결혼이민자 외에 한국인 배우자, 자녀 등 가족 구성원 모두가 포함되기 때문이다.

그러나 한편으로는 '다문화가족'이라는 용어가 '가족'을 전면에 내세우면서 젠더 관점에서 이주여성의 문제와 어려움을 해소해 나가려는 정책적 관심이 약화되고 희석화되었다는 비판도 있다.

국제결혼 가족은 가족 형성 초기에 문화적 차이와 의사소통의 문제로 많은 어려움을 경험하는 것이 일반적이다. 이주여성에게 있어 가족 내에서 경험하는 다양한 차이와 낯선 환경들은 생활습관이나 주거환경과 같은 문화적 차이에서 비롯된다. 그러나 이러한 문화적 차이들은 가족구조와 가족관계, 성역할 등 가족을 둘러싼 젠더 관계의 차이를 내포하기도 한다(김영주, 2011 : 193).

한국사회는 부계 중심적인 가족규범과 문화로 특징지어진다. 그러나 필리핀, 캄보디아, 태국 등과 같은 동남아시아 지역은 양계적인 가족문화를 특성으로 한다. 사회에서 여성들은 가족 내에서 의사결정 권한이 높은 편이고, 가사노동이나 자녀양육에 있어서도 가족 구성원들이 분담하는 것이 일반적이다. 동남아시아 지역이 아닌 중국의 경우에도 식사 준비 등 가사일을 남성이 자신의 일로 수행하는 것을 당연하게 생각한다.

부부간의 차이들이 있음에도 불구하고, 한국의 가족 구성원들은 이주여성들에게 가부장적인 가족문화와 규범에 따르도록 기대하고 강요하는 경향이 있다. 이러한 상황에서 이주여성과 한국인 배우자 및 가족 구성원들 사이의 갈등이 커질 가능성이 높다(김영주, 2011 : 194).

이러한 갈등이 더욱 심화되면 결국 이혼으로 표면화되는데, 최근 몇 년 사이 국제결혼 부부의 이혼도 증가하고 있다는 점은 주목해야 할 점이다. 2014년에 국제결혼 부부의 이혼은 전체 이혼 건수 중 8.4%였으나 2020년에는 그 비중이 5.8%로 계속 감소하다가, 이후 2021년부터는 다시 조금씩 증가 추세를 보이고 있다.

이혼의 증가는 국제결혼의 증가에 맞물려 늘어날 수 있는 현상이지만, 국제결혼 부부의 이혼 양상은 한국인 부부의 이혼과 조금 다른 특성을 지니고 있다.

〈표 11-2〉 국제결혼 부부의 이혼 추이

구 분	2014	2015	2016	2017	2018	2019	2020	2021	2022	2023	2024
총 이혼 (천 건)	115.5	109.2	107.3	106.0	108.7	110.8	106.5	101.7	93.2	92.4	91.2
국제결혼 부부이혼 (천 건)	9.8	8.2	7.7	7.1	7.1	6.9	6.2	6.2	5.8	6.1	6.0
비율(%)	8.4	7.5	7.1	6.7	6.6	6.2	5.8	6.1	6.2	6.6	6.6

출처 : 통계청(2025). 2024년 혼인·이혼통계.

2023년 국제결혼 이혼 부부의 통계를 보면, 평균 결혼생활 지속기간이 5년 미만은 31.1%, 5년 이상~10년 미만은 22.1%, 10년 이상~15년 미만은 22.5%, 15년 이상~20년 미만은 17.1%, 20년 이상은 7.2%이고, 평균 결혼생활 기간은 10.1년인 반면, 한국인 간의 이혼에서는 5년 미만이 16.7%, 5년 이상~10년 미만 17.8%, 10년 이상~15년 미만 14.9%, 15년 이상~20년 미만 12.3%, 20년 이상 38.3%이고 평균 결혼생활 기간은 17.5년으로 차이를 보인다.

최근 한국인 부부의 이혼의 경우 생활기간이 20년이 넘는 '황혼 이혼' 비율이 가장 큰 비중을 차지하고 있는 현실과는 대조적인 모습을 보인다.

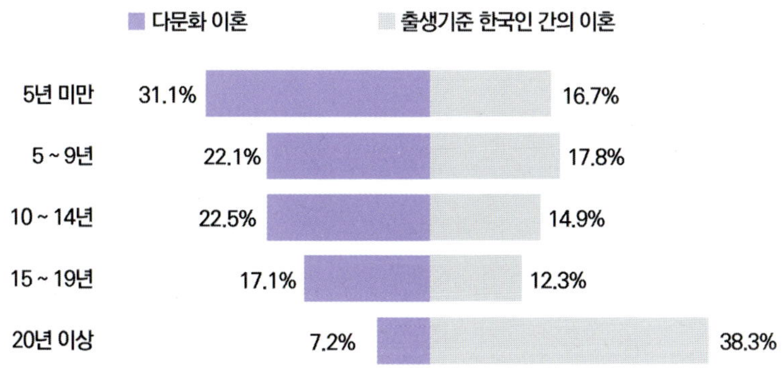

| 그림 11-2 | 국제결혼 이혼 부부의 평균 생활기간

출처 : 통계청(2024). 2023년 다문화인구동태통계.

이러한 현실은 국제결혼 부부의 갈등을 예방하는 데 있어 단순히 상호 문화적 관습을 이해하는 차원을 넘어서, 한국의 가족문화를 보다 평등하고 다양성이 존중되는 문화로 변화시키는 보다 근본적인 작업이 필요함을 시사한다. 따라서 국제결혼 부부의 갈등예방과 관련한 지원도, 향후에는 문화적 다양성과 성평등 가치에 입각하여 가족 구성원들이 보다 유연한 자세와 태도로 가족생활을 영위할 수 있는 프로그램들이 보다 확대되어야 할 것이다.

결혼이주여성은 부계 중심적인 한국의 가족구조에서 이중적인 차별적 상황에 놓이게 되는 경우가 종종 발생한다. 특히 이러한 차별은 국제결혼 이주여성의 출신 국가에 따라 다르게 나타나는 경향이 있다. 결혼이주여성이 일상적으로 경험하는 차별은 크게 두 가지 차원에서 생각해 볼 수 있다. 하나는 가족 내에서의 차별이고, 다른 하나는 사회적인 차별이다.

가족 내에서의 차별은 주로 남편이나 시부모 등 가족 구성원으로부터 차별을 받는 경우이다. 물론 국제결혼 가족의 일상생활에서는 문화적 차이에 기인한 오해가 다반사로 일어날 수 있다. 그러나 일부 국제결혼 가족들의 경우 문화적 차이에 대한 몰이해가 편견과 연결되어 이주여성에 대한 무시, 비난, 폭언과 같은 차별적인 언사와 행동으로 나타나기도 한다.

다음으로, 결혼이주여성에게 주어지는 다양한 사회적 차별이다. 예를 들어, 한국 국적을 취득하지 않은 이주여성의 경우 매년 체류 비자를 연장해야 하는데, 사실상 남편의 신원보증이 있어야 비자 연장이 가능한 현실을 들 수 있다. 가정폭력 등으로 가출한 이주여성의 경우 일방적으로 남편이 신원보증을 해주지 않아 불법체류자가 되어버리는 사례도 있다.

또한 이혼 시 결혼이주여성이 명백한 가정폭력과 같은 경우가 아닌 이상 귀책사유가 없다는 것을 증명하는 것이 쉽지 않고, 특히 자녀가 있는 경우 자녀의 친권과 양육권을 얻기가 매우 어려운 것이 현실이다. 설령 이혼 시 이주여성이 면접교섭권을 얻었다 하더라도 체류 연장이 되지 않아 본국으로 돌아가야만 하고, 귀환한 결혼이주여성이 자녀를 만나지도 못하는 사례도 있다.

사실 이러한 제도적인 차별은 우리 사회가 결혼이주여성을 매우 도구적인 관점에서 바라보고 있다는 것을 드러내고 있다. 다시 말하면, 결혼이주여성에게는 그들이 가정을 유지할 때, 자녀의 출산과 양육을 담당할 때 제반 권리를 제공할 수 있다는 전제가 암묵적으로 내포되어 있다고 할 수 있다.

3. 한국사회의 여성 이주노동자

한국사회의 이주여성은 결혼 외에도 취업, 학업 등 다양한 동기와 선택에 따라 이주를 해왔으며, 그 스펙트럼은 점점 더 넓어지고 있다(김영주, 2025). 2025년 5월을 기준으로 국내 외국인 취업자는 약 100만 명에 달하고, 이 중에서 여성 외국인 취업자는 32만 2천 명인 것으로 조사되었다(통계청, 2024). 체류자격도 비전문취업(E−9), 방문취업(H−2), 전문인력(E−1∼E−7), 유학생(D−2, D−4−1, D−4−7), 재외동포(F−4), 영주(F−5), 결혼이민(F−6) 등으로 다양하다.

이처럼 다양한 체류자격을 가진 이주여성들이 공장, 식당, 숙박업소, 농장 등 다양한 일터에서 취업을 하고 있으며, 사실상 미등록 상태인 체류자까지 포함한다면 30만 명이 훨씬 넘는 이주여성들이 노동 현장에 있는 것으로 추정된다. 외국인 취업자의 산업별 분포를 보면 여성 이주노동자들은 농림어업의 25%, 광・제조업 18.9%, 도소매・음식・숙박업 63.9%, 사업・개인・공공서비스업 52.1%로 도소매숙박업과 서비스업 비중이 높기는 하나 농림어업과 제조업 분야에도 상당수 종사하고 있음을 보여준다(통계청, 2024).

〈표 11-3〉 성별 외국인 취업자 현황 (단위 : 천 명)

구 분		전 체	남 자	여 자
전체 취업자		1,010	689	322
체류 자격	비전문취업(E-9)	302	275	28
	방문취업(H-2)	62	37	24
	전문인력(E-1~E-7)	65	47	18
	유학생(D-2, D-4-1 · 7)	32	13	19
	재외동포(F-4)	258	152	106
	영주(F-5)	105	59	46
	결혼이민(F-6)	72	21	51
	기 타	114	85	29
산업	농림어업	84	62	21
	광 · 제조업	461	374	87
	건설업	108	100	8
	도소매 · 음식 · 숙박업	191	70	122
	전기 · 운수 · 통신 · 금융업	23	15	8
	사업 · 개인 · 공공서비스업	144	69	75

출처 : 통계청(2024). 이민자 체류 실태 및 고용조사 결과(보도자료).

그러나 다양한 산업 현장에서 일하고 있는 여성 이주노동자들은 노동조건이나 소득에서 남성 이주노동자보다 불안정하고 열악한 상황에 놓여 있는 것이 일반적인 현실이다.

단적인 사례가 지난 2020년 12월 경기도 포천에서 캄보디아 출신 여성 이주노동자인 '눈 속헹' 씨가 농장 기숙사에서 동사한 사건이다. 농장의 기숙사는 낡은 샌드위치 패널을 칸막이로 나누어 3개의 방으로 만든 불법 시설물이었고, 영하 16도까지 내려가는 추위에 이미 사망하기 이틀 전부터 난방시설이 가동되지 않은 상황이었다(김달성, 2023). 이런 주거 환경에서 고 속헹 씨를 비롯한 많은 여성 이주노동자들이 하루 10시간 이상의 장시간 노동에 시달리면서 생활했다.

고 속헹 씨 사망사건을 계기로 한국사회에서는 이주노동자들의 열악한 주거환경 문제가 수면 위로 부상했고, 결국 정부는 주거환경 개선을 위한 제도를 개선하기 시작하였다. 그러나 고용허가제나 계절근로자 제도를 통하여 농업, 제조업 분야에서 일하는 여성 이주노동자들은 특별한 사유가 없는 한 사업장 변경이 쉽지 않은 현실에서, 부당한 처우에 문제를 제기하거나 몸이 아플 때 적절한 치료를 받지 못하는 상황을 경험하기도 한다.

이주여성 노동은 어쩌다 '위험의 최전선'에 놓였을까

지난 6월 24일 경기 화성시 아리셀 공장에서 발생한 화재 참사는 위험의 최전선에 있는 이주여성의 노동 실태를 고스란히 드러낸다. 참사 피해자 23명 중 15명이 여성 이주노동자(중국동포 14명, 라오스 출신 1명)였다.

흔히 제조업 공장은 남성 이주노동자의 일터라는 인식이 널리 퍼져 있다. 그러나 공장엔 여성 이주노동자도 존재한다. 이번 피해자들은 배터리 검수와 포장 업무를 맡은 것으로 알려졌다.

여성 이주노동자들 연구해 온 한 연구자는 "여성 이주노동자는 서비스업에서 많이 일하기는 하지만 제조업에서도 상당 부분 일을 하고 있다"며 "외주화된 위험을 이주민들이 담당하는 현실을 정책이 따라가지 못하면서 생명의 피해로 극단적으로 드러났다"고 했다.

한국 여성 이주노동자 지위가 남성보다 불안정하고 열악하다는 분석은 여럿 있다. 국가인권위원회의 2016년 제조업 분야 여성 이주노동자 인권상황 실태조사에 의하면, 여성은 임시·일용근로자 비율이 48.2%로 남성(29.2%)보다 높았고, 상용근로자 비율은 45.7%로 남성(67.2%)보다 낮았다. 이번 화성 참사에서도 피해자 상당수는 용역업체를 통해 일용직 노동을 한 사례인 것으로 알려졌다.

특히 한국에선 '이주+여성'의 고리가 위험과도 연결된다. 안산이주민센터의 박천응 목사는 "정규직은 회사에서 안전교육을 하지만 용역업체를 통해 일을 하러 가는 경우에는 용역업체와 모기업이 산업안전을 서로 떠넘기는 형태가 된다"며 "안전교육을 받을 기회가 상실되는 것"이라고 했다. 지역의 한 제도업 공장에서 일하는 인도네시아 출신 여성 노동자 A씨는 "여자는 남자보다 힘이 약한데 남자와 비교해서 '왜 이렇게 수량이 적으냐'며 똑같이 하라고 한다"면서도 안전교육과 관련해서는 "이거(자료) 읽어보라고 하고 그냥 본인이 알아서 한다"고 했다. A씨는 이번 참사에 대해 "어떻게 그런 일이 벌어질 수 있는지 마음이 아프다"고 했지만 당장 자신이 일하는 공장에서 어디로 대피해야 하는지는 모른다

> 고 했다. 생산 설비부터 작업 도구까지 남성을 기본값으로 설계되는 제조업 공장에서 여성에 맞춰진 안전교육은 부실할 수밖에 없다.
>
> 출처 : 경향신문(2024. 7. 9) 기사에서 발췌.

또한 여성 이주노동자들은 성폭력, 성추행, 성희롱(성적 괴롭힘) 등 젠더폭력에 대해 더욱 취약하여 노동 현장이나 주거 공간에서 사업주나 관리자로부터 젠더폭력 피해를 경험하는 사례들이 빈번하게 발생하고 있다.

2018년 이후 고용노동부가 성폭력 피해자인 경우 사업장 변경을 횟수에 제한 없이 허용하는 긴급 사업장 변경 제도를 운영하고 있음에도 불구하고, 성폭력 피해의 입증이 쉽지 않다는 점에서 사실상 사업장 선택권이 제한되고, 재입국허가의 권한을 사업주가 쥐고 있는 등 절대적으로 종속적인 위치에 처해 있는 것이 현실이다(김영주, 2025).

4. 성평등 관점에서의 다문화 사회통합의 과제

1) 이주여성과 한국사회의 변화

오늘날 이주여성의 증가는 한국사회의 다양성을 증대시키는 요인 중의 하나이다. 다문화가족이라는 새로운 형태의 가족은 가족 내에서 문화적 다양성을 어떻게 조화롭게 풀어나갈 것인가라는 사회적인 과제를 던지고 있다. 또한 여성 이주노동자, 유학생 등 다양한 이주여성의 증가는 한국사회에서 사람들의 생활 범위와 관계가 초국적으로 확대되고 다양해진다는 것을 의미한다.

국제결혼만 하더라도 최근 다양한 방식으로 이루어지고 있다. 재혼 국제결혼 가족도 증가하면서, 이주여성과 전 배우자 사이에 태어난 자녀들이 한국의 새로운 가정에 결합하게 되는 사례도 늘어나고 있는 현실이다. '중도입국 자녀'라고 지칭되는 이들은 이주여성과 마찬가지로 언어 소통, 문화적 차이 등으로 인하여 어려움을 겪고, 특히 학령기에 있는 아이들의 경우 학교생활에 적응하기가 쉽지 않다.

이처럼 국제결혼은 한국의 가족을 다양하게 변화시키고 있으며, 특히 이주여성의 다른 문화적 배경은 가족의 일상적 생활과 문화를 변화시킬 단초를 제공할 수 있을 것으로 본다. 비록 현실적으로 이주여성이 가족 내에서나 사회적으로 권한과 지위가 낮고, 이들이 한국의 가부장적 가족문화를 전면적으로 바꾸기는 어렵다. 그러나 이들이 생활 속에서 부딪히면서 느끼는 의구심과 문제제기는 장기적으로 한국의 가부장적이고 남성 중심적인 가족문화에 변화를 일으킬 것으로 본다.

또 이제 우리의 일상생활은 여성 이주노동자를 비롯한 많은 이주여성들의 노동과 활동에 상당 부분 의존하고 있다. 우리의 식탁에 오르는 많은 농산물, 요양시설에서 제공하고 있는 돌봄 서비스를 생각해 보면 쉽게 이해할 수 있을 것이다.

한국사회에서 이주여성의 증가와 다양화는 한국사회에 새로운 가능성과 과제를 함께 던져주고 있다. 이주민 수의 증가가 사회문제를 낳거나 부정적 영향을 주는 것으로 인식하는 것을 벗어나 사회 구성원들이 다양한 이주민과 어떻게 공생할 수 있는지를 고민하고 다 같이 노력해야 할 것이다.

2024년에 실시한 조사에서 한국사회의 이주민 포용 정도를 가늠해 볼 수 있는 '다문화 수용성' 지수는 성인 53.38점(100점 만점), 청소년은 69.77점(100점 만점)을 보여 청소년의 수용성 지수가 높게 나타났다(여성가족부, 2025). 그러나 지난 조사와 비교했을 때 성인은 지수가 상승했으나 청소년은 오히려 하락한 것으로 나타나 청소년의 다문화 수용성을 높일 수 있는 교육 확대가 필요한 것으로 보인다.

2025년 5월 유엔 인종차별철폐위원회(CERD)는 한국에 대한 심의 최종견해에서 "한국 사회에서 이주민 · 난민에 대한 인종차별적인 혐오 발언이 온오프라인에서 지속적으로 증가하는 것에 대해 우려를 표명한다"며 조속한 대책 마련을 촉구했다(CERD, 2025).

다문화 사회통합은 사회 구성원들의 인식 제고, 이주민 차별행위에 대한 모니터링과 처벌, 이주민의 인권 보장 등 관련 법제와 정책을 강화해 나갈 때 가능할 것이다. 또한 무엇보다도 성평등 관점에서 이주여성의 이중적 차별 구조를 개선하기 위한 사회적 노력들이 뒷받침되어야 한다.

2) 이주여성의 지역사회 참여

이주여성의 증가는 가족의 변화만이 아니라 지역사회의 변화도 가져올 수 있다. 이주여성이 다양한 방식으로 지역사회에 참여할 때, 지역사회 또한 다양하게 발전할 수 있는 계기가 될 수 있다. 그런 점에서 이주여성의 지역사회 참여는 이주여성의 사회적 지위를 향상시키고 권리를 신장하는 하나의 방편이 될 수 있으며, 더 나아가 지역사회의 활력을 일으키고 변화의 새로운 동력이 될 수 있다.

아직은 제한적이기는 하지만, 몇몇 이주여성들이 사회, 문화, 정치 등의 분야에서 활동하고 있으며, 참여의 폭도 넓어지고 그 사례도 다양해지고 있다. 이주여성의 지역사회 참여는 개인적 차원의 참여와 집단적 차원의 참여 형태로 구분해 볼 수 있다. 개인적 차원의 참여는 이주여성 개인의 능력과 노력으로 자신의 장점을 활용하고, 역량을 개발하여 참여하는 것이다. 모국의 문화를 알리는 다문화교육 강사로 활동하는 이주여성이 증가하고 있으며, 이주민을 위한 업무를 수행하는 역할로 경찰이나 공무원, 사회복지사로 활동하는 사례도 있다.

이 외에 농촌 마을의 부녀회장으로 마을 주민의 신임을 받으며 마을의 대소사를 챙기는 이주여성도 있고, 지방의회의 의원이나 시・군청 위원회에 참여하고 있는 이들도 있다.

이들이 다양한 분야에서 지역사회에 기여하고, 이주민으로서의 목소리를 내는 것은 많은 이주여성들에게 긍정적인 역할모델(role model)이 될 뿐만 아니라 이주여성의 주체적인 모습을 이웃과 지역사회에 널리 알리는 계기가 될 것으로 보인다.

다음으로 집단적 차원의 사례를 보면, 다문화예술단을 구성하여 모국의 춤, 노래 등의 공연을 하거나 다문화레스토랑, 다문화카페를 운영하기도 하고 사회봉사단을 구성하여 봉사활동을 펼치기도 한다.

앞으로 이주여성들이 모국의 문화적 자원을 활용하여 사업체를 경영하거나 마을기업, 협동조합 운영과 같은 새로운 시도를 하는 사례들도 더욱 늘어날 것으로 전망된다.

▮ 이주여성들이 힘 모아 만든 '레인보우해피잡 협동조합'

KT그룹 희망나눔재단은 14일 올해 첫 희망나눔인상 수상자로 레인보우해피잡 협동조합을 선정했다고 밝혔다. 이 조합은 김홍리 대표를 비롯해 이주여성들이 서울 구로구에 세운 사회적경제기업이다. 강사 15명이 주축이 돼 다문화가정을 위한 교육・봉사 활동을 진행하고 있다.

김 대표는 2002년 남편과 함께 중국에서 와 한국 국적을 취득한 여성이다. 이주 초기 언어장벽 등으로 일자리를 구하지 못해 어려움을 겪다 한국어를 배우고 중국・다문화 강사로 활동했다. 2014년 동료 강사들과 뜻을 모아 한국에 정착한 다른 여성들이 겪을 부담을 조금이라도 덜길 바라는 뜻에서 조합을 세웠다.

김대표는 "다문화가정과 이주여성을 위해서 인식과 제도를 개선할 필요가 있다고 생각해 용기를 냈다"고 말했다. 이 조합은 특히 거주자들의 문화적 뿌리가 다양한 서울 구로구를 중심으로 어린이집과 유치원에서 여러 나라 문화를 알리고 지역별 다문화 축제에도 참여했다. 이 과정에서 세계 18개국 출신의 이주여성 30여 명이 다문화 강사로 취업해 자신의 출신 지역문화를 한국사회에 알렸다. 그동안 취업 현장에 나서는 걸 두려워했던 이주여성들이 조합을 통해 자신감을 되찾고 사회 활동에 나서는 효과가 있었다.

> 또 신종 코로나바이러스 감염증과 수해 피해 극복을 위한 기부 활동에 나섰다. 김 대표는 "앞으로 다양한 활동으로 다문화가정과 이주여성 모두 안정적으로 정착할 수 있게 최선을 다할 것"이라고 밝혔다.
>
> 출처 : 경향신문(2023. 3. 14) 기사에서 발췌.

이주여성의 지역사회 참여는 이들이 정책의 지원 대상만이 아니라 지역사회의 구성원이자 주체로서 지역사회의 다양한 변화와 발전의 동력이 될 수 있다는 점에서 적극적으로 활성화되어야 한다. 무엇보다도 이주여성 스스로 지역사회 참여에 대한 의지와 역량이 필요하겠지만, 지역사회가 이주여성을 포함한 이주민들에게 사회 · 정치적 참여 기회를 확대하고, 제반 권리를 보장해 줄 수 있어야 한다.

이를 위해서는 지역사회 차원에서도 주민의 다문화적 감수성을 높일 수 있는 정책이 확대되어야 한다. 또한 이주여성에 대한 각종 정책들이 아내와 며느리로서의 역할을 강조하는 데에서 벗어나 이주여성의 다양한 잠재력을 발굴하고 독려하는 방향으로 확대되어야 할 것이다.

생각해 보기

- 여성과 이주민으로서 이주여성이 경험할 수 있는 어려움과 차별이 무엇인지 생각해 보자.
- 우리 주변에서 이주여성이 어떤 모습, 어떤 자리에서 활동하고 있는지를 찾아보고, 이들이 지역사회에 기여할 수 있는 점들을 생각해 보자.

함께 보기

서성란(2009). 파프리카. 화남.
아이카(2021)(제71회 칸영화제 여우주연상 수상작). 세르게이 드보르체보이 감독. 러시아.
투이(2014). 김재한 감독. 대한민국.

참고문헌

경향신문(2023. 3. 14). "KT희망나눔인상에 다문화가정 나눔 활동 '레인보우해피잡 협동조합'".
________(2024. 7. 9). "이주여성 노동은 어쩌다 '위험의 최전선'에 놓였을까".
김달성(2023). 얼어붙은 속헹 : 이주여성 노동자 이야기. 밥북.
김영주(2011). 다문화사회와 가족. 이기숙 외. 가족과 젠더. 창지사.
______(2025. 8). 결혼이주를 넘어 : 이주여성의 다양성과 정책적 과제. 한국여성인권진흥원. 여성과 인권 이슈브리프 제3호.
김이선 외(2019). 이주여성의 다양성과 정책 재구성 방향. 한국여성정책연구원.
소라미(2013). 합법과 불법의 경계에 선 이주여성. 우리 모두 조금 낯선 사람들. 오월의봄.
여성가족부(2025). 2024년 국민 다문화수용성 조사.
통계청(2010~2025). 인구동향조사(각년도).
______(2024). 2023년 다문화인구동태통계.
______(2024). 2024년 이민자 체류실태 및 고용조사 결과(보도자료).
______(2025). 2024년 혼인·이혼통계.
한국여성정책연구원(2025). 2024년 전국다문화가족실태조사.
한국이주여성인권센터(2021). 아직 끝나지 않은 이야기. 오월의 봄.
허라금 외(2011). 글로벌 아시아의 이주와 젠더. 한울.

황정미(2009). '이주의 여성화' 현상과 한국 내 결혼이주에 대한 이론적 고찰. **페미니즘 연구**, 9(2).

CERD(2025. 5. 9). Concluding observations on the twentieth to twenty-second periodic reports of Republic of Korea.

ILO. https://www.ilo.org.

IOM(2024). 2024 World Migration Report.

Nana Oishi(2002). *Gender and Migration : An Integrative Approach*. Working Paper 49. CCIS. University of California.

UNFPA(2014). Migration and gender.

제 12 장

여성과 젠더정책

1. 성평등 정책 패러다임의 변화
2. 한국 성평등 정책의 전개
3. 성 주류화 제도
4. 성평등 정책의 미래

제12장 여성과 젠더정책

사회 전반에 걸쳐 평등에 기초한 여성의 힘의 증진과 완전한 참여는 의사결정 과정과 권력에의 접근을 포함하여 평등, 발전, 평화를 이루는 데 주요하다.

-제4차 북경 세계여성회의 선언문 중에서-

1. 성평등 정책 패러다임의 변화

일반적으로 성평등 정책은 성 불평등한 사회 현실을 개선하면서 여성의 사회・경제・정치적 지위 향상을 꾀하기 위한 정책이라고 정의할 수 있다. 다시 말하면, 성차별을 사회구조적인 문제로 인식하고 여성의 지위와 권익을 신장시킴으로써 성 평등한 사회의 실현을 목적으로 하는 법령, 제도 등을 의미한다.

세계적으로 성평등 정책은 역사적으로 오래된 성 불평등의 현실을 '문제'로 인식하면서 해결하려는 사회적 차원의 노력으로부터 시작되었다. 이는 19세기 후반부터 정치, 경제, 교육, 문화 등 다양한 영역에서 여성이 차별받고 있는 현실의 개선을 요구하고 동등한 권리의 보장을 요구하는 여성들의 투쟁으로부터 촉발된 것이다.

이러한 여성들의 문제제기와 투쟁의 결과는 국제사회에서 공식적으로 '여성'의 문제를 다루게 하는 밑거름이 되었고, 이후 국제사회가 성평등 정책의 제도화와 발전에 앞장서게 만드는 동력이 되었다.

‘3 · 8 세계 여성의 날’의 유래

3월 8일은 ‘세계 여성의 날’이다. 세계 여성의 날은 1908년 2월 28일 미국 뉴욕의 방직공장에서 일하던 여성노동자들이 근로시간 단축, 임금 인상, 투표권 쟁취 등을 요구하며 시위 행진을 벌였던 데에서 유래한다.
이후 독일의 노동운동 지도자였던 클라라 체트킨과 알렉산드라 콜론타이가 여성의 권리 신장을 주장하는 여성의 날 행사를 제안하였고, 1910년대 이후 3월 8일로 정착되어 오늘날에는 세계의 많은 나라에서 기념하는 날이 되었다.
우리나라는 일제 강점기 시기에 사회주의 계열의 단체가 중심이 되어 세계 여성의 날을 기념하였으나 해방 이후 사회주의 및 사회운동이 탄압을 받는 분위기 속에서 명맥을 유지하지 못했다. 그러다가 1980년대 중반 이후 여성노동자운동단체와 여성운동 단체에 의해 다시 ‘세계 여성의 날 행사’가 시작되었고, 지금은 여성운동 단체에서 주최하는 전국적인 정치, 문화 행사로 자리 잡았다.

출처 : 위키백과(ko.wikipedia.org)에서 발췌.

국제사회에서 여성과 관련한 기구가 처음으로 만들어진 것은 1946년 유엔 경제사회이사회(ECOSOC) 산하에 여성지위위원회(CSW)가 설치되면서부터이다. 이후 1967년 유엔 총회에서는 ‘여성차별철폐선언’이 이루어졌고, 이 선언을 바탕으로 1979년의 유엔 총회(제34차)에서 ‘여성차별철폐협약’이 채택되어 모든 분야에서의 성에 따른 차별을 금지하고 가정, 사회, 국가 발전의 책임과 혜택이 남녀 모두에게 있음을 천명하였다.

또한 유엔에서는 1975년을 ‘세계 여성의 해’로 선포하고, 그 해 멕시코에서 제1회 세계 여성대회를 개최하여 성차별에 대한 공동의 사안과 국가가 추진해야 할 정책의 방향 등에 관하여 논의하였다.

국제사회가 주도한 성평등 정책의 역사와 흐름을 살펴보면 1995년 베이징에서 개최되었던 제4차 세계여성대회를 기점으로, 그 이전까지는 성평등 정책이 ‘발전 속의 여성(Women–in–Development)’ 전략을 특징으로 한다면, 1995년 이후부터는 ‘젠더와 발전(Gender and Development)’ 전략을 특징으로 한다는 점에서 성평등 정책의 패러다임에서 변화가 나타났다.

'발전 속의 여성(WID)' 전략은 '개발과 여성' 전략이라고 지칭되기도 하는데, 여성을 중요한 개발의 담당자로 인식하고, 개발의 과정에 여성이 적극적으로 참여할 수 있도록 한다면 성 불평등의 현실이 개선될 수 있다는 인식을 기반으로 한다. 즉, 국가, 사회의 발전 과정에 여성의 참여가 배제되었기 때문에 여성의 참여가 가능하도록 정책을 강화하면 여성과 남성 간의 사회적 격차가 줄어들 수 있다는 것이다.

그러나 1970년대와 1980년대를 거쳐 많은 국가들이 '발전 속의 여성' 전략에 입각한 정책을 추진하였음에도 근본적으로 성 불평등한 권력 관계를 변화시키지 못했다는 인식이 확산되면서 1995년 북경 세계 여성대회에서 공식적으로 성평등 정책의 방향을 '젠더와 발전(GAD)' 전략으로 수정하게 된다. 여성이 발전의 과정에 진입은 하였으나 여전히 주류화되지 못하고 주변화된 상태와 지위로 남아 있는 현실을 근본적으로 타개하기 위해서는 전략의 수정이 필요하게 된 것이다.

'젠더와 발전'의 전략은 불평등한 권력 관계 자체를 변화시키고 여성들을 주류의 과정에 통합하는 데 초점을 맞추고 있다. 따라서 모든 영역에서 적극적인 주류화 정책을 확대하려는 '성 주류화(gender mainstreaming)' 전략을 채택하게 되었다.

이러한 성 주류화 전략은 북경 세계 여성대회 이후 유엔(UN)을 비롯하여 유럽연합(EU) 등 여러 국제기구들과 국가들의 정책으로 도입되어 추진되기 시작하였으며, 현재에도 많은 국가와 국제기구에서 성 주류화의 이행 점검과 제도적 확산에 노력을 기울이고 있다.

유엔 여성(UN Women)

'유엔 여성'은 성평등과 여성의 역량강화를 위한 국제기구로 2010년 2월 24일 공식 출범하였다. '유엔 여성'은 유엔 내의 여성 관련 4개의 기구였던 여성지위향상국(DAW), 유엔여성개발기금(UNIFEM), 유엔사무총장 여성특별보좌관실(OSAGI), 국제여성연구훈련원(INSTRAW)이 통합되어 단일 기구로 출범한 것이다.

2014년 '유엔 여성'은 북경 세계 여성대회 20주년을 맞아 양성평등을 위한 남성들의 참여와 지지를 촉구하는 새 캠페인 '히포시(He for She)'의 출발을 발표한 바 있다.

유엔 여성의 히포시 캠페인은 한국에서도 2015년 여성신문사가 히포시코리아 운동본부를 발족하면서 진행되고 있는데 현재까지 많은 정치인, 연예인 등 유명인사와 일반 남성, 지방자치단체에서 참여하였다.

2025년 유엔 여성은 북경선언 30주년을 기념하여 '모든 여성과 소녀들을 위하여'라는 글로벌 캠페인을 펼치고 있다.

FOR ALL WOMEN AND GIRLS

'모든 여성과 소녀들을 위하여' 로고

HeForShe

'히포시' 캠페인 포스터 중의 하나와 로고

출처 : 유엔 여성(UNWomen.org).

2. 한국 성평등 정책의 전개

한국에서 성평등 정책은 해방 이후 미군정 시기에 부녀국이 설치되면서 여성을 대상으로 하는 정책으로 시작되었다고 볼 수 있다. 1960년대에는 부녀와 아동을 포괄하여 전쟁 이후 홀로 남은 여성이나 고아 등 극빈자 구호와 보호가 필요한 대상에 주로 초점을 맞추어 정책이 추진되었다.

이러한 기조는 1980년대 초반까지 지속되었다. 1980년대 초반까지 성평등 정책은 성차별 구조에 대한 문제인식이나 보편적인 여성을 대상으로 하기보다는 사회적으로 보호가 필요한 요보호 여성의 복리 증진과 가정의 주체인 여성을 대상으로 한 생활개선 정책 등이 주를 이루었다.

그러나 1980년대 이후 이전의 '부녀정책'에서 성차별을 해소하고 여성의 권익을 신장하기 위한 '여성정책'으로 서서히 전환되기 시작하였다. 그 계기는 1983년 국무총리 산하 여성정책심의위원회가 설치되면서부터이다.

1980년대 초반 여성정책의 입안과 추진 기구의 역할을 하였던 여성정책심의위원회는 1988년 정무장관 제2실로 발전되었고 1998년 대통령 직속 여성특별위원회가 설립되면서 폐지되었다. 이 여성특별위원회는 2001년 중앙행정부처인 여성부로 확대·개편되었다. 그리고 2001년 신설된 여성부는 이후 몇 번의 기능과 조직 개편을 거쳐 현재(2025. 10. 1. 변경) 성평등가족부로 존속하고 있다.

부녀정책에서 여성정책으로 전환된 이후 성차별 문제의 해결과 여성의 권익 증진을 위한 법률과 정책들이 도입·시행되기 시작하였다. 1987년 「남녀고용평등법」을 필두로 하여 1990년대에는 여성 권익을 위한 대표적인 법률인 「성폭력 특별법」, 「가정폭력방지법」이 제정되었고, 2000년 이후에는 여성 인력의 양성과 사회참여 확대, 여성폭력 방지 및 피해자 보호를 위한 다양한 법률과 정책들이 추진되기 시작하였다.

〈표 12-1〉 여성정책 관련 법령 제정 현황

법령명	제정 연도
남녀고용평등법 ※ 남녀고용평등과 일·가정 양립 지원에 관한 법률(2007)로 전부개정	1987
성폭력방지 및 피해자보호 등에 관한 법률 성폭력범죄의 처벌 등에 관한 특례법	1994
여성발전기본법 ※ 양성평등기본법(2015)으로 전부개정	1995

법률	연도
가정폭력방지 및 피해자보호 등에 관한 법률 가정폭력범죄의 처벌 등에 관한 특례법	1997
여성기업지원에 관한 법률	1999
여성농어업인 육성법	2001
여성과학기술인 육성 및 지원에 관한 법률	2002
성매매방지 및 피해자보호 등에 관한 법률 성매매알선 등 행위의 처벌에 관한 법률	2004
경력단절여성 등의 경제활동 촉진법 ※ 여성의 경제활동 촉진과 경력단절 예방법(2021)으로 전부개정	2008
성별영향분석평가법 ※ 성별영향평가법(2018)으로 개정	2011
양성평등기본법	2015
여성폭력방지기본법	2018
스토킹방지 및 피해자보호 등에 관한 법률	2023

요약하자면, 1980년대에는 보편적인 여성을 대상으로 하는 여성정책이 시작되었던 시기이고, 1990년대는 다양한 영역에서의 여성 문제가 제도적 · 정책적 공간에서 본격적으로 논의되고 정책으로 추진되기 시작한 시기라고 할 수 있다.

특히 1995년 북경 세계 여성대회 이후 「여성발전기본법」이 제정되면서, 여성정책은 보다 체계적이고 지속적으로 추진될 수 있는 근거가 마련되었다. 이 법에 따라 국가와 지방자치단체는 여성의 참여를 촉진하고 이를 통하여 여성의 사회 · 정치적 권한을 확대할 수 있는 여러 정책들을 추진할 수 있게 되었다.

이러한 적극적 조치의 대표적인 정책은 여성 할당제이다. 여성 할당제는 여성의 참여가 부진한 영역에서 여성의 참여를 독려하기 위하여 도입된 정책이다. 특히 여성의 정치적 대표성이 미약하고 의사결정의 권한이 있는 고위직 비율이 현저하게 낮은 현실을 개선하기 위하여 2000년대에부터 도입되어 시행되고 있다.

여성 할당제

여성 할당제는 적극적 조치의 일환으로 정치나 의사결정 권한 등의 영역에서 여성의 참여를 촉진하기 위하여 일정 비율을 여성에게 할당하는 제도이다.
정치 분야에서는 2000년 제16대 총선에 여성 할당제가 처음으로 도입되어 비례대표 후보에 여성을 30% 의무적으로 공천하도록 하였다. 이후 몇 차례 관련 법이 개정되면서 현재는 비례대표 여성 후보의 비율이 50%로 상향되고 지역구 후보의 30%를 여성으로 공천하는 것을 권고하고 있다.
이 외에도 현재 추진하고 있는 정부위원회의 여성 참여율을 높이기 위하여 위촉직 위원의 성비 할당(40%)이나 4급 이상 여성관리자 임용 확대 목표제 등도 여성 할당제의 일환으로 볼 수 있다.
지난 2013년에는 국회에서 「공공기관의 운영에 관한 법률」에서 '양성평등을 위한 임원임명 목표제'가 신설되었고, 2020년에는 「자본시장과 금융투자업에 관한 법률」에 여성이사 할당제 특례 조문을 신설하였다.
한편, 유럽연합(EU)은 2022년 기업 이사회의 성별 균형에 관한 법률을 채택하면서, 2026년부터 유럽 상장기업의 비상임이사의 40% 이상, 전체 이사의 33% 이상을 '소수 성'으로 구성해야 하는 등 유리천장을 깨는 정책을 강화하고 있다.

출처 : 아시아경제(2025. 6. 17) 기사 일부 인용.

이처럼 여성을 대상으로 하는 여성정책이 확대되면서 제도적인 차원에서의 성평등은 많은 부분에서 진전되어 왔다. 또한 2000년대 이후부터는 성 주류화 전략이 여성정책에 본격적으로 도입되면서 여성정책이 여성만을 대상으로 하는 정책이 아니라 젠더 관점을 투영하여 모든 정책을 변화시키는 젠더정책으로 확대되기 시작하였다.

젠더정책은 젠더 관점에서 모든 정책을 변화시킴으로써 성평등과 지속가능한 사회 발전을 꾀하는 정책이라고 할 수 있다. 그동안 성평등 정책이 제도화되고 많은 발전을 이루었음에도 불구하고, 여전히 여성들의 차별과 폭력은 지속되고 있는 것이 현실이다.

일례로, 매년 세계경제포럼(WEF)이 발표하는 '세계 성격차지수(GGI)'에 따르면, 한국은 2025년 세계 148개국 중 101위를 기록하여 제도적 차원에서의 성평등의 진전에 비하여 일상생활 영역과 사회 구조 전반에서의 성평등 수준의 차이 혹은 괴리가 상당히 크다는 것을 보여준다.

〈표 12-2〉 세계 성격차지수에서의 한국의 순위

연 도	종합점수	경제참여 및 기회	교육적 성취	건강과 생존	정치적 권한	순 위
2025	0.687	0.608	0.980	0.976	0.182	101/148
2022	0.689	0.592	0.976	0.976	0.212	99/146
2018	0.657	0.549	0.973	0.973	0.134	115/149
2016	0.649	0.537	0.964	0.973	0.120	116/144
2013	0.635	0.512	0.959	0.973	0.105	111/136

* 주 : 성격차지수는 0은 완전 불평등, 1은 완전 평등을 의미
출처 : 세계경제포럼(WEF). The Global Gender Gap Report(2013~2025).

또 사회적으로 여성혐오와 연결된 폭력, 성평등이 달성되었다는 착시에 기반한 역차별 담론이 가시화되기도 하였다. 그럼에도 불구하고, 일상에서의 성평등의 실천과 문화 확산의 필요성에 대한 인식과 문제제기도 꾸준히 확대되고 있으며 '페미니즘'에 대한 대중적인 관심도 증대되고 있다.

또한 성 불평등한 현실을 개선하고 보다 실질적인 성평등을 이루기 위한 젠더정책의 일환으로 성 주류화 제도가 본격적으로 추진되고 있다.

3. 성 주류화 제도

성 주류화 전략을 실현하기 위한 정책 도구로는 성별영향평가 제도와 성인지 예산제도, 성인지 통계와 성 평등한 지역사회 형성을 위한 실질적인 지역정책의 모델로서의 여성친화도시가 있다. 즉, 정책 전반에 여성이 참여하고 개입

함과 동시에 모든 정책이 결정되기 이전에 성별로 어떠한 영향을 미칠 것인지를 검토하고, 이를 기반으로 성별 형평성에 입각한 예산 반영 및 집행이 이루어질 수 있도록 하기 위한 제도적 장치이다.

또한 이러한 정책도구의 실질적 작동을 가능하게 하기 위해서는 성별, 연령별 등의 다양한 차이로 인한 다른 경험과 요구를 측정할 수 있는 객관적 근거로서의 성인지 통계가 생산될 필요가 있다. 그리고 지역정책 속에서 이 세 가지 정책도구를 통해 다양한 지역주민의 차이를 고려하여 지역정책을 실현하고자 하는 모델로서 '여성친화도시'가 추진되고 있다.

1) 성별영향평가

성별영향평가(gender impact assessment)란 정부 정책이 여성과 남성에게 미치는 차별적 효과를 평가하고, 개선안을 도출, 실행함으로써 양성평등을 실현하기 위한 분석적 도구이다. 성별영향평가는 정책의 형성, 집행 및 평가 각 단계에서 젠더 관련 쟁점이 어떻게 다루어졌는지 검토하는 데 의의가 있다고 할 수 있다.

성별영향평가법 제2조에 의하면 '성별영향평가'란 중앙행정기관의 장 및 지방자치단체의 장이 정책을 수립하거나 시행하는 과정에서 그 정책이 성평등에 미칠 영향을 분석 평가하여 정책이 성평등의 실현에 기여할 수 있도록 하는 것을 말한다. 법령 · 계획 · 사업 등 정부의 주요 정책을 수립 · 시행하는 과정에서 여성과 남성의 특성과 사회 · 경제적 격차 등의 요인들을 체계적으로 분석 평가함으로써 정부 정책이 성평등의 실현에 기여하도록 하는 제도이다(여성가족부, 2025).

성별영향평가의 목적으로는 첫째, 정부 정책이 성별에 미치는 영향을 체계적 · 종합적으로 분석 평가하여 실질적인 성평등을 실현하고, 둘째, 정책의 성차별적 원인을 분석 평가하여 합리적으로 개선함으로써 효율적인 정책추진에 대한 체계를 확립하고, 셋째, 정책 수요자의 성별 특성에 기반한 정책실행으로 국민의 만족도를 제고하고자 한다(여성가족부, 2025).

▌ 성별영향평가 사례

• 지역 일자리 공시제 - 지역 노동시장 성격차 해소 기반 조성(고용노동부, 2024)

성별평가 시행 전	성별평가 시행 후
• 지역 일자리 공시제는 지자체의 일자리 목표와 대책을 주민에게 공시하는 제도 • 성별 구분 없이 주민 전체 고용률을 분석하고 목표를 수립	• 고용노동부는 지역 일자리 공시제 계획 양식 수정 • 지방자치단체게 여성고용률을 포함하여 고용동향 분석, 성별 일자리 목표를 수립 

출처 : 여성가족부(2025). 2024년 성별영향평가 종합분석 결과보고서.

• 찾아가는 마음 안심 버스 운영 - 정신건강 서비스 남성참여 확대 방안 마련(울산광역시, 2024)

성별평가 시행 전	성별평가 시행 후
• 마을안심버스는 재난 관련 일상회복 심리지원 및 지역주민 정신건강서비스를 제공 • 평일 낮시간대 운영으로 해당 시간에 직장 근무를 하는 남성 참여자 비율이 낮음	• 정신건강 상담 및 심리지원을 희망하는 기관 홍보 • 조선소, 예비군훈련장 등 남성 집중 사업장 대상 찾아가는 검진을 실시하여 남성 수혜율을 향상 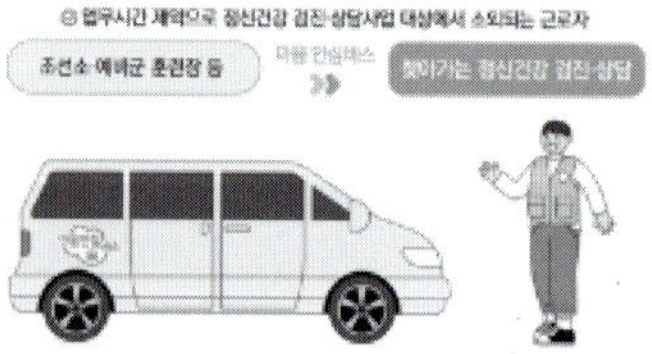

출처 : 여성가족부(2025). 2024년 성별영향평가 종합분석 결과보고서.

•성별에 따른 생애주기 특징 반영 – 청년내일저축계좌(파주시, 2022)

성별평가 시행 전	성별평가 시행 후
• 청년내일저축계좌는 저소득 근로 청년에게 근로소득장려금을 지원하는 사업임 • 가입기간은 3년으로, 남성은 군 입대 사유로 2년간 적립중지 신청 가능, 여성은 6개월만 가능	• 임신·출산·돌봄 역할로 고용중단이 발생할 수 있는 여성 근로자 특성을 고려하여 사업지침 개정 • 적립 중지(2년) 신청 자격에 군 입대, 임신·출산으로 인한 퇴직자, 육아휴직 중인 가입자 포함

출처 : 경기도여성가족재단(2024). 경기도 성별영향평가 정책개선 우수사례집 Ⅱ

•성평등한 홍보물 제작 – 도시 숲 조성 사업 홍보 디자인 개발(춘천시, 2021)

성별평가 시행 전	성별평가 시행 후
• 성역할 고정관념과 특정 연령대 중심의 시민이 대표적으로 그려짐(영유아를 돌보는 사람은 여성으로, 숲을 즐기는 사람은 비장애·청년)	• 성평등 관점 반영, 성별·장애·연령별 다양한 시민 표현으로 시민 공감대 증대(아이를 돌보는 남성, 노인·장애인 등 다양한 시민 이미지 사용)

출처 : 강원도여성가족연구원(2021). 2021 강원도 성별영향평가 정책개선 사례집.

2) 성인지 예산

성인지 예산(gender budgeting)제도는 예산이 여성과 남성에게 미칠 영향을 미리 분석하여 이를 예산편성에 반영·집행하고, 여성과 남성이 동등하게 예산의 수혜를 받고 예산이 성차별을 개선하는 방향으로 집행되었는지를 평가하여 다음연도 예산편성에 반영하는 제도이다(기획재정부 · 여성가족부 · 한국여성정책연구원, 2025). 우리나라는 2006년 국가재정법에 성인지예산서, 성인지결산서 제출 조항이 마련되면서 중앙부처에서 성인지 예산이 도입되었고 2010년에는 지방재정법이 개정되면서 지방자치단체까지 확대 시행되고 있다.

성인지 예산의 대상은 예산이 편성되는 모든 사업으로 다음 해 예산 편성 전에 모든 예산사업의 세부사업을 대상으로 이루어진다. 특히 정책대상자의 성별비율 대비 사업수혜자의 성별비율에서의 형평성 제고를 위하여 예산을 반영하는 성과목표를 제시하고 예산집행에 반영한다는 점이 핵심이다. 예를 들면, 저소득빈곤층 대상의 다양한 사업의 경우 전체 대상자 중에서 남성보다 여성비율이 높음에도 불구하고 50 : 50으로 예산집행이 되었다면 다음 해 예산 편성에는 저소득층 여성의 수혜비율을 적어도 전체 대상자 비율에 입각하여 예산이 편성되도록 함으로써 저소득층 여성의 빈곤에 대한 지원을 확대한다.

따라서 성인지 예산제도를 통해서 여성과 남성의 서로 다른 정책 수요를 고려하여 예산편성을 함으로써 성별격차를 감소시키고 자원을 공정하게 배분하여 양질의 정책효과 및 성평등 효과에 기여할 수 있다.

3) 성인지 통계

성인지 통계(gender statistics)는 여성과 남성이 처한 다양한 상황과 조건을 보여주는 통계이다. 경제, 정치, 교육, 가족, 복지, 안전 등 모든 영역에서 여성과 남성 사이의 차이를 객관적인 수치로 보여준다. 성인지 통계를 통해 여성과 남성의 상이한 상황을 파악할 수 있고 이에 따라 차별화된 정책 수립이 가능해진다. 특히 최근에는 성별영향평가와 성인지 예산서 작성이 본격화됨에 따라 성인지 통계의 생산 및 활용의 중요성은 더욱 커지고 있다.

한 가지 예를 들어보면, 고용률에 있어 성별 차이를 들 수 있다. 고용률(2025년 6월 기준)을 성별 구분 없이 연령별로만 보면 20대에 61.0%, 30대에 81.0%, 40대에 80.0%로 30대가 가장 높은 추이를 보인다. 그러나 성별을 구분해서 보면 남성은 20대에 58.5%, 30대에 88.1%, 40대에 91.1%, 50대 87.2%로, 20대가 가장 낮고 30대 이후 크게 증가하는 추세를 보이는 반면, 여성은 20대 63.6%를 지나 30대에 73.1%로 증가했다가 40대에 68.9% 수준으로 약간 감소하는 특징을 보인다.

여성들은 남성에 비해 고용률이 낮고 40대에 이르면 자녀 양육과 돌봄으로 인해 직장을 그만두게 되는 '경력 단절'을 경험하게 되는 경우가 남성보다 많다는 점을 보여준다. 이는 남성과는 다른 여성의 독특한 상황을 보여주며, 이 상황을 개선하기 위한 정책적 개입이 고려될 수 있는 것이다. 성별을 구분하지 않는 전체 통계는 여성과 남성의 다른 상황을 파악할 수도 없고, 성별에 따라 상이한 정책적 개입도 고려할 수 없게 만든다. 따라서 성인지 통계는 성인지 정책 추진을 위해 가장 기초가 되는 작업이며 동시에 정책 방향의 주요한 이정표가 된다고 볼 수 있다.

4) 여성친화도시

여성친화도시(women friendly city)는 지방자치단체와 성평등가족부가 함께 성 평등한 지역사회 조성을 위해 제도와 사업, 공간 및 의사결정 과정과 일하는 방식을 변화시키는 사업이다. 기존의 도시정책이 경제활동을 하는 성인 남성의 관점에 초점을 맞추어 추진되어 왔다면, 여성친화도시는 여성의 관점과 요구, 사회참여 의지를 도시정책에 통합시키기 위한 것이다. 2009년 익산시를 시작으로 2024년 12월 기준 전국에서 106개 여성친화도시가 지정되어 사업을 추진하고 있다.

여성친화도시의 핵심가치는 형평성, 돌봄, 친환경, 소통이다. 형평성은 지역 내 참여기회, 시설 및 서비스 접근성 배분, 일상생활의 안전과 편의 측면이며, 돌봄을 여성의 일로 전가하는 전통적인 고정관념을 탈피하여 남녀가 적극 분담하고 일 · 가정 양립의 환경을 촉진하는 것이다. 친환경은 정신적 · 신체적 건강을 증진하는 환경을 조성하고 지속가능한 방향으로 삶을 전환하고, 행복의 원천인 소통과 친밀한 관계를 촉진하는 주민 공간과 다양한 소프트웨어를 갖춘 개방적인 도시 운영 시스템 구축을 가치로 둔다.

여성친화도시의 기준으로 중요한 것은 이동권과 안전의 확보이다. 범죄예방을 위해 안전장치를 늘리는 것, 예를 들어 공원의 조명을 밝히고, 지하주차장의 배치를 안전하게 바꾸는 것부터 주민네트워크를 강화하는 것까지 다양한 방안이 도입될 수 있다. 거리의 안내판과 공공시설을 성 평등하게 만들 수도 있다. 예를 들어, 공사장 알림표시에도 여성을 넣는다든가, 남성 화장실에도 기저귀 교환대를 설치한다든가 하는 작은 변화도 포함된다. 그 외에도 지역의 특성에 맞추어 목록을 만들고 하나씩 점검해 갈 수 있다(이남희, 2011).

향후 여성친화도시는 도시 공간을 공평하고 편리하게 이용하는 수준에서 나아가 여성 일자리 사업 창출이나 여성의 의사결정과정 참여 강화 등 지역 여성의 경제적 · 사회적 지위 향상과 대표성 제고 등 성평등 수준 향상에 기여할 수 있도록 그 방향과 범위를 재설정하고 추진해야 하는 과제를 앞두고 있다.

▮ 여성의 경제 · 사회 참여 확대 대표사업 사례 : 대구 수성구

- 사업내용 : 소규모 여성기업 · 여성공동체의 자생적 창업 생태계 조성 및 여성일자리 다각화
  - 뚜비공작소(여성공예창업교육과정) : 여성공계 로컬크리에이터 양성 및 취 · 창업 지원
  - 셀러 맞춤형 교육(Zero Step) : 창업 및 창업유지를 위한 제로웨이스트 교육 – 실습 – 실천프로그램

- 뚜비공작소 확대 운영 및 셀러 역량 강화 교육을 통한 로컬브랜딩으로 수성여성아트 마켓의 점진적 확장 도모

▮ 지역사회 안전 증진 대표사업 : 경기 수원시

• 사업내용 : 마을주민의 목소리를 통해 마을 안전 이슈 진단 및 정책 수요 파악, 마을안전 이야기 제작
  - 행궁동 내 여성테마길 기획 및 조성
  - 마을안전 활동가 양성교육
  - 마을안전이야기 제작회의
  - 안전부서 TF 의견 반경, 행궁동 여성안심귀갓길 모니터링과 연계

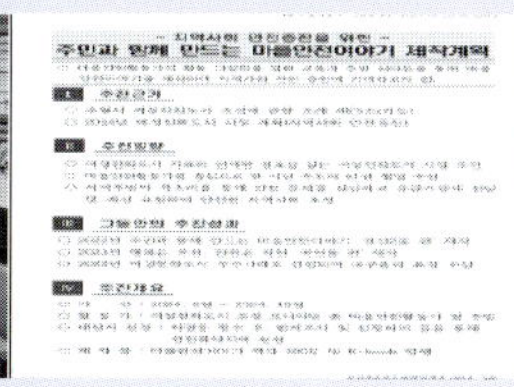

▮ 여성의 지역사회 활동역량 강화 대표사업 : 충남 천안시

• 사업내용 : 천안시 여성독립운동가를 중심으로 한 여성친화투어길 조성
  - 여성친화투어길 기본과정 운영
  - 여성친화투어길 코스 및 테마 개발
  - 천안 여성독립운동가 북아트 제작을 위한 교육 및 기획안 작성

출처 : 여성가족부(2024). 2024년 여성친화도시 컨설팅 및 이행점검 결과보고서, pp. 26-40.

4. 성평등 정책의 미래

우리 사회는 지난 30여 년간 국가의 정책에 여성의 관점과 욕구를 반영해 왔다. 실질적인 여성의 삶의 질을 높이기 위해서는 여성만이 아닌 남녀 모두 소통하고 포용하는 정책으로 확장되어야 한다.

앞으로 우리가 지향해야 할 성평등 정책 방향을 몇 가지로 제시하고자 한다.

첫째, 성평등 정책은 '여성'을 위한 정책이라기보다는 성평등 사회라는 바람직한 사회의 실현이라는 분명한 목표와 지향점을 가지고 추진되어야 할 것이다. 성평등 사회란 여성과 남성이 새로운 관계 맺음을 필요로 하며 서로의 존재를 인정하고 존중하는 사회이다.

둘째, 여성 내부의 다양성과 차이를 세밀하게 고려해야 할 것이다. 모든 여성이 동일한 처지가 아니며 계급, 나이, 국적, 학벌, 장애 여부, 성적 취향 등 자신이 가진 조건에 따라 다른 위치에 놓인다. 따라서 다양한 여성들의 현실과 욕구를 반영해야 한다.

셋째, 성인지적 접근과 관점을 적극적으로 반영해야 할 것이다. 여성과 남성의 서로 다른 부분이 대립적이고 경쟁관계가 아닌 서로 다른 특성이 차별화되지 않도록 지향해야 하며, 공존을 통한 성장이 필요하다.

넷째, 글로벌 시대에 성평등 정책은 국내에만 천착하는 것을 넘어서 세계적인 현실과 여성 의제를 적극적으로 반영하도록 해야 한다. 즉, 국제적인 연대, 공조를 확대하면서 한국 성평등 정책을 국제수준화하고 국제적인 세계 질서에 여성의 힘을 증진시킬 필요가 있다.

다섯째, 일 · 가정 양립 실현을 위한 젠더정책이 강화되어야 할 것이다. 출산 및 보육비에 대한 부담 완화, 육아휴직(육아집중기간) 확대, 양질의 보육서비스 확충 등 여성 · 가족친화적인 사회문화 조성이 필요하다.

여섯째, 한국사회에서 급속히 증가하고 있는 비혼가족, 한부모가족, 재혼가족과 아울러 공동체가족, 동성애가족 등 다양한 가족에 대한 이해와 존중이 필요하다. 기존의 핵가족 중심의 정책은 성 불평등한 측면이 있으며, 사람들의 다양한 삶의 차이를 인정하지 못하고 있다. 따라서 다양한 형태의 가족들이 서로 공존하면서 평화롭게 살 수 있는 정책이 확대되어야 할 것이다.

일곱째, 디지털 기술과 인공지능(AI)과 같은 기술발전이 급격히 이루어짐에 따라 기술개발과 확산에서의 젠더 편향성에 대한 우려도 높아지고 있다. 앞으로 성 평등한 기술 개발과 활용을 위한 방향 설정과 제도적 개입이 무엇보다 요구된다.

여덟째, 기후위기 시대에 기후정의의 실현을 위한 성평등 정책을 적극적으로 모색해야 한다. 궁극적으로 성평등 정책은 인간 외에 지구행성을 이루는 다양한 생명체들과의 공존과 상호연결망 속의 인간이라는 위치를 자각하며, 성평등 정책이 기후위기 시대에 공생의 가치를 실현하는 데 기여할 필요가 있다.

다른 한편, 이러한 정책의 대상인 사회 구성원 각자의 노력도 요구된다.

우리는 누구나 평등하게 함께 살기를 바란다. 성 평등한 사회가 되기 위해서는 우리가 가지고 있는 고정관념, 선입견에 대해 다양한 관점을 가지고 바라보는 훈련과 연습이 필요하다. 이러한 변화를 위해 열린 마음으로 상대를 배려하고 존중하는 사고의 전환을 가져야 한다.

생각해 보기

• 일상생활에서 느끼는 불편 상황을 성인지 관점으로 논의해 보자.
• 여성친화도시가 지역에 사는 다양한 사람들의 생활을 어떻게 바꿀 수 있는지 생각해 보자.

함께 보기

조남주(2016). 82년생 김지영. 민음사.

한국양성평등교육진흥원 젠더온(https://genderon.kigepe.or.kr). 공존을 위한 핵심전략 ‘성별영향평가’(카드뉴스 자료).

한국양성평등교육진흥원 젠더온(https://genderon.kigepe.or.kr). 성평등을 위한 실천적 제도, 성인지 예산(동영상 자료).

참고문헌

강원도여성가족연구원(2021). 2021 강원도 성별영향평가 정책개선 사례집.

경기도여성가족재단(2024). 경기도 성별영향평가 정책개선 우수사례집Ⅱ.

국가통계포털. https://kosis.kr

기획재정부·여성가족부·한국여성정책연구원(2025). 2026년도 성인지예산서 작성 매뉴얼.

아시아경제(2025. 6. 17). “여성 임원 할당제 ‘뜨거운 감자’ … EU 내년부터 33% 의무화”.

여성가족부(2024). 2024년 여성친화도시 컨설팅 및 이행점검 결과보고서.

__________(2025). 2024년 성별영향평가 종합분석 결과보고서.

__________(2025). 2025년 성별영향평가 지침.

__________. www.mogef.go.kr

위키백과. https://ko.wikipedia.org

이남희(2011). 한국사회의 젠더와 여성정책. **성·사랑·사회**. 한국방송통신대학교.

한국양성평등교육진흥원. https://www.kigepe.or.kr

한국여성정책연구원 성인지 통계정보 시스템. https://gsis.kwdi.re.kr

한국여성정책연구원. https://www.kwdi.re.kr

UN Women. https://www.unwomen.org

WEF. The Global Gender Gep Report 2013~2025.

저/자/약/력

■ **한희선**

성신여자대학교 박사수료
대전 성폭력 상담소 소장
계룡 성평등가족상담소 소장
현 우석대학교 아동사회복지학부 겸임교수
　한국평생학습교육원(상담/복지)원장

■ **김영주**

충남대학교 사회학 박사
충남대학교 여성정책연구소 객원연구원
충남여성가족연구원 수석연구위원
현 충남사회서비스원 수석연구위원

■ **이경하**

충남대학교 사회학 박사수료
충남여성가족연구원 연구위원
현 충남사회서비스원 연구위원

■ **임우연**

이화여자대학교 사회학 박사
이화여자대학교 사회과학원 상임연구원
충남여성가족연구원 선임연구위원
현 충남사회서비스원 선임연구위원

■ **태희원**

연세대학교 여성학 박사
연세대학교 젠더연구소 전문연구원
충남여성가족연구원 선임연구위원
현 충남사회서비스원 선임연구위원

제3판
여성 · 젠더 · 사회

|공저자| 한희선 · 김영주 · 이경하 · 임우연 · 태희원

|1판 1쇄| 발행 2014년 8월 5일
|1판 4쇄| 발행 2017년 7월 31일
|2판 1쇄| 발행 2018년 2월 20일
|2판 6쇄| 발행 2025년 8월 30일
|3판 1쇄| 발행 2026년 1월 30일

|발행인| 김 동 훈
|발행처| 공 동 체

|주소| 경기도 고양시 일산동구 호수로 358-39, 동문타워Ⅰ 905호(백석동)
|전화| 031) 814-3000(대표)
|팩스| 031) 814-3100
|홈페이지| http://www.compub.co.kr
|전자우편| compub@naver.com
|출판등록| 2005년 10월 6일
|등록번호| 제396-2005-36호

|ISBN| 979-11-7554-053-8
정가 21,000원